# 创造财富的逻辑

冯兴元 孟 冰◎著

上海三联书店

# 目　录

# 第三部分 数字时代的经济、货币与金融

# 第四部分　思想的力量

## 序一　从企业家精神看中国经济增长与财富创造

经济学家在理解经济增长的时候大体来说用了两种理论，一种是新古典增长理论，另一种是凯恩斯主义周期理论。新古典增长理论从供给侧的角度解释经济增长，凯恩斯主义从总需求的角度解释经济增长。非常有意思的是，经济学家在分析过去为什么增长的时候经常用的是新古典增长理论，在预测未来增长的时候经常用的是凯恩斯主义周期理论。但这两种理论在我看来都有非常大的问题，最基本的问题是它们都是从数量到数量，忽略了经济增长中最重要的主体企业家。比如，讲到投资或者资本形成的时候，只关注多少投资或资本存量多大，不考虑谁在投资，谁在控制着资本。其实，谁投资比投资多少更重要，谁控制资本比资本量多大更重要。进一步讲，投资也好，储蓄也好，很大程度上是内生的，而不是外生的。

我在十多年前就总结出一个增长理论，我叫它"斯密-熊彼特增长模型"，我认为这个增长模型比我们前面提到的那些理论更有解释力，而且对人类经济体制的理解的帮助也更大。简单来讲，亚当·斯密的经济增长理论强调市场规模很重要，分工和专业化很重要。

市场规模决定分工和专业化，分工和专业化使得技术进步和创新不断出现；有了技术进步和创新，劳动生产率就会提高，经济就发展了。经济增长带来的增加的收入又会变成新的市场，再进一步导致分工的深化，如此不断持续。这个理论我们经常不太注意，但我觉得非常根本，它有好多重要的含义。

第一个含义是开放非常重要。一个大的市场比一个小的市场更有利于增长，无论是跨国的开放还是跨地区的开放都能促进增长。广东自己封闭起来的增长，肯定不如广东和全国连起来的增长；只是一个中国经济的增长（内循环），肯定不如世界自由贸易下的增长。

第二含义是，经济增长一定是新产业、新产品不断出现的过程，一定是产业结构不断变化的过程。我们经济学家经常会忽略这一点，把结构和总量分开，其实结构和总量是不能分开的，没有结构变化不可能有总量增长。这个理论也使我们认识到，经济规模要做大，一定要有新的市场的出现。

但斯密增长理论里缺少一个最基本的、可能是源泉的东西，这个源泉我认为就是企业家，所以我把熊彼特讲的企业家放在中心地位。简单说，市场本来是不存在的，市场是企业家创造出来的。每一个产业也不是给定的，而是企业家创造出来的。

200 多年前，所有国家的主业都是农业，但现在农业部门变得非常不重要了，并且越来越新的产业在不断出现。从工业革命开始，每个产业都可以追溯到创始它的企业家。创新本身就是企业家的功能。增长的财富能不能变成新的市场，也依赖于企业家。我们经常讲"产能过剩"，其实所谓的"产能过剩"，就是企业家没有创造出在新的收入水平下消费者需要的东西。而这些东西在所有过去理论当中都忽略了，因为过去我们只是讲数量，好像经济规模翻一番，就是所有的产品产量都双倍一下。肯定不是这样的。

企业家这个因素怎么出现？两个基本条件：一个叫作制度，一个是文化。好比说中国在汉武帝之前企业家精神还是不错的，司马迁的《史记·货殖列传》就是"企业家传"。汉武帝之后采取重农抑商的政策，还有与民争利的政策，很大程度上抑制了后来中国经济的发展。宋代的时候我们知道商业活动更为自由一些，企业家精神变得多了一些，但明清之后又不行了。

斯密-熊彼特增长理论这个框架可以解释所有国家的增长，当然也可以解释中国过去 40 多年的经济增长。工业革命从英国开始，英国工业革命史就是一部英国企业家创业创新史。美国的增长，德国的增长，所有国家的增加都是一样的。中国过去四十多年的增长也是企业家创新创业的历史。所以从这个意义上，它是一个非常一般的理论，不是一个特殊的理论。

再进一步讲，企业家精神是什么？企业家精神就是人类的创造力。经济增长的根本源泉是什么？就是人类的想象力，就是人类的创造力，也就是企业家精神。想象力和创造力就是"无中生有"，看到原来不存在的东西，创造出原来不存在的东西。人类过去两百多年的增长，其实就是创造出很多原来不存在的东西，包括原来没有的技术，原来没有的产品，原来没有的产业，甚至原来没有的资源。企业家做什么事呢？就是无中生有，这也是我们好多人理解不了的一个地方，因为我们认为无中不可能生有。其实，人类的进步就来自无中生有，比如石油原来不是资源，1850 年之前石油甚至是有害物质。有了提炼技术，石油中提炼出煤油，可以用于照明，石油就变成了资源。但石油提炼煤油之后的副产品汽油和重油都是有害物质和危险物，要有专门的人处理，直到后来有了内燃机，内燃机可以烧汽油，汽油就从有害物变成资源了。所以说，资源本身不是给定的。许多经济学家喜欢讲"禀赋"（endowment），其实没有什么endowment，一切都依赖我们人类的创造力，人类的创造力好好发挥出来了，我们的资源也就越来越多了。我不相信资源有限的理论，现在的废物也可能变成有价值的资源，现在的垃圾以后都有可能变成宝贵的资源。

对企业家精神的理解使我对市场经济本身有了一个全新的认识。经济学家一讲到市场经济的优点，就是它使得给定的资源达到最优配置。这个理解是有问题的，甚至是错误的。市场的最大好处与其说是使得给定资源达到最优配置，不如说是不断创造出新的资源。我更愿意这样来理解市场：市场经济是让人类的创造力得到最大的发挥，让最有想象力和创造力、最敢冒险，最雄心勃勃，甚至野心勃勃的人，只能干好事儿不能干坏事，因为市场是一个不断纠错的机制，企业家要干坏事很快就被淘汰。企业家无法掩盖错误。但人类的创造力在另外一种体制下，非市场经济体制下，特别容易变成一种破坏力。中外历史上有大量这样的经验，好多雄心勃勃"高大上"的战略后来给我们人类带来巨大的灾难。市场经济下我们不要担心这一点。像马斯克这样的人非常具有想象力和创造力，但只要他在做企业家，你不要担心他对人类有多大的破坏力，因为一旦消费者不买他的特斯拉了，他就会破产。即使他想把人送到火星上殖民，也没有什么可怕的，如果第一船失败了，飞船上的人死了，他就得停下来。但如果他是一个政治家，那就可能给人类带来巨大的灾难。这一点对我们理解市场经济非常重要。我再重复一下，市场最重要的功能不是使得给定的资源得到最优配置，而是使得人的创造力发挥出来，无中生有。人类过去 200 多年的经济增长史就是无中生有的历史，是人类的创造力得到最大发挥的历史。

企业家做什么？一个是套利，就是发现潜在的价值空间或者盈利空间；二是创新，创造出原来不存在的东西。这就是企业家的两个基本功能。传统的经济学理论里没有这些东西，只有分配，没有发现，更没有创造，当然也不需要想象力。我们可以把奥地利学派讲的企业家理解为套利型的企业家，熊彼特讲的企业家理解为创新型的企业家。我觉得这二者不是矛盾的，恰恰是互补的。企业家有套利的，有创新的，而且不同的阶段不一样，套利和创新是相互作用。没有了创新，套利机会终究将消失。我们可以用一个简单的经济学的生产可行性边界来描述这一点，好比生产玉米和大豆两种产品，边界上的相切点 C 可能是一个均衡点，但在真实世界，生产可能性边界远不在这个均衡点，因为在真实世界，我们的知识有限，人类很无知。一部分人可能很敏锐，发现了哪儿能赚钱，进行套利活动，使得经济趋向于最有效的 C 点。当达到这个 C 点，如果没有创新，人类就停在那儿不会再进步了。人类之所以进步，是因为总有人通过创新不断将生产可行性边界往外推，正是创新—套利—创新的相互作用，使得我们的经济可以持续增长。

英国工业革命时期的增长主要是企业家创新导致的增长，后起的国家好多是从套利型增长开始的，我们中国就非常典型。中国过去四十多年的经济增长很大程度上是套利型的增长。从 1978—2022 年间中国经济增长率上可以看出，2010 年之前增长率有很大波动，最低有 3.9% 的时候，但没有趋势性下降，低速度后是高速度，高低交替。但过去十多年增长率出现了趋势性的下降。为什么？原因不难解释。简单说，一个套利型的经济要维持高的增长并不难，但随着套利空间变得越来越小，增长速度必然下降。这就是中国现在面临的问题。

为什么改革开放后的前 30 年有很大的套利空间？很简单，我自己曾写了一篇文章，标题是《我所经历的三次工业革命》。我自己这四十多年就经历了三次工业革命，跟我年龄差不多的人都经历过三次工业革命，发达国家没有一个人经历过三次工业革命。当西方国家用好钢盖高楼、建大桥的时候，我还在农村，那时候我们仍然只能"好钢用在刀刃上"。"好钢用在刀刃上"不只是个隐喻，也是一个事实，因为当时的钢太稀缺了。美国 1930 年每一百个家庭有 60 个家庭有家用小汽车，而中国到 1999 年一千个家庭只有 3.4 个家庭有小汽车。西方已经创造出了足够的技术，足够的产品，足够的新门类，不需要我们搞研发，不需要我们搞市场调研，美国人喜欢的东西十有八九中国人也会喜欢，拿过来造、卖就是了，套利空间很大。如果你回顾一下自己的生活过程，就很容易理解这一点。

今天中国是世界第一大钢铁生产国，我们每年生产的钢超过世界产量的一半。但我们不要忘记最早谁发明的焦炭炼铁，谁发明的转炉炼钢，谁发明的平炉炼钢，谁发明的电弧炉炼钢。电弧炉炼钢 19 世纪末期就已经有了，与平炉炼钢技术一样，也是威廉·西门子发明的，但只有二战之后才开始用于大规模生产，到 70 年代末美国钢产量的一半以上都是电弧炉炼的。这些创新每一项都花了很长时间和投入了大量资金。所有这些费用我们花过吗？我们没有花过。我们老觉得我们发现了新大陆，我们没有发现新大陆。现在套利空间变小了，这就需要创新。创新能增长 3% 就不错了，因为套利是走路，创新是修路，走路总比修路快。中国增长速度的下降很自然的。

中国四十年间大致出现了四代企业家，最初是农民企业家，后来有些官员下海，再后来是海归企业家，最近十年是 80 后、90 后的新一代企业家。每一代中国企业家在套利当中有不同的产业，越接近现在套利者创新的成分就越大。这个过程就是中国经济市场化的过程，而市场过程的本质就是企业家创造力发挥的过程。我应该强调一下，我讲的企业家是民营企业家。

我们可以用数据说明这一点。我们不需要跟其他国家比，中国各地的市场化进程差异、企业家精神的差异蛮大的，跨省之间的比较就很说明问题。这个差异可以用北京国民经济研究所编的市场化指数来衡量。1997 年的市场化指数既是前面改革的结果，又是后边发展的初始条件。你看到，哪一个地方市场化指数高，哪一个地方人均 GDP 增长就快。我们看看不同年份的数据，结论是一样的。

另外一方面，我们也看到，国有单位密度高的地方经济增长就慢，因为它和企业家精神是负相关的关系。2011—2016 年间的数据表明，民营企业发展好的地方经济增长比其他地方经济增长好，无论我们用国有控股资产的比重还是用就业的比重来看全是这样的。

未来的增长靠创新，创新依赖于什么？创新就是人的积极性的发挥。怎么发挥出来？企业家有干事的冲动就发挥出来了。创新需要研发投入，创新可能表现为专利，创新也可以用新产品的数量来衡量。统计数据表明，平均而言，研发密度高的地区一定是企业家密度相对高、市场化程度高的地区，无论是要素市场还是产品市场看都如此。新产品销售的比例也是如此，专利都是如此。同时我们看到，人均政府部门越高的地区，专利越少；政府部门就业比重、公共部门就业比重高的地方，人均专利少得多。所以我说没有奇迹，只有一个简单的逻辑，就是怎么让人的创造力得到发挥，让企业家精神得到发挥。

总结一下，经济增长的核心源泉，是人的创造力的发挥，也即企业家精神的发挥。过去邓小平的改革开放给企业家发挥作用创造了空间，这是中国两千年来第一次历史性的转变，原来优秀的人都跑到政府，改革开放后越来越多的人去做工商业。当然最近又开始逆转。最优秀的人跑到政府很容易变得按部就班，跑到企业就是一种创造力。现在套利空间越来越小，创新对未来的增长变得越来越重要。创新对体制的要求更高。为什么？套利是短平快，创新则需要更长的时间，后果也更不确定。如果企业家没有长期稳定的预期，没有安全感，他就不可能创新。这就对法治提出了更高的要求，对政策的稳定性提出更高的要求。政策不能再随意扰乱企业家的预期，因为那样会使得企业家没有心思做事了，更没有心思创新。

　　企业家是经济增长的驱动力量，是财富创造的引领力量和主力军。冯兴元教授多年来致力于研究奥地利学派经济学、德国弗莱堡学派、立宪经济学和新制度经济学等经济学派，有着很多的相关著述和译著。他和孟冰的新作《创造财富的逻辑》是他对企业家精神、竞争秩序、财富创造与政府治理的多年研究的结晶。为此，我提供上述 2023 年思想中国论坛主旨演讲"从企业家精神看中国经济增长"修订稿，作为代序。相信读者能够从这本书中吸取到精神营养，共同成为经济增长与财富创造的推动力。

张维迎

北京大学国家发展学院教授

2023 年 11 月

## 序二　财富的秩序维度

什么是财富？在人类历史上，最显而易见的，就是金银财宝。阿里巴巴大盗的宝库里，《鹿鼎记》小说中的龙脉，都藏着金银财宝。金银财宝在历史上，到处都被看作财富。即使是现代社会，它依然是最重要的财富之一。

但金银财宝太稀缺了，它的不可规模化量产，以及可保存和可交易性，决定了它的价值大，但总量有限。对于大多数人来说，可望不可即；对于人类社会来说，依靠它不可能大幅度增加财富。

所以，经济学家虽然不会否认金银财宝的财富价值，但会去寻找新的财富定义。现代经济学家的一大贡献是，把投入当作财富。你投入了多少劳动力，和资源相结合，就会有多少产出。产出越多，自然财富越多。每年的粮食产量有多少，每年的钢产量有多少，每年的汽车和计算机产量有多少，就会有多少财富。这个时候经济学家建议的国家产业政策是投资驱动，人力资源政策驱动。这种财富观的好处是关注投入和生产，但它忽略了消费。所以，一旦产能超过了有效需求，市场不景气，就会导致经济下行，严重的时候会导致产能过剩，也就是经济危机。

所以，另外一些经济学家开始把消费当作财富，也就是说财富就是消费。也就是说，产生多少东西，并不一定是财富，真正消费了，才是财富。当年度如果你消费了多少东西，这些东西乘以价格并加总，就是财富。这对于个人来说，就是当年度消费总量是多少；对于国家来说，就是当年度最终消费品价格的总和。这个财富就是GDP。从消费看财富有一个好处，即它能反映一个国家的经济规模和活力度，但它忽视了储蓄。如果整个国家透支消费，透支投资，储蓄少，债务多，看着消费量很大，其实也可能隐藏着经济下行的可能性，严重的时候会导致债务危机，或者金融危机。这也是一种经济危机。

片面看重投资，或者片面看重消费，都不是正确的财富观。有一些经济学家开始把生产活动、消费活动和相互之间的交易量看作是财富。生产活动、消费活动和相互之间的贸易，都会形成一定的信用。也就是说，一个企业的生产和贸易活动，可以形成信用；一个消费者的收入和消费，也可以形成信用。每个经济体内部和各个经济体之间的贸易量也可以形成信用。在这个时候，信用就是财富。在这个时候，信用量大的企业，就是大企业。信用量大的个人，就是富人。这样的时代，我们可以称为信用时代，这样的经济则可以叫作信用经济。重视信用的经济学家会给国家建议通过扩张信用的产业政策来促进经济发展。但是信用经济成也信用，败也信用。一旦出现信用危机，整个经济体也会出现经济下行，乃至经济危机。

这些财富观，是现代经济学的优势，也是现代经济学的弱势。对此，奥地利学派经济学家有自己的看法。奥派经济学家认为，财富是边际效用决定的，是一种个人的主观价值。个人价值是异质的，所以无论是金银财宝，还是生产和消费，还有个人的信用，其价值都是有差异的，而且是易变的，是不可以加总的。所以，在奥派经济学家看来，个人的总的财富，还有国家的总的财富，顶多是一个参考量，并不反映真正的财富值。

奥派经济学家关注市场的过程。市场过程越不受干预，就越会从内到外，两个方面都得到发展。在内部，市场过程专业化和分工程度越来越高，越来越复杂，越来越像一个万花筒。在外部，市场过程会逐步扩展，并向外界的市场力量开放，逐步形成规模更大的市场，乃至全球市场。从财富角度来看，市场过程的发展，就是财富的增长过程。在这个过程中，产品越来越丰富，人们的生活水准也越来越高，生活也越来越快乐和健康、幸福。

在这个过程中，奥派经济学家看到人和企业家的作用。在这里，每个人都在不断发现和挖掘自己的天赋，创造的天赋，生产的天赋，管理的天赋，贸易的天赋，信用管理的天赋，还有各种消费的天赋。经过努力创造更多财富、拥有更多财富的人，就是企业家。一个社会企业家越多，创造财富的人就越多，它就越富裕。

所以，奥地利学派经济学家没有产业政策，因为他们只关注市场过程，只关注人能不能成为企业家。如果有政策建议的话，那就是政府要提供基础性的市场秩序基础设施，包括法律和秩序，安全和基础设施，一定水平的公共服务等。与此同时，要努力改善营商环境，让企业家能够更好地挖掘自己的天赋，创造更多的财富。

冯兴元先生是国内著名的奥派经济学家。他翻译的很多著作都是奥派经济学家的著作。他写作出版的专著和论文，也大都集中在奥派经济学基础理论和方法，以及在不同场景的应用。摆在读者面前的《创造财富的逻辑》是他和孟冰女士合作的产品。该书详细重述了奥地利学派经济学家的财富观、市场观以及文明观，尤其是奥地利学派经济学的企业家理论，并把这些理论运用于一些实际问题分析。它是冯兴元先生和孟冰女士学习、思考、研究奥地利学派经济学经典著作的重要成果。

特此推荐!

毛寿龙

2024 年 3 月 11 日

于亚布力

# 自序

本书聚焦于阐述创造财富的自然逻辑。中国的改革开放大大推动了财富创造与经济发展。从 1978 年底实行改革开放以来，中国取得的经济成就世所瞩目。其中两大巨变特别值得关注：一是民营企业家阶层的崛起，二是巨大的财富创造。这两大巨变相互之间密切相关。两大巨变的发生，又与政府的授能密不可分。张维迎教授把企业家分为创新企业家和套利企业家，这是有道理的。无论是创新企业家还是套利企业家，他们总体上大大推动了中国的财富创造。当然，改革开放过程是复杂的。在这个过程中，有些整体改进属于"帕累托改进"，也就是所有利益相关方都有了改进，比如引入农村家庭联产承包责任制就是如此；也有些整体改进属于"卡尔多改进"，涉及部分利益相关者有了改进，另外一部分则有损失，不过改进大于损失，但损失方没有得到充分补偿，比如城市化过程总体上使得中国的面貌发生翻天覆地的喜人变化，但是有一部分失地农民的损失没有得到充分补偿。当然，我们这里讨论的损失，不涉及不正当得益的损失。清除不正当得益，维护每个人的正当权益，推动财富创造，富国富民，正是改革的重要目的。

中国的巨大财富创造与经济成功，既彰显了其有别于其他国家的具体特点和经验，又隐含了成功国家所共同遵循的一种自然逻辑。分析和揭示这种自然逻辑，既具有挑战性，也富有意趣。为了进一步推动中国的财富创造与经济成功，构建基于财富创造的共同富裕之路，研究财富创造的自然逻辑有其重要意义。

**何为财富？**

有关何为财富的问题，不同的人有不同的说法。在很多人眼里，金钱或者货币就是财富。希望自己拥有的金钱越多越好。但是，金钱或者货币作为人们普遍接受使用的一般交换媒介，属于特殊财富或者特殊财货，不同于一般财富或者一般财货。金钱或货币只在能保持其购买力、被人们接受为交换媒介时，才能保持其财富价值。如果一个国家可支配的金钱数量增长很快，人们可以支配和利用的财货数量跟不上，金钱就会贬值，也就是其购买力下降。西班牙在大航海时代曾经因为大量输入美洲金银，导致国内一度发生恶性通货膨胀。中国明末也因大量的海外白银涌入，导致通货膨胀。相对于作为法币的纸币，贵金属货币，如金银铸币，属于商品货币，既是贵金属商品又是货币，更容易保持其财富价值。在法币时代，纸币发行量增长速度往往高于经济增长速度，其结果是 1 单位货币所代表的购买力日趋下降。比如，2008 年 11 月，津巴布韦的同比月度通胀率已接近骇人听闻的百分之八百亿。2009 年初，津巴布韦央行甚至发行了面值 100 万亿的纸币，这成了迄今为止世界上最大面值的纸币。据说那时的 100 亿津巴布韦元连 1 美元都兑换不到。我们再看看充当世界货币的美元的情形。美国总统尼克松在 1971 年宣布美元与黄金脱钩，全球一夜之间跟着美元进入纸本位时代。脱钩前美国政府承诺每 35 美元兑换一盎司黄金，世界各国货币再跟美元挂钩。到 2024 年 3 月 7 日，2161.53 美元才能兑换 1 盎司黄金。

金融市场提供财富管理服务。财富管理涉及以客户为中心，设计出一套全面的财务规划，向客户提供现金、信用、保险、投资组合等一系列金融服务，为客户管理资产、负债、流动性，满足客户不同阶段的财务需求，帮助客户降低风险，协助客户实现财富保值、增值和传承等目的。因此，财富管理意义上的"财富"本质上涉及管理客户的金融资产及其他委托或信托资产（如家族信托资产包括客户的房产等实物）。

《纳瓦尔宝典》对财富的定义是在睡觉时也能带来收入的企业和资产。这里的财富就是各种货殖活动带来的收入和财产积累。司马迁的《史记·货殖列传》所述及的财富也是货殖活动带来的产出，不过集中于真实财货产出。他罗列了如下产出：崤山以西盛产的木材、竹子、穀木、苎麻、牦牛、玉石；崤山以东产出的很多鱼、盐、漆、丝和声色；江南出楠木、梓木、生姜、桂皮、金、锡、铅、朱砂、犀牛角、玳瑁、珠玑、兽牙和皮革；龙门、碣石北产出众多马、牛、羊、毛毡裘皮、兽畜的筋角。此外，司马迁还提到，铜、铁往往出产于山中。

不同经济学家对财富涵义的理解也大相径庭。可以拿经济学之父亚当·斯密和现代经济学主要奠基人门格尔的财富观为例来说明。

斯密在《国富论》里看到的只是一国的真实财富，也就是该国全社会一年的土地和劳动力的产出。这种真实财富只包括有形物质财富，不重视无形的非物质财富；只重视有形产出或实物产品，而不重视无形服务产出；只重视实物产品，但不重视生产要素。对于他，能够固定或者体现在真实财富之上的那部分劳动，才是有价值的。其结果是，大量财富没被视为财富。斯密认为："制造业工人的劳动，可以固定并且体现在特殊商品或可卖商品上，可以经历一些时候，不会随生随灭。那似乎是把一部分劳动贮存起来，在必要时再提出来使用"。这样，制造业工人的劳动是生产性劳动。他还认为，有些社会上等阶层人士的劳动，"不生产价值，不固定或体现在耐久物品或可卖商品之上，不能保藏起来供日后雇用等量劳动之用"，因而这些人的劳动不是生产性劳动。这些人包括君主以及他的官吏和海陆军、家仆、演员、歌手、舞蹈家的服务都没有价值，意指不创造财富。牧师、律师、医师、文人的劳动只是有点价值。

与此对照，门格尔的经济财货概念是最精准的、最为广义的、同时也是有意义的财富概念。他是现代经济学的奠基人之一，是著名的奥地利经济学派的创始人。门格尔认为，财富是人类可支配的各种有形无形的稀缺的有用物，它们是用来直接或者间接满足人类需要的，用来直接或者间接维持人类的生命（包括健康）和增进其福利。这些人类可支配的稀缺的有用物也属于经济财货，它们是人类经济活动的对象。一物之所以被认为是稀缺的，是因为对它的需要量大于可支配量。如果一物的需要量小于或等于可支配量，那就不稀缺，属于非经济财货，不属于财富，也不会成为进一步经济活动的对象。按此，很多有形有色、形形色色之物，比如耕地、铜矿、粮食、书籍、手机、汽车或住房，被视为财富。但这还远远不够，无形无色之物，比如各种服务，包括电信服务，促成商业交换的各种居间服务，家政服务（既可以是计费的，也可以是家庭主男或者家庭主妇所提供的不计费持家服务），也是财富。只不过，这些服务作为财富，在被创造的同时，也被消费或耗用。服务作为财富，往往被人所忽视。不能说它们不是财富。此外，现代世界还存在数字经济发展所带来的大量虚拟财富，比如 ChatGPT 聊天机器人服务，特斯拉 fsd 自动驾驶服务，比特币，京东的农产品供应链服务，等等。甚至有些个人和实体的经济影响力，如网红的粉丝群，书店的客户群，或者一位经济学家的拥趸群，也可以视为经济财货，因而也属于财富。当一位网红失去大量粉丝，书店失去客户群，经济学家失去拥趸群，也就是等于在失去财富。

门格尔的财富观是最能反映经济本质的财富观。对于门格尔，财富包括各种可支配的、可用于直接或间接满足人类需要的、有一定稀缺性的有形产品和无形的服务，以及有形与无形生产要素与资源，也包括作为最容易转让出手的、代表一定购买力的特殊财货货币，以及有着各种有用功能的金融产品与服务。

人类可支配的、用于直接满足人类需要的稀缺的有形产品和无形服务，如面包、服装、住房、书籍、高铁、飞机、手机、洗衣机、医疗服务、律师服务、家政服务等等，属于财富。投入于生产经营活动的劳动力、土地和其他生产性财货（原料、半成品、资本品等等），是稀缺的生产要素，用于间接满足人类需要，也是财富。资本提供相应的资本服务，用来雇用劳动力，租用土地，购置或租用各种其他生产性财货，可以间接满足人类的需要，也是财富。

对于门格尔，企业家人才是特殊资源。工商业中的企业家负责实施其他经济主体不承担的"企业家活动"，比如在不确定条件下负责对其生产经济活动的经济计算，组织投入资源，把控整个生产经营活动过程。在同样的意义上，农夫和农场主与工商业中的企业家一样，负责和从事"企业家活动"。因此，农夫和农场主也负责企业家活动，在或多或少程度上属于企业家人才资源。我们完全可以把这些企业家人力资源视为特殊财货，既特殊财富。

对于门格尔，货币需要保持一定稀缺性、代表一定的购买力，才能作为一般交换媒介，服务于交换，属于一种特殊经济财货，也是财富。滥发货币，失去稀缺性和服务能力，这种货币就日渐失去经济财货即财富的性质。我们按照门格尔的财富理论可以进一步推演：一般金融产品与服务，只要正常发挥货币、收入和其他价值资源跨主体、跨时空的配置和价值交换，推动一般经济资源的跨主体、跨时空的配置，便利风险管理和支付结算，助力生产经营和贸易，促进股权分割、归集、转让和利用，以及提供信息与激励（比如职业经理人的股份期权激励），也是创造价值，增进财富，本身也是财富。

在奥地利学派第三代代表人物米塞斯那里，门格尔的财富观得到了进一步的升华。米塞斯的财富观是最富有想象力的财富观。米塞斯把财货定义为实现个人目的的手段。每个人对自己的目的和可支配手段进行主观价值评估，并按主观价值评估的高低对所有目的和手段加以排序，由此选择目的，配之以手段，付诸自身的行动。能够如此自主选择的人，被视为"行动的人"，或者说"行动人"。从功能视角看，每个行动的人，都多多少少是个企业家。企业家会发现财富，创造财富。对于米塞斯，个人可支配的所有这些来满足其需要的稀缺手段，既是经济财货，也是财富。米塞斯财富观的革命之处在于，他更加从主观的角度去看个人的需要、目的和手段。从每个人的主观角度看，同一物，对于一个人不属于手段，对于另一个人则可以是手段。对于行动的人，很多不被他人视为财富之物属于财富；允许个人有着最大的目的－手段自主选择空间的社会，也会是创造财富最多的社会；个人的心智和行动本身就创造财富。如果每一个行动的人能够拥有充分的空间发挥其内在的企业家精神，那么人类的财富创造会呈现"一花一世界，一叶一菩提"的局面。

## 企业家在财富创造中的作用

经济学家从功能视角定义企业家。企业家可以定义为去承担不确定性、对各种广义和狭义盈利机会保持警觉、作出预见，在此基础上做出预判和行动决策。具体到市场过程，我们从广义企业家概念回到狭义企业家概念。广义企业家寻求广义的盈利机会——各种得益，无论是否属于货币得益，均属于广义的盈利。狭义企业家寻求狭义盈利机会，即市场盈利机会。他们是在市场过程中寻求狭义盈利机会的企业家。涉及在市场过程中的财富创造，企业家的贡献厥功至伟。正是由于企业家在市场过程中创造财富的已有贡献和巨大潜能，米塞斯的弟子柯兹纳认为企业家是市场过程的推动力量，而哈耶克的弟子沙克尔甚至把市场过程称为"万花筒般的世界"。

熊彼特属于奥地利学派第三代代表人物之一，但属于半个奥派（他后来的方法论偏离了奥地利学派）。对于他，企业家推动创新，属于经济发展的发动机。他曾经强调："企业家应该处于社会和经济金字塔的顶端"。熊彼特从实现创新、推行新组合角度定义企业家。张维迎教授把这类企业家视为创新企业家，以区别追求纯粹套利意义上的套利企业家。值得注意的是，无论是创新企业家，还是套利企业家，都创造财富。这与人类支配财富的目的有关：直接或者间接满足人类维持与增进其生命、健康与福利的需要。创新企业家创造财富是不言而喻的，套利企业家寻找和谋求实现低进高出的套利机会，促进更多的经济交换，参与交换方都提升了其需要的满足程度，这本身就已经增进了自身的财富支配水平，而且还进一步推动财富的创造。经济交换对于交换双方，其主观评价的所得大于所失。这是一切经济交换得以发生的基础。这也意味着，经济交换本身就增进了财富。

谈到财富创造和财富积累，我们就会想到古今中外一连串名人：陶朱公、管仲、特斯拉、爱迪生、富兰克林、乔布斯、盖茨、马斯克、黄仁勋、马云、任正非、钟睒睒、宗庆后等等。既有发明家、创新企业家，也有套利企业家。其中，吴越争霸大功告成、离开越王之后的陶朱公，早年的管仲以及胡雪岩都是套利企业家；特斯拉、爱迪生和富兰克林首先是发明家；其他人物都有创新企业家的宏业并兼具套利企业家的行举。

我们先看看发明家和创新企业家的贡献。按照熊彼特的观点，发明家虽然重要，但发明家不等于企业家。单纯发明还不够，发明转化成产品（或服务），发明家才真正参与推动了产品创新，也就成为某种程度的企业家。熊彼特认为，从功能视角看，所有参与实行新组合者，都或多或少承担了企业家的角色，更确切地说承担了创新企业家的角色。这里，不是只有企业主才是企业家。当发明转化为产品，发明家也部分承担了创新企业家的角色。此外，技术人员、工人，只要参与实现新组合，都或多或少承担了创新企业家的角色。创新型企业家不断推动创新，实现新组合。按照熊彼特的话，新组合包括：企业家（这里指创新企业家）引入新产品，推行新的生产方法，开辟新市场，赢得新的原材料或半成品供应来源，或者重组一个产业，甚至颠覆一个产业。

我们还需要重视套利企业家的财富创造贡献。陶朱公和管仲是成功的套利企业家。套利涉及低进高出，就是商业或贸易。孟子称其为"通功易事"，出自《孟子·滕文公下》，意指互通有无。孟子说："子不通功易事，以羡补不足，则农有余粟，女有余布"。其意为：假设你不互通有无，不把你有的东西与别人交换而得到自己没有的东西，不把你多余的东西跟别人多余的东西相互交换，从而换取和补充你所缺少的东西，那么从事耕种的农夫就会有吃不完的粮食，从事纺织的妇女就会有穿不完的布料。也就是说，如果不互通有无，农夫虽然仍然有吃不完的粮食，会不少食，但会缺衣；妇女虽然有穿不完的布料，不缺衣，但会少食。老子《道德经》指出："天之道，损有余而补不足"。互通有无恰恰有着这种减损有余而弥补不足的作用。无论是社会交换，还是经济交换，都有这种作用，都符合天道。

　　值得注意的是，无论是亚当·斯密，还是门格尔，两者均认为贸易或商业促进财富创造。对于斯密，贸易促进真实财富的创造；斯密的逻辑是：市场交换只是助力实现劳动价值的媒介，并不产生价值，不直接创造财富，而是间接推动财富创造，即间接增进财富，间接增进劳动产出物的增进；从事贸易者通过这种媒介服务从劳动产出物中分到其中一部分，作为其回报。这里，斯密所指的财富是真实财富即物质财富。正如上文所述，对于门格尔，经济交换本身就为交换双方创造价值，对两者均有利。对于任何经济交换，"某经济主体所支配的某财货的一定量对他的价值，必须比另一经济主体所支配的另一财货的一定量对他（即某经济主体）的价值为小；而此另一经济主体对于这两个财货的评价正好相反"。这是门格尔对经济交换的伟大洞见。这里的价值仍然体现为支配一种财货对于经济主体的需要满足的重要性。这一洞见已经说明了经济交换对于交换双方均创造了价值。他注意到，交易中介人对于财货的物理性增加，并未作任何直接的贡献，从而他们的活动就常常被人们认为是非生产性的。但是，经济交换与经济财货的物理性增加，都能改善人类的需要满足，并使得交换双方的财产增加（也就是财富增进）。既然如此，所有交易中介人就和工人与农民相同，都是生产性的（其前提总是交换活动为经济性活动）。这是因为，所有经济活动的目标不在于经济财货的物理性增加，而在于尽可能完全满足人类的需要。而且，为达到这个目标，商人所做的贡献，不亚于一向被人高度片面地、排他性地称为生产性力量的那些人员，如体力劳动。

因此，对于市场过程中的财富创造，我们要充分肯定和赞赏创新企业家和套利企业家的贡献。熊彼特的企业家理论强调创新企业家的作用：他们为这个世界带来创新产品与服务，解决产品与服务从无到有的问题。柯兹纳的企业家理论虽然把创新视为引出套利机会的一种本当如此的途径，但读者会总体感觉到他在强调纯粹套利企业家的作用：他们推动让更多的人口甚至全部人口都能得到已有的或新有的产品与服务，解决可支配产品与服务从有到多，以及太多的问题。值得注意的是，除了创新企业家和套利企业家，实际上还存在模仿－创新企业家，他们可能先模仿后创新，也可能既创新又模仿。他们总体上发挥促进财富创造，尤其是直接参与财富创造的作用。总体上说来，第一，会存在创新企业家，他们作为先行者和开拓者推动创新。他们的人数不会多。他们的出现，也不存在一个固定的概率，市场发育得越好，产权保护得越好，参与创新的人数就越多。第二，也会存在大量套利企业家。相比于创新企业家，套利企业家的数量远超前者。套利企业家基于其对套利机会的警觉、预见和判断，把产品通过各个渠道销售到市场，满足消费者的需求。

第三，会存在一些企业家，他们属于创新企业家的跟进者，他们模仿先行者，推出差别产品，甚至其中小部分企业家在积累经验后，站在巨人（或者小巨人）的肩膀上，青出于蓝而胜于蓝，推出比前人更为耀眼夺目的创新产品。中国的很多企业家特别精于此道！马云和任正非均是如此。任正非更是走到技术的前沿，甚至到"前无古人"、不得不在前进路上充当探路者的地步。第四，无论是创新者还是模仿－创新者，他们都会同时从事套利活动。在市场过程中，无论是创新、模仿－创新和套利，企业家借助其对盈利机会的警觉力、预见力和判断力，承担不确定性，对生产经营资源的整合和对生产经营过程的把控，追求实现盈利机会，同时也承受可能的运作失败的后果。

## 财富创造与共同富裕

虽然财富创造现象及其研究是振奋人心的，但是比较之下，财富再分配问题及其研究则更具有挑战性。人们对于是否和如何推行财富再分配存在不同的看法。财富再分配政策往往问题重重，对其研究也存在理性与能力有限的问题。在政府与企业家的关系上，著名的客观主义哲学家安·兰德看到的是不能由财富再分配者管治财富创造者，她赞颂财富的创造者，反对财富的分配者，主张推行一种完全自由放任的市场经济。而哈耶克看到的是不能由拿死工资者管治需要面对未来前景不确定性的盈亏承担者即企业家。他希望，再分配不能过度，不能导致影响和扭曲经济过程，不能影响企业家财富创造的积极性。有一些经济学家反对过度庞大的福利国家体制，认为这样的福利国家属于"制度化的劫掠"。还有一些学者与决策者强调结果公平，从结果公平角度顺推应该有一个怎么样的经济与社会制度，其结果是财富创造者前路迷茫，寸步难行，甚至导致财富创造者前赴后继选择退出。安·兰德的著名小说《阿特拉斯耸耸肩》讲的其实就是这样一个财富创造者退出社会、转移到一个世外桃源式的"高尔特山谷"的故事。"高尔特山谷"也可称为"安·兰德山谷"，在那里，财富创造者实现人作为人而生存的理想，能够遵照财富创造的自然逻辑去创造财富。每个人的理性体现在增进其个人的幸福，减少其不适（这也是米塞斯认为的人的所有行动的最终目的）。为此，每个人需要掌握尽量多的知识，创造尽量多的产品即财富，进行尽量多的交换，以此增进自己可支配的财富。

当然，现实世界远比小说描述和理论探讨的世界要复杂。某种程度的财富再分配是不可避免的、无法回避的。德国战后初期的社会市场经济体制可能是国人容易接受的一种体制，强调效率优先、兼顾社会平衡。建立和维护一个竞争秩序与推行法治是创造财富与实现繁荣的必由之路。战后德国就是这方面的一个范例。路德维希·艾哈德在推行社会市场经济体制过程中发挥了中流砥柱的作用。他本来是个学者，战后主持了英美占领区经济管理局的工作，1949年成为联邦德国第一任经济部长，后任联邦总理。他属于学者型官员。艾哈德主导了建立德国社会市场经济体制的工作。德国社会市场经济有三大思想来源：德国秩序自由主义经济思想，社会主义思想，以及天主教伦理。秩序自由主义经济思想的影响最大，其最主要的思想来源是德国弗莱堡学派。弗莱堡学派崇尚建立和维护一个竞争秩序，政府在法治国框架内运作，为维护竞争保驾护航。艾哈德和弗莱堡学派的所有成员都是秩序自由主义者，坚信竞争秩序的作用。艾哈德重视吸纳弗莱堡学派的竞争秩序观，同时重视借鉴其他秩序自由主义经济学家如勒普克和米勒－阿尔马克的经济思想与社会平衡思想。1957 年，艾哈德撰写了享誉世界的德文版名著《Wohlstand für Alle》，即《共同富裕》一书。该书名也是其著名的政治口号，其中文含义为"人人享有富裕"，也就是"全民富裕"，或者"共同富裕"。可惜一些中译者把它翻译成了"大众福利"，而且很多人将这类译法视为某种程度上约定俗成的译法。但是，翻译成"大众福利"是错误的。这是因为艾哈德是市场经济和竞争秩序的坚定捍卫者，是福利国家的坚定反对者。比较起来，1958 年英文版对德文书名就吃得很透，英文书名为 *Prosperity Through Competition*，也就是"通过竞争实现繁荣"。1983 年商务印书馆出版中文版，因其译自英文版，中文书名为《来自竞争的繁荣》。这一书名基本上抓住了事物的本质，不过主要反映了如何增进财富和实现繁荣，但并没有体现如何实现共同富裕。艾哈德的共同富裕观就是建立在保护私人产权基础上，维护竞争，创造财富，实现繁荣，辅之以推动社会平衡，总体上体现经济效率优先，兼顾社会平衡。德国从战后到 60 年代初，成功实现"经济奇迹"，与推行艾哈德的共同富裕观有关，不过实际的经济社会政策，也受上述秩序自由主义思想之外的其他思想即社会主义和天主教伦理的影响，因而会在社会平衡方面超越秩序自由主义经济学家的理念设想要求。随着人均 GDP 越来越高，这一趋势越来越明显，社会市场经济中福利国家体系的成分总体上越来越膨胀。不过，德国总体上保持了效率优先、兼顾社会平衡的格局。在德国施罗德总理领导下的社会民主党执政期间，推行灵活就业政策（哈茨计划），有利于维护德国经济的竞争力。

# 竞争秩序与法治对于长足财富创造与长期经济成功的意义

值得注意的是，艾哈德本人始终反对将当时德国长期、稳定与高速的经济发展称为"经济奇迹"。他本人总是说，世界上没有奇迹。他认为这种发展是推行成功的市场经济政策的结果。纵观欧美国家和东亚国家，包括中国在内，确实都是如此。这些实现过"经济奇迹"的国家确实存在着这一共性。具体而言，这些共性反映于德国弗莱堡学派创始人瓦尔特·欧肯教授的《经济政策的原则》这本名著中提出的构成竞争秩序的七项原则。它们包括：一个有运作能力的价格体系，币值稳定，私人产权，开放市场，契约自由，承担责任，经济政策的恒定性。这里，经济政策的恒定性是指要推行上面六项原则需要推行一系列政策，这些经济政策要有恒定性，具体体现为经济政策的前后一致性与连续性。欧肯提出由政府建立和维持竞争秩序，但要求政府同时在法治国的框架内运行。法治有利于维护一个稳定的经济运行环境，对价格体系、币值稳定、私人产权、开放市场、契约自由、经济主体承担责任以及推行具有前后一致性与连续性的经济政策提供强有力的保护和框定。

中国只是有选择性和有限度地、有意无意地、或积极或消极地推进了构成上述竞争秩序的七大原则，就实现了目前程度的财富创造水平。目前我们正在进入数字经济时代。只要进一步广泛地、有意识地、积极地推进构成竞争秩序的七大原则，结合以必要的社会平衡、法治和发展利用数字化新质生产力，中国的财富创造新时代必然会到来。数字经济时代是最富有想象力的财富创造时代，我们有幸见证这样一个伟大的时代。数字化技术渗透到人类生活生产生态（即"三生"）的方方面面。数字化技术的发展与应用推动移动通讯的快速发展和智能手机的普及，后两者又推动数字化技术的发展与应用。数字化助力改造和提升人类生活生产生态，新款手机、新品电动汽车等产品与服务层出不穷，令人眼花缭乱。数字化赋能使得人类在创造财富方面如虎添翼、脑洞大开。相较于这些数字化的物质财富，人类创造数字化无形财富的速度尤为惊艳。比如抖音平台、淘宝平台、网红带货平台、比特币、品牌数字人、聊天机器人，等等，都是数字化无形财富。

## 本书的结构与内容

上述分析反映了创造财富的自然逻辑。《创造财富的逻辑》一书的结构非常简单，其内容排列就是为了阐述和揭示这一创造财富的自然逻辑。全书分为五大部分：财货、财产与财富；竞争与企业家精神；数字时代的经济、货币与金融；思想的力量；创造财富与共同富裕之路。

第一部分分析了什么是财富，财富与人类需要满足尤其是人类福利增进之间的因果关联，财富背后的财产、财产权与人类公正观的起源，人类财富与福利增进的原因，观念与言说的改变如何促进财富创造并带来现代世界的繁荣。

第二部分介绍了竞争秩序理论和企业家理论，探索了中国人的企业家精神源头与发展脉络及其与财富创造的关联。欧肯提出的构成竞争秩序的原则，对于一国的财富创造与长期经济发展有着重要意义。经济学中的企业家理论立足于功能视角。坎蒂隆、奥地利学派与奈特的企业家理论属于最重要的企业家理论。这些理论从功能视角揭示了企业家的概念、涵义与作用。总体上看，中国人的企业家精神源远流长。中国作为四大文明古国之一，随着中西文化交融和走向市场开放，出现越来越多创新企业家。在市场过程中，创新企业家与套利企业家都为中国的财富创造做出了贡献。此外，推动和参与这个财富创造的不仅仅是创新企业家与套利企业家，政治企业家、思想企业家、广大体力和脑力劳动者都参与其中。从功能角度看，确如米塞斯说的，每个自主行动的人，都会承担不确定性，都在不确定条件下评估自己的广义成本与收益，在此基础上选择其行动，都多多少少地承担了企业家的角色。因此，每个行动的人，都多多少少有着内在的企业家精神。他们都会对其行动目标和可支配手段进行主观价值评估，都会按照主观价值评估对其目标和可支配手段加以排序，并选择排序最高的目标，配之以相应的手段。而且，人的每个行动都是有意识的，出自于各种动机，包括自利、利他和互利，但是其最终的目标都是增进其个人的幸福、减少不适。在这个意义上，财富创造必然与挖掘和发挥每个行动的人的内在的企业家精神有关。

第三部分分析了数字时代的经济、货币与金融，以及三者与财富创造的关联，具体内容探讨诚实货币的逻辑，数字经济的内涵、特点与作用，硅谷成为全球科技创新中心的原因，从互联网平台巨头的市场行为看垄断与竞争，比特币的性质，数字货币成为大国竞争角逐场的发展脉络与意蕴，德国的管家银行经验及其与财富创造的关联，利息的决定因素，利息现象与财富创造和经济发展的关联。

第四部分阐明一些思想、观念和方法论对于我们理解和促进财富创造的意义。比如，单纯从方法论集体主义出发，从总量上看财富创造还远远不够，更需要从方法论个体主义出发看各个体尤其是企业家在财富创造中的作用。又如，在市场过程中，一般生产经营、一般商业与金融均涉及经济交换，经济交换的基础是交换双方都认为自己的所得大于所失，其背后就是主观价值评估。因此，本部分也引介了门格尔的主观价值论。此外，这里也探讨了客观主义哲学家安·兰德的财富创造观，儒家伦理的重要性及其与市场伦理的张力关系，两者与财富创造的关联。

第五部分聚焦于探讨创造财富与共同富裕之路，主要总结分析了欧美国家推行福利国家的一些后果，德国发展社会市场经济的经验与教训，以及长期经济成功与财富创造的普适模式。这里需要指出，德国早期社会市场经济建设，就是一种实现共同富裕的探索，对中国有着一定的借鉴意义。本部分的一个研究发现是，在某种程度上建立与维持一个竞争秩序、推行法治或法治化，是包括中国在内的所有这些成功国家实现长足的财富创造、取得长期经济成功的原因。进一步维持和推行一个欧肯意义上的竞争秩序、进一步推行法治化，将大大助力中国未来的长足的财富创造与长期经济成功。

## 写作分工与鸣谢

本书的多数章节源自我的一些研究论文、线上讲课材料和会议演讲稿，部分章节源自两位作者的合著论文，还有三章是我与其他作者的合著论文。本书的两位作者对全书各章节做了必要的编辑、修订和提炼。孟冰作为第二作者还为全书补充了多处必要的专栏、案例、注释与出处。感谢目前在泰康集团任职的杨华经理之前组织了我的线上经济学通识课讲课，使得我有机会积累线上讲课材料。感谢著名经济学家北京大学张维迎教授抽出宝贵时间为本书写了题

为"从企业家精神看中国经济增长与财富创造"的代序。他提出
"创新企业家"和"套利企业家"的概念，大大便利了我们的企业家
研究。这一概念界分是经济科学中企业家理论的创新与发展。也感
谢我的好友、著名政治经济学家与公共管理学家、中国人民大学教
授毛寿龙为此书写了推荐序。感谢上海三联书店责任编辑徐建新老
师和其他老师为此书的出版付出了许多努力。相信本书能够开卷有
益，对广大读者朋友有所启迪。也欢迎广大读者朋友给予批评指正。

冯兴元

2024 年 6 月 6 日于昆明

# 第一部分

# 财货、财产与财富

# 第 1 章　需要、财货与财富

　　门格尔是现代经济学主要奠基人之一。他的财富论涵括了最为广义的、同时也是有意义的财富概念。门格尔认为，财富是人类可支配的各种有形无形的稀缺的有用物，它们是用来直接或者间接满足人类需要的。这些稀缺的有用物也属于经济财货，用来直接或者间接维持人类的生命（包括健康）和增进其福利。它们是人类经济活动的对象。一物之所以被认为是稀缺的，是因为对它的需要量大于可支配量。如果一物的需要量小于或等于可支配量，那就不稀缺，属于非经济财货，不属于财富，也不会成为进一步经济活动的对象。按此，很多有形有色、形形色色之物，比如耕地、铜矿、粮食、书籍、手机、汽车或住房，被视为财富。但这还远远不够。无形无色之物，比如各种服务，包括电信服务，促成商业交换的各种居间服务，家政服务（既可以是计费的，也可以是家庭主男或者家庭主妇所提供的不计费持家服务），也是财富。只不过，这些财富在被创造的同时，也被消费或耗用。此外，现代世界还存在数字经济发展所带来的大量虚拟财富，比如 ChatGPT 聊天机器人服务，特斯拉 fsd 自动驾驶服务，比特币，京东的农产品供应链服务，等等。甚至有些个人和实体的经济影响力，如网红的粉丝群、书店的客户群，或者一位经济学家的拥趸群，也可以视为经济财货，因而也属于财富。

因此，人类的财富创造以各种有形无形的经济财货为对象，与直接或者间接满足人类需要存在因果关系。本章因此聚焦于探讨人类的需要，各种财货尤其是财富与人类需要满足的因果关系。

## 一、因果律的重要性

因果律属于万物产生、存在与发展的一大最基本的规律，意指万物（包括各种物、事件或者现象）产生、存在与发展必有一定的原因，且有因必有果。因果律是逻辑学中最基本的内容。

亚里士多德针对因果律提出了"四因说"，是对古希腊各种自然哲学本原学说的一种理论概括和提升。他的"四因"包括质料因、形式因、动力因和目的因。"质料因"亦即"事物所由产生的，并在事物内部始终存在着的那东西"，是指世界上一切存在着的事物都离不开质料，一个事物的形成首先必须具备有一定质料，譬如房屋是砖瓦构成的，没有砖瓦就构不成房屋。自然界的事物永远具有质料。中国古人讲"道不离器"，属于类似表述。"动力因"亦即"那个使被动者运动的事物，引起变化者变化的事物"。动力因是内部的动力因素，是推动的力量。比如，工匠及其技艺是房屋的动力因。"形式因"也即事物的"原型亦即表达出其本质的定义"，强调"原型"或"通式"的定性作用。比如，橡子所要长成的橡树则是形式因。"目的因"也即事物之所以成为事物的目的。亚里士多德以此强调涉及技艺制造和自然产物的形成均有目的的看法。比如，橡树也是橡子所要达到的目的。亚里士多德认为，"若有一事物发生连续运动，并且有一个终结的话，那么这个终结就是目的……须知并不是所有的终结都是目的，只有最善的终结才是目的"，而且"无论是在技艺制造活动中和在自然产生中都是这样，一个个前面的阶段都是为了最后的终结……既然技术产物是有目的的，自然产物显然也有目的，因为前面阶段对终结的关系在自然产物里和在技术产物里是一样的"。他强调，"如果因为看不到能有意图的推动者，就不承认产生之过程有目的，这是错误的"。这里的有些看法还属于朴素自然哲学思想，有一定的局限性。

在自然物中，动力因和目的因都可以归结成形式因。以橡树为例。橡树从中生长起来的橡子是质料因，橡子所要长成的橡树则是形式因，橡树也是橡子所要达到的目的，橡子是推动其自身向橡树生长的动力。因此，形式因、动力因和目的因是合一的。这样，"四因"可以归结为形式因与质料因两个最基本的原因。亚里士多德的"四因说"虽然有其局限性，但是"四因"可以作为因果律分析的四个维度，完美拓展到在真实世界中对于经济现象中人的经济行为的分析。

门格尔的《国民经济学原理》对因果律的运用与亚里士多德的"四因说"相符。他对需要满足（如果借助于外物）的分析是与财货（人们为满足其需要而可支配的、已意识到其有用之物，包括产品与服务、生产要素、其他有形无形资源等）概念的使用和因果律的运用紧密相关的。门格尔在其全书正文开首即写道：

> 一切事物均受因果律的支配。这一大道之顺行，概无例外。而且，我们如若要在经验所及的范围内去寻找有关这个原理的反例，那也会归于徒劳无功。

门格尔的开首之语"一切事物均受因果律的支配"，类似于佛家所言"一切皆有因果"。他接下去分析了人的需要满足与因果律的关系：

> 我们自身的性格及其所处的每一状态，也是这个巨大的、世界范围内的相互联系的一环。而且我们每一个人要从自身所处的一个状态过渡到另一个不同的状态，其所能依从的唯有因果律，别无他途，其他途径不可想象。因此，假如我们人类要从有需要的状态进入到已满足需要的状态，那就一定要先具备足够的成因。也就是说，要么必须借重在我们的器官中存在的力量，来消除我们被扰乱的状态；要么必须借重外物对我们发生作用，这些外物必须据其性质适合于用来达致我们称之为需要得到满足的那种状态。

实际上，"借重在我们的器官中存在的力量"，这个力量也是需要吸纳外部世界中一些外物的营养才能维持。

## 二、人的欲望、需要与需求

个人的欲望是无限的，"欲壑难填"这一中文成语，指的就是人的欲望往往是个人欲求无度、得陇望蜀，往往超越可支配的资源和能力，难以得到满足。比如，我想翱翔天空，我想穿越回到唐朝，这些念头就是一种典型的不可实现的欲望。需要则是有限的，按照亚里士多德和门格尔的话，需要是涉及维持个人的生命和福利的需要。

需要并不一定能够满足。一个人若要满足其需要，必须掌握相应的足够手段。而个人可供支配的手段则是有限的，不一定足够。门格尔把经济，具体而言是人的经济活动，视作"为满足其需要而展开其预筹活动"，也就是为满足其需要所进行的个体经济计划及其实施。

需要是一般性概念，不是经济学的专有概念，但属于经济学中会采用的概念。需求则是经济学中的专有概念。经济学需要特别区分"需要"和"需求"这两个概念。至于难以满足的无尽欲望，基本上不在经济学的考量范围之内。但是，"欲望"一词也会出现在经济学中，尤其在英文中更明显，这是因为英文"want"（欲望）的涵义很广，既包括了维持个人的生命和福利的需要，也包括了超越这种需要，尤其是超越了可支配资源和能力所能支撑的欲求。

需要是指一个人在生存和发展、维持生命和福利的过程中，感受到生理和心理上对某种事物的某种缺乏和对消除这种缺乏的诉求。著名心理学家马斯洛的需要层次理论，把人的需要分为五种，从低到高，分别是：生理需要、安全需要、社交需要、尊重需要和自我实现需要。很多人把这个理论翻译为"需求层次理论"。这种译法从经济学角度看并不准确。经济学里的"需求"有其精准的定义，不同于"需要"。

不过，虽然马斯洛从低到高对人的需要作了排序，但是一个人并不一定按照由低到高的需要顺序去行事，以求按部就班地满足这些需要。比如，一个人可能出于一种信仰牺牲自己的生命。这里的信仰既可能是错误的，也可能是正确的。坚守信仰往往与满足自己的"较高级次"的尊重需要和自我实现需要相关，而牺牲自己的生命则与"最低级次"的最基本生理需要有关。

此外，如果一个人为了"较高级次"的需要而放弃"较低级次"的生理需要，别人既不能断定他是采取了更为合理的行为，也不能断定他是采取了更为不合理的行为。这里，我们仍然以出于信仰牺牲生命为例。这是因为，每个人对自己的价值、自己的目标和手段，均有着自己的主观评价和相应排序。他人的主观评价和相应排序不能替代这个人的评价和排序。米塞斯指出："在经济学领域内，没有异乎价值级次的需要级次"，而这些价值是反映在人的实际行动当中的，这些价值的级次和需要的级次一样，都是个人对各种价值和需要进行主观评价的结果。从米塞斯这种视角来看，马斯洛的需要层次理论把人的需要由低到高加以排列，只是工具性的，并不实际上反映每个人对其自身各种需要的排序或者分级。实际上，一个人可能会在很多场合同时追求五个级次的需要。比如一位贫困的大学生往往会这么去做：即便他在贫困交迫时，他仍然不忘追求满足自己的尊重需要和自我实现需要。

在现代经济学里，需求作为专有的经济学概念，是指在一定价格下对某种产品愿意支付和能够支付的数量。这种需求也叫作"有效需求"。需要不一定与支付意愿、支付能力、成本收益分析和经济计算观念相联系。但是，需求这个概念则必然与之相联系。比如，一个人对苹果的需求涉及在一定价格之下（比如价格为 1 斤 5 元）其愿意支付和能够支付 1 斤，以供全家消费。这反映了需求的概念。如果让这个人每天购买消费 2 公斤，他可能没有支付意愿，那就不是他的需求量，超出了他的需求量。

由于一个人作为需求者的可支配预算有限，他所愿意支付、能够支付的产品组合数量也是有限的。这种有限性反映了产品和资源的稀缺性。这种稀缺性意味着，一个人的需求行为即消费行为，必然也是一种权衡取舍行为：当你选择消费一种产品，你就放弃了其他产品。因此，需求者必须考虑其需求行为的机会成本，也就是由于他选择满足某种产品的需求（比如 5 斤苹果），他所放弃的其主观评价仅次于前者的产品的需求满足（比如 1 本小说）。

## 三、财货的概念、成为财货的前提与财货的种类

从上述阐述可以看到，在门格尔看来，外物是在现实的外部世界那些满足需要的因果过程中不可或缺的要素。但是，不是所有的外物都是如此，而是获得了"财货"性质的外物，即作为财货的外物。而且，需要是内置于门格尔的财货定义之中。他这样写道："与人类的需要满足有因果关系的物，我们叫作有用物。我们认识了这个因果关系，并具有在事实上获得这些物以满足我们需要的力量时，我们就称其为财货"。

接下来，门格尔定义了一物要成为财货的前提或者条件：

一物要获得财货的性质，必须同时具备下列四个前提：

（1）存在人们对此物的需要；

（2）此物具有使其能与人们的需要的满足保持着因果关系的固有性质；

（3）人们认识到这种因果关系；

（4）人们支配着此物，也就是说人们事实上能够获得此物以用于满足其需要。

这四个前提必须同时满足，一物才能成为财货。

也就是说："假如不满足其中任何一个前提，一物就不可能获得财货的性质。即便一物已具有财货的性质，只要它又哪怕不再满足这四个前提中的任何一个，那么此物又会立即丧失财货的性质。"

门格尔把全部财货分为两个范畴：一是物财，包括一切符合财货条件的自然力，这里物财包括大米、面包、耕地、耕牛等等；二是有用的人类行为（或者消极行为），其中最重要的是劳务（被视为"力"）。后一个范畴都是符合财货条件的"关系"。有用的人类行为种类很多。比如，为农场主耕种农地就是一种劳务。除了劳务之外，还有其他五花八门的有用的人类行为，比如，"或多或少的人数（例如顾客人数）对于某一人（例如小商贩）惯常地进行着有用行为"。还有各种有用的消极行为也是一种有趣的财货类型，门格尔举例道："一个富裕的医师，住在一个农村小镇中，在该镇中另外还住有一个医师。这时，假定前者停止诊疗，对于后者自然不能称为是一种劳务，但却由此使得后者成为当地诊疗市场的独占者，故对后者实是一个极有用的'消极行为'"。门格尔把符合财货条件的商号、独占权、版权、顾客范围等都视为财货。

门格尔这样写道："一地或一国的少数或全体居民，自愿地或在法律强制下对于某一人采取着有用的消极行为（如自然的或法定的独占、版权、商标保护等），这种情形也不变更这个有用的消极行为的性质。所以，一般人所称顾客范围、读者层、独占之类的事物，从经济的角度看来，要么都是他人的有用行为或消极行为，要么如同商号那样，都是由物财、劳务及其他有用行为或消极行为构成的总体。"这些阐述可能需要细加体悟，才能更好理解。要把"顾客范围、读者层、独占之类的事物"视为服务之外的"关系力"或"作用力"及其作用的发挥，而且符合成为财货的条件，就容易理解了。

与其他众多经济学派不同，门格尔认为，只要出现四种情形中的一种，一种财货就不再成为财货：

一物若要丧失其财货性质，不外乎出现如下情形：

第一，人们的需要发生了变化，以致此物所适于满足的需要已不复存在；

第二，此物的性质发生了变化，以致其不再适于与人们的需要满足保持因果关系；

第三，人们不再认识到此物与其需要满足之间的因果关系；

第四，人们丧失其对一物的支配，即人们既不能直接获得此物，也不具有将此物置于自己权力之下的手段以满足其需要。

这种对丧失财货性质的条件或者情形的界定体现了惊人的分析力。比如，如果你新买了一个手机，你把旧手机扔在家里的一个旧物箱里，而且也不打算送人或者转售出去，也不打算再使用，那么旧手机符合上述第三个条件"人们不再认识到此物与其需要满足之间的因果关系"，这个旧手机原来是财货，但是现在就丧失了财货的性质。上述界定对于一国的整体经济来说也有重大的意义。比如，当整体经济下行时，很多企业破产或停工，大量厂房、设备和劳动力被闲置，不再纳入这些企业的生产经营计划，这些厂房、设备和劳动力就不再是财货，除非重新纳入这些企业或者其他企业的生产经营计划。

## 四、经济财货与非经济财货的界定以及两者之间可能的相互转换

### （一）经济财货与非经济财货的界定

门格尔指出，当人们认识到上面第一种情形，也即一种财货的全部需要量比所能支配的数量为大的关系状况，人们通常又产生如

下的认识：即人们的某一具体需要，本来是可得到满足的，但现在却不能得到满足了，或不能如从前那样得到完全满足了。为使这种不满足或不完全满足的情况不至于发生，对于人们可支配财货数量中的实际重要部分，就不可让它丧失其有用性，或使得人们失去对它的支配。

门格尔认为，人们会将这个认识落到实处，这体现于人们力求完全满足其需要的活动，具体表现为以下四点：

（1）将具有上述数量关系的财货的任何部分量保持于自己支配之下；

（2）维持这一部分量的有用性；

（3）对于那些必须以其所支配的财货量来满足的比较重要的需要，与那些可以听任其不满足的需要，须加以区别和选择。

（4）合理地使用那些具有上述数量关系的财货的一定量，以收到最大可能的效果；或用最小可能的数量，以收到一定的效果。换句话说，就是要用最合理的方法，将所能支配的消费品的一定量，尤其是所能支配的生产资料的一定量，用于自己需要的满足。

这里，门格尔指出，全体人类这种为了满足人类对维持其生命和福利的需要而从事的预筹活动，就称为人类的经济。门格尔在第三章的开首又对"经济"做了更为清晰的定义：

> 当人们在其从事其预筹活动的期间内，对于一种财货的全部需要量，要大于其可支配量时，则在情况许可之下，人们为尽可能完全满足其需要，便有了针对获得该项财货进行上述预筹活动的冲动。我们把人们的这种预筹活动称为他们的经济。

门格尔还界定了经济财货和非经济财货。"而作为上述活动的唯一对象，而且具有上述第一种数量关系的财货，我们叫作经济财货"。这里的第一种数量关系指的是"财货的全部需要量比所能支配的数量为大"这种关系，如电脑、茶叶、大米等。"与经济财货相对立的，就是人类没有必要通过进行经济活动来获得的一般财货，也就是非经济财货"。它们是人类对其总体需要量小于可支配量的财货。比如，一般情况下的空气和从水分充足的河里取用的饮用水，都是非经济财货。人们也将非经济财货称为"免费品"。

有关非经济财货，门格尔选择了从溪流里所提取的饮用水的例子：

例如，经过某村的溪流，通常每日可供给 20 万桶水，但在降雨期或山雪融化的早春期，则每日可供给 30 万桶水，而在干涸期则每日只能供给 10 万桶水。我们再假定对于该村的居民，作为饮料及其他的用途，通常每日有 200 桶或 300 桶水，就能完全满足他们的需要。这样，该村居民的最大需水量不过 300 桶，而这条溪流的最低供水就有 10 万桶。在这种情况下，以及在具有这种数量关系的其他情况之下，很显然，对于该种财货的一切需要，不但可以完全得到满足；而且，为满足其全部需要，经济主体所使用的还不过是其全部财货量的一部分。同时，这也是很显然的，即使该财货的一部分失去，或这部分丧失其有用性，只要在上述的数量关系没有转化成相反数量关系的范围内，这些经济主体需要的满足，仍然是不会受到任何损害的。所以，对于这些财货，经济上既不必保持一部分于自己支配之下，也没有必要为了保存其有用性而去对任何部分采取措施。

上面探讨的是社会中经济财货和非经济财货的差别。在只存在一个人的孤立世界，也会区别对待经济财货和非经济财货。门格尔在第二章一个注释里写道：

> 如果一个孤立的经济主体对于某种财货的需要比其所可支配的数量大，那么他必将加以细心贮藏这个财货的任何部分，并以最合理地用于其需要的满足。而且在必须以其可支配量来满足的需要与可以听任其不满足的需要之间，还要加以审慎的选择。但对于那些可支配量超过需要量的一切财货，就不存在促使这个经济行为主体采取这些行为的任何理由。所以，对孤立的经济主体来说，也是有经济财货与非经济财货的区别的。因此，财货是不是"交换品"或"所有物"都不是财货的经济性质的原因。

财货是否属于经济财货，与其是否属于劳动生产物无关。门格尔在第二章同一个注释中写道：

> 同样，有的财货是劳动生产物，有的则不需要任何劳动而完全为自然所提供，这一状况也不足以作为判定财货之经济性质或非经济性质的标准。正如经验告诉我们，完全不要劳动的许多财货如冲积土、水力等，在它们的可支配量不足以满足我们的需要时，它们就呈现出经济性质。相反，有些物虽是劳动生产物，但只凭这一点却不能得出该物具有财货性质的结论，当然更得不出该物具有经济性质的结论。所以投入于财货的劳

动，绝不是财货之经济性质的衡量标准；这个衡量标准只应在财货的需要量与可支配量的关系中去寻求。

## （二）经济财货和非经济财货之间在一定条件下的相互转换

根据门格尔的观点，财货的经济或非经济的性质，绝不是附着于财货本身的，绝不是财货本身的属性。无论怎样一种财货，不管它的内在属性和外在因素如何，只要它具有可支配量小于总体需要量的数量关系，它就获得了经济的性质；等到它这种数量关系转化为可支配量大于总体需要量的时候，就立即丧失其经济的性质。同样一种财货很可能在一定的场所不具有经济的性质，而在其他的场所则具有经济的性质。不但如此，就是在同一场所，由于情况的变化，同一种财货也可以时而获得经济的性质，时而又丧失其经济的性质。

门格尔举例道，在泉水充沛的地方，饮水不具有经济的性质。在原始森林内，哪怕是极粗大的木材，也不具有经济的性质。在许多国家，甚至于土地也不具有经济的性质。但同样这些财货，同时在其他的地方，则具有很明显的经济性质。此外，在一定时间、一定地点不具有经济性质的财货，到了另一时间，就在原来的地点获得了经济的性质，这种实例也不少。所以，财货的这种差别和变化，并不基于财货本身的属性。同样一种财货，同时在两个不同地方具有不同性质的时候，那一定是由于该财货在这两个地方的可支配量与需要量的关系彼此不同。另外，在同一地方本来呈现着非经济性质的财货，忽然又变成经济财货的时候（或相反的情况），那一定是由于上述的数量关系发生了变化。

根据门格尔的观点，非经济财货成为经济财货的原因只有两个：即人类需要的增加，或其可支配量的减少。这里，我们具体观察时，还可以区分人类需要量和可支配量的相对增减。在需要量增加和可支配量也增加时，如果需要量的绝对量变得大于可支配量的绝对量，就变成了经济财货。比如，一个地方的森林里住的人少，对外交往少，贸易往来少，木材本来需求量小于可支配量。后来这里成了旅游热点，来这里居住的人多了，部分树木需要砍伐，部分用于建造民居旅舍，部分则用于对外销售，木材的需要量很可能会大于可支配量（而且按规定，部分树木不允许砍伐）。

门格尔指出，使得需要量增加的最重要的原因有三：

（1）人口的增多，特别是某地方人口的增多；

（2）人类需要的发展及由此而造成的需要量的增加；

（3）人们对于物与人类福利之间的因果关系的认识进了一步，由此而使财货产生了新的用途。

根据门格尔的解释，以上都是伴随着人类从低度文明阶段到高度文明阶段的进展而发生的现象。随着人类文明的发展，非经济财货都有获得经济性质的倾向，而这个倾向之所以存在，主要是由于影响此事的一个要素，即人类的需要，是随着文明的发展而不断增大的。在这里，我们还看见另一种现象，即向来表现着非经济性质的财货，由于其可支配量的逐渐减少（例如，木材在一定的文明阶段，由于荒林的砍伐或开垦所造成的那样），现在已经成为经济财货。这种现象就是由于在从前的文明阶段，其可支配量大大地超过其需要量，所以财货就表现着非经济的性质，但随着文明的发展，其可支配量逐渐小于其需要量后，它就成为经济财货了。在许多地方，特别是在新发现的地带，此种从非经济性质到经济性质的转变，可以在许多财货（其中尤其是木材与土地）上得到证明的。并且，现在也还在不断出现这种现象。

门格尔指出，经济财货转变为非经济财货，或非经济财货转变为经济财货，都只应归因于总体需要量与可支配量关系的变化。

门格尔特别提到，有一类财货处在经济财货与非经济财货的中间位置，它们特别令人感兴趣。他指的实际上就是我们现在经常由政府提供的"公共品"或"准公共品"。他指出可以算作这类财货的，首先是这样一种财货：在文明高度发达的地方，由于这种财货具有特别的重要性，它会由社会大量生产，并供给人们共同利用，以至社会最贫穷的成员也能尽量使用到它。这种财货对于消费者来说，具有非经济的性质，但在全社会看来，则显然是一种经济财货，所以它是居于中间位置的财货。门格尔举例说，在文明国家，小学教育就是这样一种财货。他还举例分析了城里的供水。洁净而卫生的饮水，对于都市的居民来说，当然是一种极重要的经济财货。但当它由自来水管引往公用水泉供应居民，不但可以完全满足居民的需要，而且还有大量剩余的时候，它对居民来说，就是一种非经济财货。在处于低度文明阶段的地方，教师的教导，对于受教导的人来说，自然是一种经济财货；但在文化高度发达的地方，由于社会的文教设施发达，这个财货则对于受教育者来说已变成为非经济财货了。优质的饮水在许多大城市中同样有此情形，即先前对于用户来说是经济财货，而后来则不是了。

门格尔特别指出了权力对财货的经济性质或非经济性质的影响。某种财货，其支配量本来超过人类的需要，但当遇到一个有权力的人，排除其他经济主体而垄断使用该财货的时候，对于消费者来说，该财货就获得了经济性质。在森林众多的地方，木材的可支配量远远超过附近居民的需要量，以至极粗大的木材，也不具有任何经济性质。但若某一有权力的人霸占了森林的全部或大部分，以至附近居民的木材支配量较其需要量为少时，对于这些居民来说，木材就取得了经济的性质。例如，在富有森林的卡帕哈山，就颇有这样的村落，在其中，小地主和从前的农奴，都必须从大地主那里购入其必要的木材，而大地主的木材支配量，则远较其需要量为大，以至成千上万的树木，都腐烂在森林中。这就是本来不具有经济性质的财货而人为地变成经济财货（对消费者而言）的一个例子。由这些事实我们可以看到经济财货所固有的一切经济现象。

门格尔注意到一类非经济财货在现在说来还呈现着非经济的性质，但顾及到将来的发展，则在许多点上已被经济行为人看作是经济财货。即某种非经济财货，其支配量在不断地减少，而其需要量则在不断地增加，从其数量关系的发展来说，这个财货的非经济性质，到最后终要转变成经济的性质。在这种情况下，即便构成财货经济性质基础的数量关系，在事实上还不存在，不过经济行为人为着未来打算，已将该财货的一定量作为其经济活动的对象，并占取了这一定量，以保证其个人的需要。这样一种财货，现在还体现非经济的性质，而实际上已被人看作是经济财货。还有一些非经济财货，也是类似的情形：其支配量易起剧烈的变动，只有在平时保有一定的超过量，才能保证不足时的需要。又有种同样的非经济财货，其需要量与可支配量关系反转的边界，已经很显著地接近，假如有一经济行为人滥用这种财货或误认这种情况，就要使其他的经济行为人蒙受损害。似乎可取的是，基于特别考虑（例如，为着便利和整洁等考虑）而拥有一定量的这类非经济财货。

门格尔还阐述了财货的品质与其是否具有经济性质的关系。当一种财货的全部可支配量不足以满足其需要量时，这个财货的各个部分，不管其品质高下如何，都是人类经济的对象，即都是经济财货。相反，当一种财货的可支配量比其需要量为大，因而在满足一切需要后还有剩余量存在时，则依据前述非经济财货本质的理论，只要这种财货的所有部分量，都具有同样的品质，这种财货自然就属于非经济财货。但在一种财货的可支配量中，若某一部分量比其他部分量多一些优点，而前者又能更好地或更完全地满足人类需要时，则具有较高品质的部分量，自然就取得经济的性质，而具有较低品质的部分量，则仍然呈现着非经济的性质。例如，在土地过剩的国家，其地质或地势较优的土地，已得了经济性质以后，劣等土地却还呈现着非经济的性质。又如，一个城市位于一条饮用水质低劣的河流旁边，当该市的井水已是个人经济活动的对象时，河水则还未取得经济的性质。门格尔总结说，在实际生活中，就常常发生一种财货的各个部分量，同时具有各个不同性质的现象。之所以发生这种现象，理由在于具有较高品质的财货的可支配量，较其全部需要量为小；而具有较低品质的财货的可支配量，则较其全部需要量为大。

### （三）进一步分析

对经济、经济财货与非经济财货的概念界定是国民经济学理论的基础。一个财货的总体需要量大于其可支配量，它才是经济财货，才是经济活动的对象；否则就是非经济财货，不是经济活动的对象。所谓经济，就是为了满足人类维护其生命和福利的需要而进行的预筹活动。

有关经济财货和非经济财货之间的关系的探讨也是非常有意义

的。首先要确定一个财货的总体需要量大于其可支配量，我们才能将其纳入我们的经济活动的对象范围。如果一个财货在现在还不是经济财货，但是它正在变为经济财货，那么这个时候，我们当中的投资者预见到这一点，就可以提前布局，考虑获得这种财货的部分支配权，便于今后变现获利。

此外，我们可以看到，政府提供的很多"免费品"，其实由整个社会承担了成本。现在由政府财政承担义务教育支出，那么对于接受义务教育的家庭而言，他们属于非经济财货，但是对于整个社会来说是经济财货。

最后，我们也要看到，一些财货只是貌似非经济财货。像中国大陆的空气似乎对于我们所有国民来说是非经济财货，但是我们其实承担了很大的代价破坏了空气质量，目前又通过投入各种资源来治理空气污染和防范新的污染。我们为清洁空气投入很多，成本很高，我们获得的清洁空气的清洁度还有限。对清洁空气的总体需要量很大，但是可支配量非常有限。所以，把大陆的清洁空气视为一种经济财货也不为过。


## 五、高级财货与低级财货


根据是否能直接满足需要，经济财货可分为消费品（消费性财货）、生产品（生产性财货）和货币（作为一种特殊财货）。在与人类需要的满足保持着间接因果关系的各种财货之间，这些财货对我们需要的满足保持着或"较近的"或"较远的"的因果关系而有差异，不过这种差异丝毫不会影响其获得财货性质的本质。有鉴于此，我们把财货分成第一级、第二级、第三级、第四级等等。

消费品又称为低级财货、一级财货，能够直接满足消费者的消费需要；生产品又称为生产性财货、生产要素、生产资料、高级财货，只有通过其生产出消费品，才能满足消费者需要（间接满足了消费者的消费需要）。根据生产品与消费品的距离，也就是根据生产环节的多少，从消费品消费环节出发，生产品由近到远可分为二级财货、三级财货……以此类推。所有高级财货的价值都产生于它们所用于生产的次一级低级财货的预期价值。归根结底，生产品之所以有价值，仅仅是因为它最终会生产出消费品。消费品的价值由人对其直接满足自身需要能力的评价来决定，而生产品的价值由消费品来决定。

但在此也需要防止对上述理论作出一个错误的解释。我们在讨论一般财货的时候，曾指出财货性质绝非附属于财货的属性。同样，这里也需要提请注意一种财货在各种财货的因果关系链中的序位在何处这一问题。这一序位也不过表示，一种财货从其一定的用途来看，对于人类需要的满足，有时居于较近的因果关系，有时则居于较远的因果关系。所以，它不是附着于该种财货之物，自然更不是该种财货的属性了。

因此，在这里和以后叙述支配着财货的规律时，我们强调的并不是这个序次编号，虽然在正确理解的范围内，这个序次编号对解释一个既困难又重要的问题，的确是一种值得欢迎的辅助工具。我们要特别强调的是，需要明了财货与人类的需要满足之间的因果关系，并明了因财货用途的不同而形成的财货与人类的需要满足之间或远或近的间接因果关系。

有关高级财货和低级财货的关系问题，门格尔以制造面包为例做了说明：面包作为最终消费品，属于第一级财货，也是最低级财货；面粉、燃料与盐、烘烤面包的设备、工具和所必需的熟练劳动力属于第二级财货；磨坊、小麦、黑麦及制作面粉所用的劳动力等，可称为第三级财货；耕地、耕种耕地所需的工具与设备及农民的特殊劳动力等，可称为第四级财货。一般而言，可以按照生产的结构、环节与序次，从低到高，分为低级财货和高级财货。具体而言，可以分为第一级财货、第二级财货……直至最高级财货。要生产低级财货，就需要先生产高级财货。人类维护其生命和福利，依赖于直接支配最低级财货，即消费性财货，也就是消费品。消费性财货用来直接满足维护人类生命和福利的需要。不同级次的更高级的财货，均为生产性财货，用来间接满足维护人类生命和福利的需要，需要转化为下一级的财货，并最终转化为最低级财货，才能用于满足消费需要。在存在两级或者两级以上财货的情形下，没有高级财货，就没有低级财货；高级财货和低级财货之间存在因果联系，前者为因，后者为果。

## 六、经济财货、财产与财富：什么是财富？

门格尔在《国民经济学原理》中把一个人为满足他的需要所需支配的财货总体，叫作这个人的"需占有财货"。而且这些财货都是经济财货，其需要量均大于其可支配量。

门格尔又把一个经济主体所可支配的经济财货的总体叫作他的财产（Vermögen）。他在一个注释里专门对"可支配"的含义做了注释。他写道："'可支配'这个词在经济上的意义，是说一个人能用一些财货以满足其自己需要之意。"门格尔根据经济财货是指其支配量小于其需要量的财货这一定义，对财产下了定义。根据他的观点，财产是指"一个经济主体所可支配的、但其可支配量小于其需要量的经济财货的总体"。

门格尔把非经济财货排除在"财产"的范围之外。他认为："至于在一个经济主体支配下的非经济财货，则因为不是他的经济活动的对象，所以我们就不能看作是他的财产的一部分"。比如，对于村民，村庄旁边的一条河的充沛的流水，几乎取之不尽用之不竭，其可支配量远远大于需要量，属于非经济财货。门格尔还指出："在一切财货的支配量超过其需要量的社会中，将无所谓经济财货，也不存在什么财产"。

根据门格尔的观点，对于判定一个人的需要满足程度，财产只不过提供了一个相对的尺度，他解释道，有一些学者虽然把个体经济意义上的财产定义为经济财货的总体，但却将国民经济意义上的财产（也就是一国一地整个经济体的财产）定义为所有财货的总体。他们之所以这样做，是由于他们在对个体经济意义上的财产下定义时，是着眼于个人的相对福利，而对国民经济意义上的财产下定义时，则着眼于整个社会的绝对福利。门格尔指出，财产虽是一人与他人比较时表示自己的需要被满足程度的尺度，但绝不是一个绝对的尺度。其理由是，一切人及全社会的最高福利之能够实现，一定要在社会所可支配的财货数量极大，以至任何人都不再需要财产的时候才会实现。绝对的尺度衡量绝对满足水平。

门格尔指出，经济行为主体所能支配的经济财货，若继续不断地增加下去，其结果必使这些经济财货丧失其经济性质，以致其财产构成部分，亦为之大为减少。像这样，财产种类之前不断增加，到最后反得到财产种类必然减少的结果。他举例道，在一国内，某种矿泉水的支配量比其需要量为小，这时在各经济行为人支配下的矿泉水的部分量及各个矿泉本身，自然都是经济财货，而且是财产的构成部分。现在假定在一些小河里，突然涌流出与矿泉水一样可供治疗用的水，且其量非常丰富，以至这种水完全丧失其从前的经济性质，在这种情况下，从前各经济行为人所支配的矿泉水以及矿泉本身，到这时都自然不再为财产的构成部分。所以，财产构成部分继续不断地增加，到最后是要得到财产减少的结果的。

对于上述现象，门格尔又从稀缺性角度做了进一步的解释。经济财货是其可支配量比其需要量为小的财货，也就是存在着"部分稀缺"的财货。经济行为人的财产则是这种财货的总体。但这种财货的可支配量继续不断地增加，以致最后失去其经济性质时，这种财货的稀缺部分就不复存在，从而它就从构成经济行为人财产的财货组合内，也就是有"部分稀缺"存在的财货组合内退出来。所以，这种部分不足的财货继续不断地增加，到最后就不复为部分稀缺财货的情况，这在事实上是一点也没有矛盾存在的。

门格尔指出，一方面，经济财货继续不断地增加，到最后必然使得一向稀缺的财货减少；另一方面，一向过剩的财货（即非经济财货）继续不断地减少，到最后必将成为部分稀缺的财货，也就是必将成为财产的构成部分，导致财产构成部分的范围扩大。这两个道理是相通的。

行文至此，我们已经探讨了财货和财产的含义。那么，财富（Wealth）是什么呢？德语里的"Vermögen"就有"财富"或"财产"的含义。门格尔意义上的"Vermögen"，即"财产"，也完全可以视为"财富"。英文版《国民经济学原理》就直接把该词翻译成"wealth"即财富。德语里还有一个词叫"Reichtum"，可以实实在在地翻译和理解为"财富"。可以说，门格尔的"财产"或者经济财货及其组合，是最精准、最好的财富定义。

　　根据门格尔，所有经济财货都是财产，财产也即财富。经济财货是其需求量大于可支配量的财货，也就是有稀缺性的财货。需求量小于可支配量的财货，没有稀缺性，不属于财货，是非经济财货，不构成财富的组成部分。财富包括各种可支配的、可用于直接或间接满足人类需要的、有一定稀缺性的有形产品、无形的服务以及有形与无形生产要素与资源，也包括作为最容易转让出手的、代表一定购买力的特殊财货货币，以及有着各种有用功能的金融产品与服务。

## 专栏 1：什么是财富？

　　门格尔的经济财货概念是最精准的财富概念。根据门格尔，所有经济财货都是财产，财产也即财富。经济财货是其需求量大于可支配量的财货，也就是有稀缺性的财货。需求量小于可支配量的财货，没有稀缺性，不属于财货，是非经济财货，不构成财富的组成部分。

　　因此，财富包括各种可支配的、可用于直接或间接满足人类需要的、有一定稀缺性的有形产品、无形的服务以及有形与无形生产要素与资源，也包括作为最容易转让出手的、代表一定购买力的特殊财货货币，以及有着各种有用功能的金融产品与服务。

　　用于直接满足人类需要的面包和服装，是有形产品，属于财富。用于间接满足人类需要的机器设备和厂房，是资本品，是有形生产要素，也是财富。投入于生产经营活动的劳动力、土地和资本品，是生产要素，也是财富。资本提供资本服务，用来雇用劳动力，租用土地，购置或租用各种资本品，也是财富。企业家人才是特殊资源，也是财富。工商业中的企业家负责实施其他经济主体不承担的企业家活动，比如对盈利机会保持警觉和作出预判，负责对其生产经济活动的经济计算，组织投入资源，把控整个生产经营活动过程。在同样的意义上，农夫和农场主与工商业中的企业家一样，负责企业家活动。因此，农夫和农场主也负责企业家活动，在或多或少程度上属于企业家人才资源。洗衣店的洗衣服务属于满足人类需要的无形服务，也是财富。家庭主妇提供的"家政服务"是稀缺的无形服务，也是财富。货币需要保持一定稀缺性、代表一定的购买力，才能作为一般交换媒介，服务于交换，才是经济财货，也是财富。滥发货币，失去稀缺性和服务能力，就变得不再是财富。金融产品与服务，只要发挥资源跨时空配置，风险管理，便利支付结算，助力生产经营和贸易，股权分割、归集、转让和利用，以及提供信息与激励，也是财富。

多数财富是可耗损的。随着技术的发展，有些财富变得不耗损。比如，亚当·斯密时代的歌曲和舞蹈是一次性的服务。随着录音录像技术与存储技术的发展，在当今的数字经济时代，歌曲和舞蹈经过录音录像和存储处理之后，已经是不耗损的财富。部分财富如水果可以保存一段时间。部分财富可以永久保存，如刀郎的歌可以借助去中心存储永久保存。部分财富在创造的同时被耗费，如家庭主妇的"家政服务"。商业也创造财富，也是生产性的。商业旨在互通有无，增进交换双方的需要满足程度，促进交换双方增加各自的产出。商业与交换是实现各种财货的交换价值的唯一途径。如果没有商业与交换，产品与服务的生产经营的必要性大大减少，甚至影响产品与服务提供者扩大生产自身产品和维持其服务的必要，因为直接使用这些产品与服务的数量是有限的，是会适可而止的。

在奥地利学派第三代代表人物米塞斯那里，门格尔的财富观得到了进一步的升华。米塞斯的财富观是最富有想象力的财富观。米塞斯把财货定义为实现个人目的的手段。每个人对自己的目的和可支配手段进行主观价值评估，并按主观价值评估的高低对所有目的和手段加以排序，由此选择目的，配之以手段，付诸于自身的行动。能够如此自主选择的人，被视为"行动的人"，或者说"行动人"。从功能视角看，每个行动的人，都多多少少是位企业家。企业家会发现财富，创造财富。对于米塞斯，个人可支配的所有这些用来满足其需要的稀缺手段，既是经济财货，也是财富。米塞斯的财富观的革命之处在于，他更加从主观的角度去看个人的需要、目的和手段。从每个人的主观角度看，同一物，对于一个人不属于手段，对于另一个人则可以是手段。对于行动的人，很多不被他人视为财富之物属于财富；允许个人有着最大的目的——手段自主选择空间的社会，也会是财富最多的社会；个人的心智和行动本身就创造财富。如果每一个行动的人能够拥有充分的空间发挥其内在的企业家精神，那么人类的财富创造会呈现"一花一世界，一叶一菩提"的局面。

相比之下，亚当·斯密的财富概念比较狭窄。在斯密的《国富论》里，他把一国的真实财富定义为该国全社会一年的土地和劳动力的产出。这种真实财富只包括物质财富，对应物质产出，即物质产品，而不包括劳务产出。他的财富论，只重视物质财富，不重视无形的非物质财富。其结果是，大量财富没被视为财富。

在当前中国，当我们谈财富的时候，一般是从数量多少的角度去看一个人、一个家庭或者一国一地所可支配的经济财货或财产（包括代表着一定购买力的货币），而且只在数量较多时才将这些所可支配经济财货或财产称为"财富"。一国一地一般有较大的面积和较多的人口，其可支配的经济财货自然可以被称为"财富"。一个人或一户家庭，如果其可支配经济财货或者财产少得可怜，家庭小屋四壁空空，屋顶漏雨，虽然此人或这种家庭也支配有少量经济财货（比如窖藏的红薯，挂着的玉米棒子，身上打着补丁的老棉袄，还有小屋本身），但我们在中国平时不会说此人或此家庭拥有"财富"。但是，这里我们坚持使用门格尔意义上的财富概念，它也是最适宜的财富概念。国人习惯于从数量较多角度去看个人、家庭或者一国一地所可支配经济财货或财产数量，以此来理解财富。甚至有人还贬低其中"服务"（比如房地产中介或者金融中介）作为财富来源的价值。贫困的个人或者家庭所拥有少得可怜的家财并非就不重要。对于这些个人或家庭，这一丁点的家财重要得紧。王羲之《兰亭序》指出："古人云：'死生亦大矣'。"意思是说：古人说过，关系到人之死生的事情，那是大事啊。这些个人或家庭有一丁点家财，也是大事，他们就不会饿死或者冻死。对于一个国家或者地区来说，这也很重要，因为"路有冻死骨"，并不是一国一地值得夸耀的幸事。从严格意义上，一丁点家财可以、也应该视为财富。国人需要打破习惯思维，接受门格尔意义上的精准的财富或财产概念。

相比于门格尔精准的财富概念，亚当·斯密的财富概念比较狭窄。其结果是，大量财富没被视为财富。

第一，在斯密的《国富论》里，他把一国的真实财富（real wealth）定义为该国全社会一年的土地和劳动力的产出。这种真实财富只包括物质财富，对应物质产出，即物质产品，而不包括劳务产出。他的财富论，只重视物质财富，不重视无形的非物质财富。他区分两种生产性劳动和非生产性劳动：

"有一种劳动，加在物上，能增加物的价值；另一种劳动，却不能够。前者因可生产价值，可称为生产性劳动，后者可称为非生产性劳动。制造业工人的劳动，通常会把维持自身生活所需的价值与提供雇主利润的价值，加在所加工的原材料的价值上。反之，家仆的劳动，却不能增加什么价值。"

他认为："制造业工人的劳动，可以固定并且实现在特殊商品或可卖商品上，可以经历一些时候，不会随生随灭。那似乎是把一部分劳动贮存起来，在必要时再提出来使用"。所以，制造业工人的劳动是生产性劳动。有些社会上等阶层人士的劳动，"不生产价值，不固定或实现在耐久物品或可卖商品之上，不能保藏起来供日后雇用等量劳动之用"，意指这些人不创造财富。这些人包括君主以及他的官吏和海陆军。还有家仆，演员、歌手、舞蹈家的服务也都没有价值，意指不创造财富。牧师、律师、医师、文人的劳动只是有点价值。针对这些人士的劳动或服务的价值，斯密在《国富论》里这么写道：

有些社会上等阶级人士的劳动，和家仆的劳动一样，不生产价值，既不固定或实现在耐久物品或可卖商品上，亦不能保藏起来供日后雇用等量劳动之用。例如，君主以及他的官吏和海陆军，都是不生产的劳动者。他们是公仆，其生计由他人劳动产物的一部分来维持。他们的职务，无论是怎样高贵，怎样有用，怎样必要，但终究是随生随灭，不能保留起来供日后取得同类职务之用。他们治理国事，捍卫国家，功劳当然不小，但今年的治绩，买不到明年的治绩；今年的安全，买不到明年的安全。在这一类中，当然包含着各种职业，有些是很尊贵很重要的，有些却可说是最不重要的。前者如牧师、律师、医师、文人；后者如演员、歌手、舞蹈家。在这一类劳动中，即使是最低级的，亦有若干价值，支配这种劳动价值的原则，就是支配所有其他劳动价值的原则。但这一类劳动中，就连最尊贵的，亦不能生产什么东西供日后购买等量劳动之用。像演员的对白，雄辩家的演说，音乐家的歌唱，他们这一般人的工作，都是随生随灭的。

第二，斯密没有考虑到，除了产出之外，用于生产那些产出物的各种稀缺的、可支配的生产要素、资源和其他高级财货，也都是财富。正如门格尔所述，这些财货都是高级财货，有助于间接满足人类的需要，因为它们都是用来生产低级财货，尤其是直接满足人类需要的最低级财货，即消费品。

以种茶制茶为例。烘焙包装好的茶叶作为最终消费品，属于第一级财货，也是最低级财货；采摘下来的新鲜茶叶、烘焙设备、工具及所必需的熟练劳动力属于第二级财货；所栽种的茶树，所使用的化肥、农药可称为第三级财货；所投入的劳动力、土地，茶树种子可称为第四级财货。按照门格尔的理论，这里的每一级财货都是财富。它们要么直接、要么间接服务于满足人类的饮茶需要（有些地方还有食茶需要）。

第三，斯密没有独立看待土地、资本和企业家在创造产出物价值和财富方面的贡献。他把土地获得的回报静态地视为土地所有者从劳动生产物中分到的租金，把雇主获得的回报视为雇主投入资本和组织经营从劳动生产物中分到的利润（含对借入资本的利息回报）。他没有考虑到从动态角度看，土地和资本会成为独立的要素，这些要素的所有者通过投入这些要素作出其边际贡献而获得边际回报，即租金和利息，而且没有考虑到企业家作为组织投入生产经营资源而将资源转化成产品和服务者，在支付了工资、租金和资本的利息之后，如果还有一部分剩余，这才构成企业家的纯利润。他也没有考虑到，如果没有剩余，甚至是亏损，即纯利润为负，那么资本投入的风险实际上由出资者（资本家）承担。门格尔作为现代经济学的主要奠基人，他在《国民经济学原理》中的观点更为客观合理，符合市场经济的贡献—收益理念：

> 生产一个低级财货或第一级财货所需的高级财货的补足数量（包括全部所需原料、劳动力、土地利用、机器、工具等）的现在价值，其大小决定于产出物的预期价值。但在高级财货的补足数量之中，不只包含有生产技术上看必要的各种高级财货，而且还包含有资本利用与企业家活动，因为这两者都是生产一切经济财货所不可或缺的前提条件，与上面这些技术上要

求的必要物没有什么不同。这样，生产的技术性要素现在所具有的价值，就与产出物的全部预期价值不一致，其差额就构成资本利用与企业家活动的价值。

# 第2章　财产、财产权与公正的起源

在《国民经济学原理》一书中，门格尔从人类对一种财货的全部需要大于对这些财货的可支配量这种现象看到了人们为什么要生产这些财货，为什么追求支配这些财货，以及为什么人们为此发生矛盾和冲突。门格尔由此看到了财产和财产权的经济起源，并论证了财产权的正当性和捍卫财产权的重要性。此外，米塞斯和哈耶克作为奥地利学派传人，对财产、财产权与公正的来源做了重要的补充分析。

## 一、经济、财产与财产权的发生均因有关财货的需要量大于可支配量

财货的全部需要大于对其可支配量，这种现象实际上就是短缺或稀缺现象。门格尔在全书中多处使用了短缺或稀缺一词。门格尔认为，当存在对一种财货的全部需要量大于对其可支配量这种现象时，人类的利己心受到驱使，会导致其想方设法争夺对财货的支配权。门格尔在《国民经济学原理》里写道：

> 在一种财货的较小支配量与这个财货的较大社会需要量相

对立的时候，如上所述，构成社会的各个人对于这个财货的需要，是不可能完全得到满足的。这时这个社会一部分成员的需要，或者是完全得不到满足，或者是只得到不完全的满足。于是人类的利己心就要发动，对于那些支配量不足以供应全社会需要的财货，各人就要努力排除他人，而力求完全满足自己的需要。

我们以一位热门歌星演唱会的门票为例。相对于社会对门票的需要量，门票的可支配量是有限的、稀缺的。社会中很多年轻人对它的需要量远远大于门票的供应量。只有部分年轻人能够买到门票。没有买到门票的年轻人出于自己的利己心会想方设法从黄牛那里花高价买门票，力求满足自己欣赏音乐会的需要。不愿意出这个高价的年轻人就因为没有门票而无缘参加这场音乐会。

这样，对于很多财货，由于其总体需要量大于可支配量，一部分人心意满足，另一部分人的心意没有满足。后者与前者可能发生利益冲突，甚至导致暴力行为。这时就出现了人们建立和维持社会法制的必要性。门格尔写道：

> 在这种［力图满足自己的利己心的］努力下，各人所得到的结果是不同的。由于具有这种数量关系的财货，无论怎样分配，都要使一部分社会成员的需要，经常不能得到满足，或虽得到满足而不完全，这样就使这部分人对于这类财货的利害关系与那些占有这类财货者的利害关系发生矛盾。因而就使得占有这类财货的人，对于可能发生的他人暴力行为，感觉有通过社会法制保护其所占有财货的必要。

门格尔由此敏锐地发现了现代法律秩序的经济起源，尤其是发现了作为财产所有权之基础的占有财产保护的经济起源。他指出："在这里，我们就发现了现代法律秩序的经济起源，尤其是发现了作为财产所有权之基础的占有财产保护的经济起源。"

门格尔认为，人类的经济与财产权有着其共同的经济起源。两者的产生都是因为财货的可支配量比人类的全部需要量要小。人类的经济和财产权不是人类任意的发明，是为了解决经济财货的支配量比人类的全部需要量要小的问题，而且是"唯一可能的实用解决办法"。他写道：

> 人类的经济与财产权，是有其共同的经济起源的。我们之所以如此讲，是因为二者的最终根据都在于财货的可支配量比人类的全部需要量要小。因此，财产权与人类经济相同，它绝不是人类任意的发明，而是由于面对财货的全部需要量与可支配量的不平衡，在一切经济财货上不可避免会发生的问题的唯一可能的实用解决办法。

门格尔的经济与财产权起源论不同于洛克。洛克在《政府论》一书下篇中，较为详细地论述了财产权的起源问题。他认为，在自然状态中，也就是在出现国家和政治社会之前，人们就拥有天赋的基本权利，包括生命权、人身权和财产权。每个人是平等和独立的。财产权的起源于"在上帝给予人类为人类所共有的东西之中，人们如何能使其中的某些部分成为他们的财产，并且这还不必经过全体世人的明确协议"。洛克认为，上帝创造人类，并给予人类理性，就是为了使人类尽可能获得生活的最大便利以更好地生存和服务于上帝。洛克写道："土地上所有自然生产的果实和它所养活的兽类……就都归人类所共有，而没有人……原来就具有排斥其余人类的私人所有权"。但是，人类要生存、生活和繁衍，"就必须把［自然产出和其他产出］……变为己有，即变为他的一部分，而别人不能再对它享有任何权利，才能对维持他的生命有任何好处"。在这里，洛克论述了财产权的一个必要条件：人类只要想生存下去，就必须把原初共有的东西变成私有的。也就是说，人的生命权是财产权产生的逻辑前提。洛克论证道："每人对他自己的人身享有一种所有权……他的身体所从事的劳动和它的双手……已经掺进他的劳动［产品］，在这上面掺进了他自己所有的某些东西，因而使它成为他的财产"。洛克的基本逻辑：一是人无可争议地、排他地具有自己的人身权，并且不可转让人身权；二是劳动又是人身的活动方式，劳动就是人身拥有者无可争议的所有物；三是劳动者将劳动掺进了自然物中，排斥了原先其他人享有的共同权利，这样劳动使得劳动者确立自己对自然物的私有权。这种权利属于对上帝的理性即自然法的适用，属于自然法的内容，属于自然权利。

## 二、财产权的正当性与捍卫财产权制度的重要性

门格尔坚定地捍卫财产权制度，其理由雄辩有力。他写道：

> 因此，假如我们不消灭造成财产所有权制度的原因，而想废除财产所有权制度，那是完全不可能的。具体地说，就是我们要么增加一切经济财货的支配量，以使社会所有成员的需要，

都完全得到满足：要么减少人类的需要，以使现有的财货支配量，能够完全满足全社会成员的需要，不如此是不能废除财产所有权制度的。所以，在财货的全部需要量与可支配量还不能达到平衡时，我们纵然建立一个新的社会制度，而由另外一批人代替现在这批人来享受现有的全部经济财货，仍不能避绝这样的事实：即尽管一部分人的需要已被满足，而其他部分人的需要尚未得到满足，或虽满足而不完全的时候，就自然要发生必须针对可能发生的暴力活动而来保护经济财货占有者的事实。上述意义上的财产所有权，是和处于社会组织形态中的人类经济不可分的。因此，一切社会改革方案都只应朝着经济财货的合乎目的的分配方向去努力，而不应企图废除财产所有权制度本身。

门格尔认为，要应对一个社会中因为财货的全部需要量大于可支配量现象导致的利益冲突，实际可行的方案就只有一个，即："由各经济主体占有社会所可支配的财货总量的各个部分量，同时为了排除其余一切经济行为人的侵犯，由社会保护这些经济主体所占有的这些部分量。"这就是建立和捍卫财产权制度。

### 三、在财货需要量小于可支配量的情况下无所谓财产权

门格尔认为，在财货需要量小于可支配量的情况下无所谓财产权。这些财货，比如一般情况下的空气，经过一个小村边的大河流水，其需要量小于可支配量，不具有任何经济性质的财货。在一般情况下，空气和河水对于你都不稀缺。这时，你不会拿一个巨大的

气囊去装取空气；你也不会拿一个水袋，从大河装取河水。门格尔写道：

> 但对于不具有任何经济性质的财货，情形就完全两样。这时社会所支配的财货数量，比需要量为大，因而各人在完全满足其需要以后，还剩余了一部分财货量。这部分财货量对于人类的需要满足，就不发挥丝毫的作用。在这种情况下，无论何人为满足自己的需要，都没有获得充分部分量的必要。因各人已认识了构成该财货非经济性质基础的上述这种数量关系，并相信在全部社会成员完全满足需要以后，还能获得足够的数量，以满足自己的需要。
>
> 正如经验告诉我们，社会上的每一个人，绝不为满足其需要而保有非经济财货，并排除他人的使用。这些财货一般都不是经济活动的对象，尤其不是人类"意愿拥有"的对象。

## 四、财产、财产权和公正的来源：奥地利学派传人的补充分析

米塞斯在《人的行动》里指出，受法律界定而由法院和警察保护的财产权，是个长时期演进的结果。他从初始状态的无主财产出发论证财产权的产生过程。在最初，如果一片土地不为任何人所有，那就是无主土地，属于无主的财产。人们对这块土地的利用是不会考虑其不利后果的。一些人，只要能够把土地的产出，如森林的木材和猎物、水域的鱼类、地下的矿铁等据为己有，就不会顾虑他们

利用的方法所引起的后果。对于他们而言，土壤的侵蚀、不可再生资源的枯竭，以及不利于未来利用的其他损害，都是外部成本，无需自己承担成本，不需纳入他们的投入产出的计算中。他们砍伐树木，完全不考虑新苗的重生。在打猎捕鱼的时候，他们不会避免采用那些伤害渔猎资源的方法。米塞斯分析道，在人类文明的初期，质量优良的土地还有许多没有被利用，而且人们并不觉得那些损害资源的掠夺方法有什么错。当这些方法的后果显现在土地的净产出不断减少的时候，耕种者放弃他的农田，迁徙到别处耕种。这就是后来哈丁（Hardin）所述的"公地的悲剧"，它是指共有资源由于不存在排他性使用权，容易造成资源的过度使用和枯竭。米塞斯认为，人们开始想到那样的一些掠夺式土地利用方法是浪费的时候，只是在人口密度增加，而第一级土地再也没有可以自由占有的时候。在这个时候，他们才巩固土地私有制。土地私有制开始于耕地，后来一步一步地推广到牧场、森林和渔业区域。

米塞斯指出，如果财产权要得到前后一致的贯彻，其内容应该是有两方面的：一方面承认财产主有权取得来自财产运用的一切利益，一方面要他承担来自财产运用的一切损害。财产主对于他的行为所引起的某些损害不负责任时，或者是由于政府和立法者的政策使然，或者是由于传统的法律条文的漏洞。这里存在不由他们承担的"外部成本"这个问题。有些财产主仅仅因为成本的一部分即"外部成本"不由他们负担而落在别人身上这个事实而选择满足需要的某些方式。比如上述无主财产就是一个极端的例子。米塞斯指出，来自欧洲的北美拓荒者最早就是通过上述自由占有方式获得和利用土地。这种自由占有，在美国一直持续到19世纪后期的几十年，他们就没有承担"外部成本"的问题。与此相反，在欧洲大陆中部和西部地区，私有财产制已坚固地建立了几百年，情形就与美国不同。在这些欧洲地区，以前耕种的土地没有地力蚀耗的问题。而且那里的森林没有被踩躏的问题，尽管建筑用的材料，以及取暖、铸铁、做陶器和玻璃的燃料，长久以来都要靠森林来供给木材。森林的所有主出于他们的自利会保护森林。

哈耶克在《致命的自负》里阐述了自由、财产和公正的来源。他开门见山地指出，把人们提升到野蛮人之上的，也就是给人们带来现代文明的，是道德和传统，而不是智力和精于算计的理性。现代文明是一种演化而来的自发秩序，是人的行动的产物而非人为设计的产物，更不是某个人的有意识行动的产物，而是任何一个人的理性所不及的。这些自发秩序是门格尔讲的"历史发展的非意图的结果"。市场秩序作为人类合作的扩展秩序，其源头是最初群体的传统中出现一些新的传统和道德因素，比如接受分立的财产（several property）和商业交换的新传统和新伦理。最初这些新传统和道德因素的出现，是因为群体中少数人出于需要偶然采取了相应的行动，比如交换猎物，其明显的好处使得更多的人也慢慢接受分立的财产和交换。这些市场伦理与作为扩展秩序的市场秩序也得到扩展。扩展秩序的产生与发展促成了现代文明的产生与发展。哈耶克讲的现代文明包括了"一些逐渐演化出来的人类行为规则，特别是有关私有财产、诚信、契约、交换、贸易、竞争、获益和私生活的规则"，还有这些规则所赖以产生和维续的某些反本能的传统与习俗，与这些规则一致的政治、经济以及社会观念与文化。

哈耶克接着讲，现代文明的独特基础是在地中海周围地区的古代形成的。他指的地中海周围地区包括古希腊和古罗马。在这个地区，那些社会允许个人自由利用自己的知识，有着从事远距离贸易的可能性，相对于那些一切人的行动受共同的当地知识或统治者知识决定的社会，那些允许个人自由利用自己的知识的社会取得了优势。这里注意：一些社会允许个人能够自由利用自己的知识，也就是哈耶克讲的分散在无数个体中的、涉及特定时间和地点的特定情势的知识，或者说局部知识或分散知识；还有一些社会只能利用共同的当地知识和统治者的知识，但不是分散在无数个体中的知识，我们可以想象，这些共同的当地知识和统治者的知识比如部落酋长个人的经验知识，或者当地的巫术知识。两种社会相比较，最终前一种社会相对于后一种在知识利用方面取得了优势。

哈耶克认为，地中海地区即古希腊古罗马一带是最早承认个人有权支配得到认可的私人领域的地方，这使个人能够在不同团体之间发展出密集的商业关系网。这个网络的运行独立于地方头领的观点和欲望，因为当时地方头领们很难对那些航海商人的活动进行集中管理。因此，哈耶克引用一位不怎么认同市场秩序的权威人士芬利（Finley）的话说："希腊—罗马的世界从本质上说显然是个私人所有权的世界，从几亩耕地到罗马贵族和皇帝的巨大领地莫不如此，也是个私人贸易和制造业的世界。"

哈耶克认为，市场秩序，即"私人贸易和制造业的世界"，是一种助长了私人目标多样化的秩序。根据米塞斯的目标—手段理论，每个人对各种目标会有主观评价和排序，对各种手段也会有主观评价和排序，然后各自根据自己的主观评价排序来选择目标和手段，其最终目标则是增进个人的幸福，减少不适。市场秩序无疑最能允许每个人选择自己认定的手段追求自己认定的目标，因而也是最有活力的，最能创造财富。哈耶克指出，这种市场秩序只有在分立的财产基础上才能够形成。分立的财产是英国法学家梅因对私有财产这一通常概念的更为准确的用语。哈耶克认为分立的财产是任何先进文明中道德的核心。他认为，似乎是古希腊人最早认识到，分立的财产也同个人自由密不可分。他解释道，据说古代克里特人的宪法制定者"就理所当然地认为自由乃国家至高无上的利益，仅仅基于这一原因，才让财产专属于那些获得财产的人，而在奴隶制的条件下，一切东西都属于统治者"（Strabo，1917）。这里，哈耶克强调，分立的财产作为市场秩序和个人自由的基础，认同和保护分立的财产也为现代文明的核心道德。这个结论意蕴巨大，它意味着：不认同和保护分立的财产的伦理，不属于现代文明的道德伦理；不以分立的财产为基础、破坏分立的财产，意味着个人自由无法得到保障，因为人们只有在分立的财产的基础上、在市场秩序下才能追求各自不同的目的；如果分立的财产不主导，也无以形成真正的市场经济和市场秩序。拿这些标准可以比对世界各国到底是否属于市场经济。

哈耶克的一个学术特点就是强调知识论视角。哈耶克认为，个人自由的一个重要方面就是不同的个人或小团体根据他们各不相同的知识和技能追求各自目标的自由，这种个人自由之成为可能，不仅是因为对各种生产工具的分散控制，还因为一种实际上与前者不可分的做法：承认基于同意才能转移各种生产工具的控制权。这句话符合以下休谟在《人性论》中强调的有关正义的三大自然法则：持有的稳定，基于同意的让渡与履行承诺。其第二条是基于同意的让渡，即指私人财产应基于同意才能让渡。哈耶克认为，个人可以根据自己的知识和愿望，自己来决定如何利用具体的物品，他能够这样做，取决于一个受到尊重、个人可以自由支配的私人领域得到了普遍的承认，也取决于特定物品的权利能够基于同意从这人转移给那人的方式也同样得到了承认。哈耶克指出，从古希腊直到现在，这种财产、自由和秩序得以存在的前提是一样的，即存在一般的抽象的正当行为规则这个意义上的法。任何个人均能够根据这种法，在任何时间都可以就谁对任何具体物品享有支配权，得出明确的看法。哈耶克在《法律、立法与自由》一书里强调，法不同于立法。法可以定义为一般的、抽象的、同等适用于所有人的规则。这种抽象规则意义上的法是先在的，也就是先于我们这些人的存在而存在，是发现的，"立法者"可以根据具体情势做些调整，然后发布，这种发布的法实际上不是"立法"产生的法，而是发现的法。这些法也叫正当行为规则、内部规则，或者叫"私法"，属于演化的法，生长而成的法。现代议会的立法，立的不是法，而往往是政策。

根据哈耶克的看法，对某些物品的个人财产观念肯定很早就出现了。比如，一个人手工制作的第一件的工具大概是个恰当的例子。还有一个人制造了一件独特而十分有用的工具或武器，也会更愿意留给自己。这里就出现了发明者和"正当的所有者"的结合，还会伴生许多相关的基本观念。这些事例说明，财产观念的扩展和完善，肯定是个渐进的过程，甚至迄今仍未完成。哈耶克指出，在从事狩猎和采集的流动群体中，这种观念是没有多少意义的，因为在他们中间，发现某个食物来源或藏身之地的人，有义务把自己的发现告诉他的伙伴。

哈耶克认为，第一批手工制作的耐用工具隶属于其制造者，大概是因为只有他们掌握使用这些工具的技能。谁能掌握使用，是否就归属谁使用？有关这一点，哈耶克列举了亚瑟王及其神剑的例子。虽然神剑不是亚瑟王所造，但他却是惟一有能力使用它的人。不过，哈耶克这么写容易引起误解，读者也许会以为谁能掌握使用，就归谁使用。哈耶克这么写，实际上是指谁能掌握使用，是归谁使用的标准之一。我们可以设想其他进一步的标准，比如正当程序或者正当性。亚瑟王执持神剑的正当性在于在当时他本身就是王位的真正合法继承人，只有真正的合法继承人才能使得动神剑。当时的亚瑟王故事背后的理念是"君权神授"，君权的拥有又以民意为本。这反映了一种古代人的朴素自然法观念。

根据哈耶克的猜测，贵重物品所有权的分化的出现，有可能是在群体团结互助的必要性受到削弱，个人开始为诸如家庭这样的规模更有限的群体承担起责任的时候。我个人看，贵重物品总是稀缺的，可能会要求集中在部落或者氏族首领那里，部落首领可能会赏赐某种贵重物品给最勇敢的战士或者最喜欢的某个人。哈耶克也猜测，很可能是让一份有效益的财产保持原状的必要性，逐渐导致了土地集体所有向个人所有的转变。这一点也需要我们继续探究。

哈耶克强调，关键在于，分立的财产的最初出现，是贸易发展不可缺少的条件，从而对于形成统一而相互协调的更大结构，以及我们称为价格的这种市场信号的出现，也是不可缺少的。这里，更大结构包括更大的市场范围，更大范围的劳动分工等等。

随着分立财产的出现，产权结构也会继续发展。哈耶克指出，尤其是在土地方面，也会出现一些财产"纵向分化"的安排，譬如所有者有高低之分，或有地主和佃户之分，近代地产制度的发展便是如此。如今，这样的安排同某些较为原始的财产观念相比，大概能够发挥更大的作用。有关所有者的高低之分，在英国有一种土地制度，区分上所有权和下所有权，国王是土地上所有权的所有者，一个家庭作为使用权所有者，属于下所有权所有者。后者可以像利用我们一般意义上的所有权那样拥有和使用土地，但是年限可能是

99 年。这个下所有权可以继承、转让和买卖，但是一旦这个家庭绝后，其下所有权回归国王。

按照哈耶克的观点，扩展秩序的扩展有着障碍，有时会被强大的政府所打断，有时会有挫折、倒退，但是总体上在不断扩展。他说道："不管多么缓慢以及受着怎样的阻碍，有秩序的合作毕竟在不断扩展，普遍的、无目标的抽象行为规则，取代了共同的具体目标。"

哈耶克从古希腊和古罗马开始分析了这个过程。他认为，如果没有一个把保护私有财产作为自己主要目标的政府，似乎不太可能发展出先进的文明，但是由此引起的进一步的进化和成长过程，却一再被"强大的"政府所中断。有足够的力量保护个人免于同胞暴力的政府，使得一个日益复杂的自发秩序的进化和自愿合作成为可能。但是，这些政府为了贯彻自以为更大的智慧，不让"各种社会制度随意发展"，迟早会滥用这种权力，压制它们原来所保护的自由。这里讲的就是政府的行为体现"理性的僭妄"，搞建构论唯理主义，搞妄为主义，推行自己确立的某一具体目标，动员一切资源，不允许个人追求各自的目标，选择利用自己的资源和手段。这里不让"各种社会制度随意发展"，指的是不让社会制度自组织地发展、发育与演化。

哈耶克列举古代中国的例子。他参照了李约瑟的研究发现。他写道，亚洲的类似发展被强大的政府所阻止，这些政府也有效地抑制了私人的首创精神。其中最显著者莫过于中华帝国，在一再出现的政府控制暂时受到削弱的"麻烦时期"，文明和精巧的工业技术取得了巨大进步。但是，这些反叛或脱离常规的表现，无一例外地被国家的力量所窒息，因为它一心只想原封不动地维护传统秩序（李约瑟，1954）。

哈耶克指出了扩展秩序和西方文明在欧洲兴起的缘由。他认为，就欧洲文明在中世纪晚期的复兴而言，可以说市场秩序和欧洲文明的扩张是得益于政治上的无政府状态（巴什勒，1975：77）。不是在更为强大的政治统治下，而是在文艺复兴时期的意大利、德国南部和低地国家的城市里，最后是在治理宽松的英格兰，也就是说，是在资产阶级的而不是军阀的统治下，近代的产业制度才得到了发展。保护分立的财产，而不是政府主宰其用途，为密集的服务交换网络的成长奠定了基础，也正是这一网络形成了扩展秩序。

欧洲当时正在出现的扩展秩序，是建立在由政府加以保障的安全上，强制力仅限于贯彻决定物品遵照其本原各有所属的抽象规则。例如，约翰·洛克的"所有权个人主义"不但是一种政治学说，而且是对给英国和荷兰带来财富的状况进行分析的结论。它是建立在这样一种见解上，要想保证个人之间的和平合作这一繁荣的基础，政权必须维护公正，而不承认私有财产，公正也不可能存在。哈耶克引用了洛克的原话："'无财产的地方亦无公正'这一命题，就像欧几里德几何学中的任何证明一样确定：因为所谓财产的观念，就是指对事物的权利，而被冠之以不公正之名的观念，就是指对这种权利的侵犯或践踏；显然，这些观念就是这样建立起来的，这些名称就是因此而赋予它们的。"

哈耶克比较赞赏休谟的思想。他认为，在休谟以及18世纪的另一些苏格兰道德学家和学者看来，分立的财产得到承认，显然标志着文明的开始；规范产权的规则似乎是一切道德的关键之所在。休谟认为，英国的强盛要归功于政府干涉财产的权力受到了限制。休谟指出，一切人的最大自由要根据他所说的三条"基本的自然法

则"，即"所有权的稳定、其转移需经同意以及信守承诺"，对每个
人的自由进行平等的限制，也就是法治。这三条法则也叫休谟正义
法则，可以拿来衡量世界各国是否属于正义之国。休谟的正义是真
正的正义，而现在所讲的"社会正义"往往是未经财产所有人同意
搞再分配，其实不是正义。

哈耶克引用了亚当·弗格森有关财产的观点。按照弗格森把野
蛮人定义为不知财产为何物的人，认为"财产显然是一种进步"。哈
耶克还引述了萨维尼有关人的自由界线的界定。萨维尼认为："若想
使自由的人生活在一起，让他们在各自的发展中相互支持而不是相
互妨碍，就必须承认有一道无形的界线，保证在此界线之内每个人
的生活和劳作享有一定的自由空间。划定这一界线和每个人自由范
围的规则，就是法律。"

哈耶克认为人的财产观念和财产制度是在发展的、变化的。不
同的财产形式和对象及其改善之道财产制度，就其现有的状况而言，
很难说是完美的；其实我们也很难说明这种完美包含什么样的内容。
如想让分立的财产制度实际发挥出它的最佳效果，文化和道德的进
化确实需要更上一层楼。也就是强化市场伦理，包括强化普遍的竞
争，限制出自本能的感情。出自本能的感情不但受到分立的财产的
威胁，有时竞争更会对它们构成威胁，这导致人们更加渴望没有竞
争的"团结互助"。哈耶克指出，财产最初是习俗的产物，司法与立
法不过是在数千年里对它做了发展而已，因此没有理由认为，它在
当代世界采取的具体形式就是最后的形式。传统的财产观是一个内
容多变而极为复杂的包裹，至今仍未发现它在所有领域最有效的组
合方式。这里，哈耶克所讲的传统财产观可视为一个包裹，也就是
指财产权利可视为一系列权利，包括所有权、占有权、支配权、使

用权、收益权和处置权等。哈耶克赞扬了科斯的老师普兰特和科斯的"产权学派"对这些问题的研究贡献。科斯是新制度经济学包括产权经济学的创始人。他认为，罗纳德·科斯（1937，1960）在几篇简短但极有影响的论文中继续承担起了他的老师普兰特的这项研究工作，从而刺激了一个广泛的"产权学派"的发展（其成员还包括阿尔齐安、贝克尔、张五常、德姆塞斯和佩杰威齐）。产权学派的研究成果为市场秩序之法律框架的进一步发展提供了新的可能。科斯、布坎南这些诺贝尔经济学奖得主都是哈耶克的晚辈，哈耶克一般很少在书中提到晚辈学者。这说明他对产权学派还是比较肯定的。

哈耶克认为，分立的财产的一般制度是不可缺少的，界定各种财产权利的最优形式是需要通过试错法去选择，也就是需要去发现。对个人控制各种资源的范围作出界定的规则体系，是通过试错法进行缓慢选择的结果。接下去，哈耶克就非物质财产和物质财产的产权为例，说明了如何发现其中的产权。现在很多人对知识产权问题经常一概而论。哈耶克则反对一概而论，强调区别不同类型的知识产权的不同特点。这一点很可贵。

# 第 3 章　人类财富与福利增进的原因

　　门格尔的《国民经济学原理》专门有一节阐明人类财富与福利增进的原因。亚当·斯密的《国富论》聚焦于研究国民财富的性质与原因。总体来看，两者均认为，人类的财富创造与增进和人类的生命维续与福利增进有着密不可分的因果关系：财富创造与增进是因，生命维续与福利增进是果。要理解人类的生命维续和福利增进的原因，首先需要理解人类财富创造与增进的原因。

## 一、斯密从分工视角对财富增进原因的解释及其不足

　　在斯密的《国富论》里，他把一国的真实财富（real wealth）定义为该国全社会一年的土地和劳动力的产出。门格尔在《原理》里引用了亚当·斯密《国富论》里的两段话，总结了斯密对财富增长原因的解释。亚当·斯密的第一段话为："劳动生产力的最大幅度的增长……以及指导并从事劳动时的熟练程度、技巧和判断力的增进，都似乎是分工产生的一种作用结果"。斯密的第二段话为："由分工造成的各行各业产品的大量增加，使得在治理完善的社会内，产生了那种普遍富裕的状况，这种状况甚至延及于最下层的百姓。"
　　上文所述"各行各业产品的大量增加"，就是指经济财货、财产

与财富的大量增加。这里所说的分工，是指劳动分工。门格尔指出，斯密就是这样将分工的进步看作是实现人类经济进步的关键，而且这和他认定劳动力要素在人类的经济中具有重要意义的说法相一致。

斯密在《国富论》中利用别针制造业的例子解释了分工对财富增长的作用。他写道：

> 扣针制造业是极微小的了，但它的分工往往唤起人们的注意。所以，我把它引来作为例子。一个劳动者，如果对于这职业（分工的结果，使扣针的制造成为一种专门职业）没有受过相当训练，又不知怎样使用这职业上的机械（使这种机械有发明的可能的，恐怕也是分工的结果），那么纵使竭力工作，也许一天也制造不出一枚扣针，要做二十枚，当然是绝不可能了。但按照现在经营的方法，不但这种作业全部已经成为专门职业，而且这种职业分成若干部门，其中有大多数也同样成为专门职业。一个人抽铁线，一个人拉直，一个人切截，一个人削尖线的一端，一个人磨另一端，以便装上圆头。要做圆头，就需要有二三种不同的操作。装圆头，涂白色，乃至包装，都是专门的职业。这样，扣针的制造分为十八种操作。有些工厂，这十八种操作，分由十八个专门工人担任。固然，有时一人也兼任二三门。我见过一个这种小工厂，只雇用十个工人，因此在这一个工厂中，有几个工人担任二三种操作。像这样一个小工厂的工人，虽很穷困，他们的必要机械设备，虽很简陋，但他们如果勤勉努力，一日也能成针十二磅。从每磅中等针有四千枚计，这十个工人每日就可成针四万八千枚，即一人一日可成针四千八百枚。如果他们各自独立工作，不专习一种特殊业务，

那么，他们不论是谁，绝对不能一日制造二十枚针，说不定一天连一枚针也制造不出来。他们不但不能制出今日由适当分工合作而制成的数量的二百四十分之一，就连这数量的四千八百分之一，恐怕也制造不出来。

门格尔并不否认斯密所认为的分工作为人类财富增进和福利增进的贡献。但是，他认为："这位卓越的学者在关于分工这一章内所明确说明的，不过是人类福利增进的原因之一而已。另外的并且具有不亚于分工效果的原因，他却未加考察。"

## 二、门格尔从高级与低级财货的生产和增加角度对人类财富与福利增进原因的解释

门格尔认为，除了分工属于人类财富与福利增进的原因之外，人类不断发现高级财货和低级财货之间的因果关系，不断朝着更高级财货的方向探索和发展，不断增加财货的种类，是人类财富与福利增进的另外一个原因，而且其重要性不亚于劳动分工。

有关高级财货和低级财货，以种茶制茶为例，烘焙包装好的茶叶作为最终消费品，属于第一级财货，也是最低级财货；采摘下来的新鲜茶叶、烘焙设备、工具及所必需的熟练劳动力属于第二级财货；所栽种的茶树，所使用的化肥、农药可称为第三级财货；所投入的劳动力、土地，茶树种子可称为第四级财货。一般而言，可以按照生产的结构、环节与序次，可以从低到高，分为低级财货和高级财货。具体而言，可以分为第一级财货，第二级财货……直至最高级财货。要生产低级财货，就需要先生产高级财货。人类维护其

生命和福利，依赖于直接支配最低级财货，即消费性财货，也就是消费品。消费性财货用来直接满足维护人类生命和福利的需要。不同级次的更高级的财货，均为生产性财货，用来间接满足维护人类生命和福利的需要，需要转化为下一级的财货，最终转化为最低级财货，才能用于满足消费需要。在存在两级或者两级以上财货的情形下，没有高级财货，就没有低级财货；高级财货和低级财货之间存在因果联系，前者为因，后者为果。

根据门格尔的观点，单纯有分工、但不发展更高级财货的社会，分工带来的财富增进仍然是有限的。他写道：

> 我们试想一下，比如一个澳大利亚部落过去基本上从事最单纯的采集劳动，而在各成员之间，他们也已把这个单纯的采集劳动加以合理的分工了。其中一些人作为猎人，一些人作为渔夫，还有一些人则专门从事野生蔬菜的采集，妇女们则一部分专事饮食的备办，一部分专事衣服的缝纫等。我们假定这个部落的分工，又向前进了一步，即每一种特殊的设备，都由特殊的执掌人来管理。这时，我们试问，如此彻底进行的分工，对于各成员所能支配的享乐品，是否会发生像亚当·斯密所说的由于分工进步而导致了增产呢？很明显，这个族群也将与其他任何族群无异，在采取上述方法以后，能以较少的劳力取得与从前相同的劳动成果，或者能以与从前相同的劳力取得较多的劳动成果。既然他们的采集劳动能如此合理地，并且有效地进行，那么他们的生活状态就应该有所改善了。但是，他们的改善，与我们在经济进步的各民族中所实际看见的改善，却有非常显著的差别。

门格尔进而举例说明，一个社会，既利用分工，又不断探索和利用更高级财货，财富增进的程度就会大大提高。门格尔写道：

> 与此相反，假如另外一个民族不只从事采集活动，也即他们不止于搜集自然存在的低级财货（在人类的最野蛮状态中，多数财货是第一级财货，偶尔是第二级财货），而是不断地向着获得和利用第三级、第四级以及以上的高级财货进展着。他们为获得财货以满足需要而一直朝着探索和利用高级财货方向进展，假如再加上合理的分工，那么，我们就可看见，亚当·斯密所排他性地归因于分工结果的那些福利增进，就可以真正得到实现了。

门格尔在这里认为，本来分工和更高级财货的发展两者结合才能达到很高程度的财富与福利增进，但是斯密把这种程度的福利增进单方面归结为分工的贡献。根据他的观点，在人类的发展过程中，狩猎、畜牧、种植业和工业领域出现的集约化就是不断提升对高级财货的利用程度。这种进展与各民族的富裕程度的增进，才真正有着极密切的关系。他写道：

> 我们看见以棍棒追赶野兽的猎人，进展到使用弓矢罗网来狩猎，又进展到畜牧经营，最后更进展到畜牧经营的更加集约的形态；我们也看见依靠野生果实生活的人，进展到农业经营，更进展到农业经营的更加集约的形态；我们看见工业的发生，又看见通过工具和机器的发明而使工业趋于完善。这一切进展

与各民族富裕程度的增进，才真正有着极密切的关系。

所以，门格尔总结道：

> 人类越是向着集约化和工业化这个方向进步，财货的种类就越多，从而社会上的职务也就越是纷繁，分工的进步也就越是必要和经济。但是，这里已很明白的是，人类所能支配的享乐品的不断增加，并不只是上述最后一种状况即分工的结果。可以说，分工绝不能被认为是人类经济进步的最重要的原因。正确地说来，它不过是引导人类从野蛮和贫困到文明和富裕的许多作用中的一个作用要素而已。

消费品可以分为享乐品和实用品。享乐型产品是指能让人在情感和感官上获得美的或者愉快感受的产品，实用品是指作为达到自己目标或者完成实际任务的必要工具的产品。比如，一般而言，烟酒、名表、首饰都是享乐品，铅笔和普通拖鞋就是实用品。门格尔指出，人类越是能够不断地增加对高级财货的利用，其支配享乐品的能力就会变得越大。要寻求对这种作用的解释，现在已经不困难了。首先，采集经济的最原始形态，是止于搜集大自然所提供的最低级财货（比如猎物、野果）。他认为，经济行为人对于这些最低级财货的产生，并未施加任何影响，这些最低级财货的产生，并不依赖于人类的愿望和需要，而完全是出于偶然。其次，人类一旦脱离了这种最原始形态的经济，开始去探求那些按照因果过程将其结合即可产生享乐品的各种物，并将这些物置于自己的权力支配之下，也即使其成为高级财货（比如，人类开采玉石以打磨雕琢玉石饰品，被开采的玉石，投入开采的劳力和工具，以及搭建的工棚就成了高级财货），那么享乐品的产生，在以因果律为基础这一点上，还是与以前相同的，但对于人类的愿望和需要来说，它已不复是偶然之事，而是在人类权力支配之下，并且在自然规律的约束下，根据人类的愿望加以调节的一个过程。门格尔解释道，原先仅仅由于各生产条件偶然地满足而产生的享乐品（比如，豆腐自然变质形成的臭豆腐，因为当事人舍不得丢弃而食用），一旦到了人类已能认识这个生产条件并将其置于自己权力之下时，这些享乐品就是在自然规律约束下的人类意志的一个产物了（比如目前餐厅里的臭豆腐）。

门格尔进而指出，至于人类所能支配的享乐品的数量，这时虽然还受着人类对于物的因果关系的理解能力的限制，也受到人类能够支配这些物的权力范围的限制，但除此以外，就不受其他的限制了。

因此，门格尔强调增进对于物的因果关系的理解能力，更多把握有关增进人类福利的较为间接的条件，发现和利用更多的更高级财货，由此获得更多种类和数量的第一级财货，以满足维护人类的生命与福利的需要，包括增进人类福利的需要。人类历史上的福利增进与这一逻辑有关，未来的人类福利增进也与这一逻辑有关。他写道：

> 由此可知，人类在认识物与人类福利的因果关系方面的进步，和在掌握这些有关增进福利的较为间接的条件方面的进步，已经把人类从野蛮与极度贫困的状态，提高到今日这样文明与富裕的阶段，并已把那些住有悲惨度日和极端穷苦的少数居民的广大土地，变为人口稠密的文明国家。所以，如果我们说，

对于将来人类经济的进步，可以从上述进步中找到加以衡量的尺度，那恐怕是最确切不过的了。

## 三、奥派传人的进一步补充性解释

上述分析说明，斯密把财富与福利增进的原因归因于劳动分工，门格尔则将其归因为劳动分工与人类在不断探索和利用高级财货方面的进步。第二代奥地利学派代表人物庞巴维克在门格尔高级与低级财货理论基础上发展了自己的迂回生产理论。他在 1889 年提出了该理论。迂回生产涉及人类为了未来更多更好的消费把部分收入储蓄起来，再把其中的至少一部分储蓄转化为资本，投入于消费品生产环节之前的生产品的生产，甚至增加生产品的生产环节，延长生产过程，生产更多的现有种类的高级财货，或生产新的、生产率更高的高级财货，或生产更高级的财货，由此生产出更多原有种类的消费性财货即消费品，尤其是新的、质量更高的消费性财货。这样就形成了耗费资本和时间的"迂回生产"，其好处是生产率的提升。比如，原来用手头的锄头就可以在地头翻土播种麦子，通过投入资本和耗费时间，增加生产环节，拉长生产过程，先生产播种机，同时平整地头的路面，修筑机耕路，雇佣农业工人，使用播种机来播种麦子，甚至使用制造出来的播种收获两用机来播种和收割麦子。其背后的逻辑就是增加了高级财货的种类，提高了生产效率，而且迂回生产的过程越长，生产效率越高。现代生产的特点就在于迂回生产，但迂回生产的实现就必须有资本。所以说，资本使迂回生产成为可能，进而又提高了生产效率。对于庞巴维克来说，这种由于资本而提高的生产效率就是资本的净生产率。

哈耶克在 1936 年的一次题为《经济学与知识》的演讲中，提到了"知识分工"（division of knowledge），意指人们在知识利用方面的分工合作。他的演讲稿在 1937 年作为正式论文发表。有人认为，单单凭借这篇论文，他就应该获得诺贝尔经济学奖。哈耶克认为，知识分工的重要性不亚于劳动分工。实际上，随着新经济时代的到来，知识分工的重要性更为日益凸显。劳动分工和人类不断朝着探索和利用更多高级财货方向的进步，两者对于推动人类财富与福利增进有着重大的作用，其背后都体现了知识分工的作用。

## 四、生产与贸易均增进财富：斯密和门格尔的观点

斯密在《国富论》里阐明了劳动分工和专业化提高劳动生产率，促进扩大产出，即增进财富创造。他指出："给人类带来许多好处的分工，原不是人类智慧的结果，尽管人类智慧预见到分工会产生普遍的丰裕并想利用它来实现这种普遍的丰裕。它是人性中不以这一广大效用为目标的一种倾向缓慢而逐渐造成的结果，这种倾向就是互通有无，物物交换，互相交易。"他还认为："这种倾向，为人类所共有，亦为人类所特有，在其他各种动物中是找不到的。"斯密还阐明了，资本积累和贸易均增进财富。

斯密又指出："由于是交换的力量为劳动分工提供了契机，这种劳动分工的程度必须始终受到这种力量的发挥程度的限制，或者说受到市场范围的限制。"市场范围与产业性质（如农业、手工业、制造业的性质）、运输方式和人口数量有关。与此相应，他认为："国家繁荣最关键的因素是其居民数量的增长。"我们可以做如下进一步

的理解：越是从地域和人口上扩大市场范围，对劳动产出物的需求就越大，能够吸收更多的劳动产出物，这有助于推动扩大生产，也推动劳动分工；劳动分工的程度越高，产出品和可贸易品的数量就越大，换出和换入的产品就越多。

有关生产和贸易在增进财富上的作用，斯密的逻辑是：市场交换只能是助力实现劳动价值的媒介，并不产生价值，不直接创造财富，而是间接推动财富创造，即间接增进财富，间接增进劳动产出物的增进；从事贸易者通过这种媒介服务从劳动产出物中分到其中一部分，作为其回报。这里，斯密所指的财富是真实财富即物质财富，是指"为该国全社会一年的土地和劳动力的产出"。斯密认为，只要不增进真实财富，就不产生价值。劳动区分为生产性劳动和非生产性劳动。那些劳动，如果不能固定或实现在耐久物品或可卖商品之上，不能保藏起来供日后雇用等量劳动之用，就没有价值。对于斯密，虽然商业交换不产生价值，不直接创造财富，但有利于全体人民，是在间接创造财富。他写道：

> 文明社会的重要商业，就是都市居民与农村居民通商。这种商业，有的是以原生产物与制造品直接交换，有的是以货币或纸币作媒介交换。农村以生活资料及制造材料供给都市，都市则以一部分制造品供给农村居民。不再生产亦不能再生产生活资料的都市，其全部财富和全部生活资料都可说是得自农村。但我们不要根据这点，就说都市的利得即是农村的损失。他们有相互的利害关系。这里，分工的结果，像其他方面的分工一样，对双方从事各种职业的居民都有利益。农村居民，与其亲自劳动来制造他们需要的制造品，毋宁做这种交换，因为由这

种交换，他们可用较小量的自身劳动生产物购得较大量的制造品。都市是农村剩余产物的市场，农民用不了的东西，就拿到都市去交换他们需要的物品。都市的居民愈多，其居民的收入愈大，农村剩余产物的市场愈广阔。这种市场愈广阔，对广大人民愈有利。

斯密反对限制对外贸易的航海法，他写道：

> 航海法对对外贸易，即对因对外贸易而增加的财富，是不利的。一国对外国的通商关系，像个别商人对他所交易的人的关系一样，以贱买贵卖为有利。但是，在贸易完全自由的情况下，一个国家最可能有贱买的机会，因为贸易完全自由，鼓励一切国家，把它所需的物品，运到它那边来。由于同一原因，它也最可能贵卖，因为买者麇集于它的市场，货物售价可尽量提高。

斯密还指出了对外贸易有利于国内真实财富的增进。他写道：

> 即使在所谓的贸易差额一般不利于一个国家时，生产与消费的差额仍可不断地有利于这个国家。即使半世纪来，这个国家输入的价值都大于输出的价值；在这期间内，流入的金银，全部立即输出；流通铸币逐渐减少而以各种纸币替代铸币；甚至它对各主要通商国家所负的债务，亦在逐渐增加；但它的真实财富，它的土地劳动年产物的交换价值，仍可在这期间，按照比以前大得多的比例增加起来。

与斯密有关商业交换有利于全体人民，但不产生价值，不直接创造财富的观点相比，门格尔及其奥派传人认为，贸易产生价值，创造财富。当然，这里的"价值"和"财富"所指不同。对于奥地利学派，只要是带有稀缺性的经济财货，就是财产或财富，都是有价值的，就是支配它们对于直接或者间接满足人类需要有其重要性。而经济财货的涵义很广，包括各种人们认识到对于满足其需要有因果关系的、稀缺的、可支配的产品、服务、生产要素、资源等。经济财货都是会损耗的，很多服务就是刚提供就损耗掉了。从现代人的观点看，也有些服务过去如此，后来可以固化在一种有形物中，比如，歌唱家的歌曲，舞蹈家的舞蹈，现在均可以固化在硬盘或者光盘中，还可以在互联网上来回播放。

根据门格尔的理论，经济交换本身就为交换双方创造价值，对两者均有利。门格尔阐明了经济交换发生的条件。他写道：

财货的相互让渡，是以下面的三个条件为前提的：

（1）某经济主体所支配的某财货的一定量对他的价值，必须比另一经济主体所支配的另一财货的一定量对他（即某经济主体）的价值为小；而此另一经济主体对于这两个财货的评价正好相反；

（2）两个经济主体必须认识这种情况；

（3）两个经济主体在事实上必须具有进行交换这两种财货的力量。

如果这三个前提条件中缺少一个，经济交换的基础即不具备，从而在这两个经济主体之间就根本不可能进行这两种财货的交换。

对于任何经济交换，"某经济主体所支配的某财货的一定量对他的价值，必须比另一经济主体所支配的另一财货的一定量对他（即某经济主体）的价值为小；而此另一经济主体对于这两个财货的评价正好相反"。这是门格尔对经济交换的伟大洞见。这里的价值仍然体现为支配一种财货对于经济主体的需要满足的重要性。这一洞见已经说明了经济交换对于交换双方均创造了价值。

不仅如此，门格尔解释了为进行经济交换所必需付出经济牺牲的重要性。这些经济牺牲是完成经济交换所必需付出的。从中得益的各种交易中介人参与为交易双方的经济交换创造价值，从而实现其得益，为自己创造了价值。

门格尔解释道，如果人与其应占有财货（人类经济）在空间上是不相互隔离的，那么就不需要相互让渡财货，不需要发生从一个经济主体将财货的支配权让渡于其他经济主体的事情，不需要为此发生作为交换前提的财货运送和许多其他的经济牺牲，这样交换双方就不能从财货交易中获得全部经济收益。但是，这种情形无论如何只是很少存在的。我们可以设想一些情形，在这些情形中，一项经济交换的这些经济牺牲，已经减少到最低程度，以至于在实际生活中就不被注意。但是，实际上很难找到进行一项交换可以完全不蒙受点经济牺牲的情形。

门格尔罗列了进行交换所需要付出的各种经济牺牲。运送费、运输酬金、关税、海上损失费、通信费、保险费、佣金、手续费、中介费、称量费、包装费、仓储费、商人及其辅助人员的一般生活费以及全部汇兑结算费用等，就是进行交换所需付出的必要经济牺牲。这些经济牺牲，需要由交换所得的经济收益消化，冲抵一部分收益。但是，如果不付出这些经济牺牲，那么原先可能的交换机会往往也将成为不可能。国民经济的发展，有着使得这些经济牺牲趋于减少的倾向。因此经济的交换，哪怕在相距最为遥远的国家之间和从未发生交换的地方，都逐渐成为可能。

门格尔的上述阐述，也同时包含了对这样一个问题的解释：那些数以千计的交易中介人的所得收入来源又是什么呢？他注意到，交易中介人对于财货的物理性增加，并未作任何直接的贡献，从而他们的活动就常常被人们认为是非生产性的。但是，经济交换与经济财货的物理性增加相同，能改善人类的需要满足，并使得交换双方的财产增加（也就是财富增进）。既然如此，所有交易中介人就和工人与农民相同，都是生产性的（其前提总是交换活动为经济性活动）。这是因为，所有经济活动的目标不在于经济财货的物理性增加，而在于尽可能完全满足人类的需要。而且，为达到这个目标，商人所作的贡献，不亚于一向被人高度片面地、排他性地称为生产性力量的那些人员。

对于门格尔，经济主体参与交换，换出其一种财货的过剩部分，换入其持有不足的另一种财货的一定量，维持了交换双方对财货的自用部分的使用价值，实现了过剩部分的交换价值。而且经济交换必然发生在交换双方对换入财货的主观评价高于换出财货的情形下。没有交换，过剩部分就没有交换价值，也没有使用价值（因为它是剩余部分）。这也意味着经济交换创造价值，增进财富。这里，使用价值是指财货是在直接用途上对经济行为人具有我们称其为财货价值的重要性。交换价值是指财货是在间接用途上对经济行为人具有我们称其为财货价值的重要性。

因此，对于门格尔，商业或贸易与农业和工业生产一样，都是生产性的，都创造财富。

## 五、结语

综上所述，门格尔有关财富与福利增进的原因的分析最为到位、科学。他提出，对于任何经济交换，"某经济主体所支配的某财货的一定量对他的价值，必须比另一经济主体所支配的另一财货的一定量对他（即某经济主体）的价值为小；而此另一经济主体对于这两个财货的评价正好相反"。这是门格尔有关经济交换的伟大洞见。他还提出，商业或贸易与农业和工业生产一样，都是生产性的，都创造财富。这是他有关商业或贸易也创造财富的重要洞见。国内外很多经济学家，更不用说普通人，其实并不真正理解财富的内涵。他们都应该成为门格尔的弟子。

# 第 4 章　现代世界的繁荣来自观念和言说的力量

　　所谓经济繁荣，无非就是一个经济体的经济蓬勃发展，各种财富大幅增进。到底是什么因素造成了现代世界的繁荣？不同学者有着不同的解释。国人很容易想到有关"大分流"（the Great Divergence）之成因的一些观点。"大分流"是指西欧与东亚（尤其是中国）在近代经济发展道路上出现的重大差异。彭慕兰的名作《大分流》详细阐述了中国和西欧在近代的发展，指出直到 1750 年之前，中国和西欧在很多方面都有着惊人的相似之处①。然而，随着时间的推移，欧洲因为煤炭资源的优越地理位置和新世界的发现等因素走上了资源密集型、劳动力节约型的道路，而中国则继续在原先劳动密集型和资源节约型的道路上发展，从而导致了中西方的巨大差异。

　　美国经济学家迪尔德丽·N. 麦克洛斯基（Deirdre N. McCloskey）教授在其书作《企业家的尊严：为什么经济学无法解释现代世界》里提出了一个核心观点②：人的观念或言说（rhetoric）

---

① Pomeranz，Kenneth：The great divergence：China，Europe，and the making of the modern world economy（The Princeton economic history of the Western world）. Princeton，N. J.：Princeton University Press，2000.

② 迪尔德丽·N. 麦克洛斯基：《企业家的尊严：为什么经济学无法解释现代世界》，沈路、陈舒扬、孙一梁译，冯兴元、沈路、陈舒扬校，北京：中国社会科学出版社，2018 年。英文原版为 Deirdre N. McCloskey. Bourgeois Dignity：Why Economics Can't Explain the Modern World. Chicago and London：The University of Chicago Press，2010。

改变了世界，造就了现代世界的繁荣。很多其他因素，比如区位，产业或技术革命，制度，政策，发展战略，发展规划，发现新世界等等，似乎都很重要，但似乎都离不开、都要结合人的观念或言说的改变。

## 一、现代世界实现经济繁荣的决定性因素：观念和言说的变化

迪尔德丽·N. 麦克洛斯基现任美国伊利诺斯大学经济学、历史学、英文与传媒学杰出教授。她认为，经济繁荣不是由贸易或投资所致。现代世界发源于经济浪潮，但经济并非起因。大众有关市场和创新的普遍观念的改变，导致了工业革命，也导致随之而来的现代世界。其结论是，人类之所以实现繁荣，企业家享受到尊严和经济自由或许才是真正原因。而企业家能够享有尊严和经济自由，是改变观念或言说的结果。作者强调，企业家需要同时享受到尊严和经济自由。尊严是有经济自由的尊严，经济自由是有尊严的经济自由。没有尊严的经济自由，商人可能得到的仅仅是被人鄙视的行商的待遇。没有经济自由的尊严，则使社会阶层固化，使个人生活无望。这种观念或言说的改变导致创新，使我们得以过上富足的生活。

麦克洛斯基认为，西方国家对商业和企业家的价值和地位的看法在过去很长的历史长河中总体上是负面的。从 17 到 19 世纪，人们对商业和企业家的价值和地位的看法出现了较大的转向，由此导致了一系列有利于商业发展和创新的大变局，造就了惊人的经济成就。作者写道："在 1600 年前后，先是在具有开拓精神的荷兰，然

后在 1700 年代，在充满创新意识的英国，以更大的规模和永久性的，精英阶层的一部分开始重新评价城镇及其世俗和腐蚀性的创新精神。"① 这里受到重新评价的其实就是商业、企业家和创新的地位和价值。

## 二、区位、制度、文化、创新等因素均不是决定性因素

作者在书中对其现代繁荣的观念与言说决定论做了多方的论证。她认为，离开了对商业、企业家和创新的地位和价值的重新评估和正面肯定，用古代文明、文化演化（遗传）、贪婪、新教伦理、种族、节俭、效用最大化、教育、储蓄、挤压工资、增发货币、圈地、分工、区位、自然资源禀赋、运输成本的变化、贸易引擎（由贸易带动增长）、外贸、奴隶贸易、国内外掠夺、产业政策、制度、科学、新达尔文主义（其观点之一是富裕阶层的后代更优秀）、静态资源配置等等因素，均不能说明现代世界的繁荣。因此，作者用许多不同的章节论证了为什么如此。

这里，科学不等于创新，科学和创新均需要找到其发生的源头，因此说科学不是现代世界繁荣的决定因素，这还好理解一点。麦克洛斯基自己也在书中写道："说什么'科学和技术'使我们过上了美好生活。但是这个词语却让我们忽视了政治和社会的变化，而正是它们——我称为的企业家价值的重新评估——让科学有了用武之地。"②

作者说制度也不是现代世界繁荣的源头，这一点可能让人迷茫，

---

① 见该书第二章。
② 见该书第三十八章。

尤其对中国大量的制度经济学家来说更是如此。制度决定论可从道格拉斯·诺思 1973 年出版的《西方国家的兴起》和阿西莫格鲁 2012 年出版的《国家为什么会失败》中看到。[①] 诺思在其书中写道："本书的中心论点是一目了然的，那就是有效率的经济组织是经济增长的关键；一个有效率的经济组织在西欧的发展正是西方兴起的原因所在，有效率的组织需要在制度上作出安排和确立所有权以便造成一种刺激，将个人的经济努力变成私人收益率接近社会收益率的活动"[②]。阿西莫格鲁在其书里写道："本书将说明，虽然经济制度对决定国家的贫穷或富裕极其重要，但决定国家经济制度的是政治和政治制度。归根结底，美国良好的经济制度来自于 1619 年起逐步发展而来的政治制度。我们解释世界不平等的理论说明，政治与经济制度如何交互影响而造成了贫穷或富裕，以及世界不同的部分如何产生不同的制度"[③]。但是，麦克洛斯基在其书中则专门以四章（第 33—36 章）的篇幅解释了为什么制度也不是造成现代世界繁荣的决定因素。比如，她在 36 章指出单纯产权制度也不能说明它是现代世界繁荣的决定因素："财产安全在 1689 年的英国不是一个新鲜事，同时代的中国或奥斯曼帝国也是如此"。值得注意的是，即便有人仍然认定制度决定论，制度的变化最终也是取决于观念和言说的变化。

与熊彼特相同，作者认为创新是资本主义制度的本质之一，并

---

[①] 参见诺斯［或译诺思］，道格拉斯，和罗伯特·托马斯：《西方世界的兴起》，北京：华夏出版社 1989 年版；阿西莫格鲁，德隆，和詹姆斯·A. 罗宾逊：《国家为什么会失败》。长沙：湖南科学技术出版社 2015 年版。

[②] 诺思等，同上，第 1 页。在该页注释中，诺思解释了私人收益率和社会收益率的概念。其中"私人收益率是经济单位从事一种活动所得的净收入。社会收益率是社会从这一活动所得的总净收益（正的或负的）。它等于私人收益率加这一活动使社会其他每个人的净收益。"

[③] 阿西莫格鲁等，同上，第 1 章。

把创新视同为资本主义。两者均认为资本主义并不完美。但是解决方案则大不一样：麦克洛斯基教授主张容忍它，因为她担心替代方案更加糟糕；熊彼特则是毫不讳言资本主义发展会停滞，而资本主义社会会"大步进入社会主义"（march into socialism）。[①]

麦克洛斯基不认为经济学可以解释现代世界的繁荣与财富创造。她在《企业家的尊严》一书中指出，经济学最严重的缺陷并非在于预测未来商业周期的、必然是错误的数理理论，而是在于它的唯物质论（也就是唯利益论）和关于过去增长历史的、并非必要的理论。也就是说经济学的数理分析、唯利益分析和历史分析均不能解释现代世界的繁荣。正因为如此，她为本书加上了"为什么经济学无法解释现代世界"这一副标题。

## 三、观念和言说的力量

作者在全书中论证了观念和言说的变化对现代世界实现经济繁荣的决定性影响。其论点和论证总体上是可信的。这是因为她的论证反映了人类逻辑的自然秩序：首先，人类与动物决定性的差别在于人类会语言，而语言的背后是智慧，智慧和语言决定了人的观念和言说；其次，人的观念和言说的变化带来了各种文化、意识形态和制度、组织与技术等等方面的变化；再次，各社会阶层的某种特

---

[①] 参见 Schumpeter, Peter: Capitalism, Socialism and Democracy. London and New York: Routledge, 2003, 第 421 页。有关"marsh into socialism"的译法较多。这里选用"大步进入社会主义"的译法，见熊彼特，约瑟夫：《资本主义、社会主义与民主》，吴良健译，北京：商务印书馆 1999 年版，第 25 页。熊彼特指出，他所指的"社会主义"，是指由国家控制生产资料、决定怎样生产、生产什么以及谁该得到什么的那种社会组织。而他所说的"大步进入社会主义"，指的是把人民经济事务由私人领域转移到公共公有领域。见同书中文版第 25 页。

定观念和言说，也就是这里讲的"立商"观念和言说，即对商业和企业家价值和地位的肯定性评价，最终促进形成现代世界繁荣的一整套先决条件和基础，以及对这些先决条件和基础的充分利用。所以，作者实际上是回到逻辑链的较为前头环节去揭秘现代世界繁荣的成因，很难被人驳倒。如果在逻辑链的较为靠后环节去寻找成因，则容易被人找到反例，被人抓住"辫子"。

有关观念的力量，并不是单单麦克洛斯基有其感触。很多著名的思想家和经济学家都有着类似的体悟和感叹。麦克洛斯基与他们的差别可能恰恰在于她在一本厚书中从头到尾、细致入微地去论证这一点。米塞斯在《自由与繁荣的国度》中指出："人类的进步大都是通过以下方式实现的：即从一小部分人偏离大多数人的思想和生活习惯开始，直到他们的行为最终得到大多数人的认同和接受，从而形成了人的观念和生活方式的更新。如果将权力赋予多数人，让他们规定少数人可以想什么，可以谈什么，可以做什么，那么，人类的一切进步都会就此中止"。[①] 凯恩斯在《就业、利息与货币通论》中认为："经济学家以及政治哲学家之思想，其力量之大，往往出乎常人意料。事实上统治世界者，就只是这些思想而已。许多实行家自以为不受任何学理之影响，却往往当了某个已故经济学家之奴隶……或早或晚，不论是好是坏，危险的倒不是既得利益，而是思想"。[②] 哈耶克也同样注重观念的力量。他在 1944 年出版的《通往奴

① 米瑟［塞］斯：《自由与繁荣的国度》，韩光明等译，北京：中国社会科学出版社 1994 年版，第 92 页。
② 凯恩斯，约翰·梅纳德：《就业、利息和货币通论》，高鸿业译，北京：商务印书馆 1999 年版，第 396—397 页。

役之路》里写道："观念的改变和人类意志的力量塑造了今天的世界"。① 他这句名言可以从正反两方面来理解。按其原文出处，实际上他当时主要是从负面来看观念的作用：由于观念的改变和我们的意志，导致了纳粹德国的极权体制，而英国众多知识分子的种种观念倾向于导致英国走向这条"通往奴役之路"。哈耶克还说道："在社会演化中，没有什么是不可避免的，使其成为不可避免的，是思想"。② 这句话也同样是反着说的："在继续走向完全有计划的社会的进程中，德国人及一切模仿他们的人们，只不过是遵循 19 世纪思想家们，特别是德国思想家们，为他们设计出来的方针而已。"③

## 四、事功的作用

麦克洛斯基在《企业家的尊严》一书中还反复强调单纯事功不是现代世界经济繁荣的决定因素。全书大约有 117 处出现了"事功"。其英文名词为"prudence"，形容词为"prudent"。根据作者的观点，"prudence"属于天主教伦理所提倡的人类"七德"之一。其他"六德"为：公正（justice）、节制（temperance）、仁爱（love）、勇气（courage）、希望（hope）和信念（faith）。"prudence"一词的本身含义较多，中文译法也多。根据网上的《维科英汉词典》，它有"审慎，慎重；节俭；精明，深谋远虑；善于经营"之义。一般选择"审慎"这一译法。如果把它作为"七德"之一翻译成"审慎"，似乎与其他

---

① 哈耶克，弗里德里希·奥古斯特·冯：《通往奴役之路》，王明毅、冯兴元等译，北京：中国社会科学出版社 2013 年修订版，第 39 页。
② 哈耶克，同上，2013 年修订版，第 72 页。
③ 哈耶克，同上，2013 年修订版，第 72 页。

"六德"相辅相成，结合得天衣无缝。其实不然。如果使用"审慎"这个译法，在书中很多地方根本说不通。比如，作者在书中第33章写道（这里暂且不译出"prudence"）："prudence是一种美德，它是一种表现人类单纯追求物质利益的美德，也可以理解为老鼠寻找奶酪或者小草向往阳光。考虑到节制、勇气、仁爱、公正、希望、信念也都是美德，是它们与prudence一起定义了人类的意义。prudence是从生命到准生命的细菌和病毒都具备的特征，其他美德则是人类独有，也是人类语言和含义的特征。一棵事功的小草不可能表现出'勇气'，一只事功的老鼠不可能表现出'信念'"。

这里，如果把"prudence"翻译成"审慎"，那么这一译法明显牵强附会，它完全适用于人类，但是不大适合于鼠类，完全不适合于草木。上述段落实际上已经定义了"prudence"的含义，即它"表现人类单纯追求物质利益"。因此，只需要找到确切对应的中文表述。作者在本书第十四章对"prudence"作了进一步的解释。按此，它"代表实践智慧的基本美德"，体现"理性，实际的知识"，涉及"合理的行动、效率、正确部署和灵活机制"。很显然，从全书各处来看，它的含义包括自利考虑和审慎。如果全文不同的地方采取上文不同的译法或全部译为"审慎"，可能连勉强做到符合"信达雅"翻译标准也做不到。而且"自利考虑"也有"欠雅"之嫌，不足以作为"一德"成为上述"七德"之一。显然，如果这样去处理"prudence"的翻译，关系到整部译著的成败。

其实，"prudence"一词可在中文里找到差不多完全对应的用词，那就是"事功"。笔者在经过数日苦思冥想之后，偶然想到南宋永嘉学派思想中的"事功"概念，方才醍醐灌顶，豁然开朗。"事功"一词在中文里非常古老。最早在《周礼·夏官·司勋》中有记载："事功曰劳"，指为国勤奋努力工作的功勋。根据郑玄的注释，事功在该处是指"以劳定国若禹"。按照贾公彦的注疏，事功是指"据勤劳施国而言"。

在中文中，"事功"共有四层意思。其第一层意思就是上文为国勤奋努力工作的功勋。第二层意思是功绩、功业与功劳。比如，《三国志·魏志·牵招传》记载："渔阳傅容在雁门有名绩，继招后，在辽东又有事功。""事功"的第三层含义是功利。清唐甄《潜书·良功》："儒者不言事功，以为外务。""事功"的第四层含义，是指职责和任务。汉陆贾《新语·辅政》："邪臣好为诈伪，自媚饰非，而不能为公方，藏其端巧，逃其事功。"中文"事功"的概念也包括了对做事效率和审慎处事的强调。

麦克洛斯基在这么多处地方述及事功，主要是说明作为追求自利和功利，反映上述第三层含义。值得注意的是，上述中文"事功"的概念，除了第三层含义"功利"之外，其他三层含义主要强调儒家和前儒家的"立德、立功、立言"观念，而与现代世界的"立商"无关。这里"立商"就是赋予企业家以人格尊严和经济自由。

第三层含义的"事功"，属于非"立商"意义上的事功。人类追求自利或功利虽然重要，但是为改变世界提供正能量的言说和观念更为重要。而"立商"意义上的事功，则是改变人的言说和观念的结果。拿麦克洛斯基在"前言与致谢"自己的话来说："人类世界的繁荣富足并非'唯事功'（Prudence Only）的产物，因为这是连老鼠和草木都共有的美德。正是由于事功及其他人类独有美德的词语内涵发生了变化，并在商业社会中加以实践，才开启了物质文明和精神文明的进步。"

上述"唯事功"是指唯利益最大化，或者该书下文中的"唯物质论"。作者反对经济学家只重视"事功"的做法，认为应该将它与公正、节制、仁爱、勇气、希望和信念这些其他美德并重。她认为，这种简化到"唯事功"的做法会在经济中的某些部分中如鱼得水，比如说如果人们想理解外汇市场的无风险套利时，就必须用到这种"唯事功论"，但它无法解释过去两百年里人类取得最为惊人的发展成就。[①]

此外，社会学上还有"述行性（performativity）理论"。根据该理论，理论或者交流沟通作为"述"，可以影响到受众的人体行为，即"行"。此外，认同（identity）可以是个人更为次级的行动（言语、手势等）的来源。[②] 比如，巴特勒（Judith Butler）把述行性描述为"反复作用的话语权（reiterative power of discourse）产生受其调节和制约的现象"。[③] 巴特勒也认为，即便是普通的交流和言语行为也带有述行性（performative），即它们有助于确立某种认同。[④] 这似乎意味着这种述行性观念逆转了上述"认同是个人更为次级的行动（言语、手势等）的来源"的断言。其实，"述"影响"行"，"行"也可以影响"述"。后者恰恰是"述"的来源之一。联系到本书以及人类社会的现实，既然"立商"话语作为正面肯定商业和企业家价值和地位的观念和言说如此重要，那么我们在实际生活中就要多在这个方向上作"述"，以推动更多的个体之"行"有利于保护产权，促进竞争，弘扬企业家精神，推动创新，由此推动实

---

① 见该书第一章。
② 参见维基百科词条"performativity"，https://en.wikipedia.org/wiki/Performativity#cite_note-7。
③ Butler, Judith: Bodies that Matter: On the Discursive Limits of "Sex". New York: Routledge, 1993, p. xii.
④ Butler, Judith: Gender Trouble. New York: Routledge, 1990.

现经济的繁荣与发展。

## 五、结语

值得注意的是，麦克洛斯基对中国和印度的经济发展抱有赞赏的态度。她认为，我们这个时代的经济大事件是中国在 1978 年以及印度在 1991 年接纳了市场理念，开始赋予企业家曾经被剥夺的自由。[①] 她指出，像中国和印度这样正在急速企业家化的道路，才是通往现代化的门票。[②]

---

[①] 见该书"前言与致谢"部分。
[②] 见该书第三十六章。

# 第二部分

# 竞争与企业家精神

# 第 5 章　竞争秩序理论及其意蕴

　　建立和维护一个竞争秩序与推行法治是创造财富与实现繁荣的必由之路。战后德国就是这方面的一个范例。

　　路德维希·艾哈德（Ludwig Erhard）本来是个学者，战后主持了英美占领区经济管理局的工作，1949 年成为联邦德国第一任经济部长，后任联邦总理。他属于学者型官员。艾哈德主导了建立德国社会市场经济体制的工作。德国社会市场经济有三大思想来源：德国弗莱堡学派、社会主义思想以及天主教伦理。其中，弗莱堡学派的影响和贡献最大。弗莱堡学派崇尚建立和维护一个竞争秩序，政府在法治国框架内运作，为维护竞争保驾护航。艾哈德和弗莱堡学派的所有成员都是秩序自由主义者，坚信竞争秩序的作用。艾哈德重视吸纳弗莱堡学派的竞争秩序观，同时重视吸纳其他秩序自由主义经济学家勒普克（Wilhelm Röpke）和米勒-阿尔马克（Alfred Müller-Armack）的思想。1957 年，艾哈德撰写了享誉世界的德文版名著《Wohlstand für Alle》[①]，该书名也是其著名的政治口号。其中文含义为"人人享有富裕"，也就是"全民富裕"，或者"共同富

---

[①] Erhard，Ludwig. Wohlstand fuer alle. Bearbeitet von Wolfram Langer，Duesseldorf：Econ-Verlag，1957.

裕"。可惜一些中译者把它翻译成了"大众福利"或者"大众的福利",而且很多人将这类译法视为某种程度上约定俗成的译法。但是,翻译成"大众福利"是错误的。这是因为艾哈德是市场经济和竞争秩序的坚定捍卫者,是福利国家的坚定反对者。相比起来,1958 年英文版对德文书名就吃得很透,英文书名为"Prosperity Through Competition"①,也就是"通过竞争实现繁荣"。1983 年商务印书馆出版中文版,因其译自英文版,中文书名为《来自竞争的繁荣》②。这一书名基本上抓住了事物的本质,不过主要反映了如何增进财富和实现繁荣,但并没有体现如何实现共同富裕。艾哈德强调的共同富裕是基于维护竞争、创造财富和实现繁荣,辅之以推动社会平衡,总体上体现经济效率优先,兼顾社会平衡。

奥地利学派代表人物之一、1974 年诺贝尔经济学奖得主弗里德里希·奥古特·冯·哈耶克(Friedrich August von Hayek)和德国弗莱堡学派代表人物瓦尔特·欧肯(Walter Eucken)都对竞争秩序有着许多真知灼见。哈耶克和欧肯都是秩序自由主义经济学家,两者属于挚友,在学术思想和经济政策观点上相互欣赏。欧肯是弗莱堡学派的创始人,德国弗莱堡大学国民经济学教授。他作为德国唯一代表于 1947 年受邀参加第一届朝圣山学社会议。哈耶克还邀请欧肯到伦敦经济学院做系列讲座。欧肯 1950 年就是在讲座期间因病去世于伦敦。哈耶克在 1962—1968 年到弗莱堡大学担任国民经济学教授,其教席虽然不是欧肯的教席,但在就职演讲中明言要参与继承和弘扬"不可忘怀的瓦尔特·欧肯的[思想]遗产"。两人的出发点

---

① Erhard,Ludwig. Prosperity through competition. London:Thames and Hudson,1958.
② 艾哈德,路德维希:《来自竞争的繁荣》,北京:商务印书馆,1983。

都是维护个人自由，充分发挥市场经济的活力，把竞争视为通往繁荣的必由之路。他们的竞争观对各国制订和推行竞争政策有着重大的意义。

本章重点在于梳理哈耶克和欧肯的竞争观。全文总结和分析哈耶克和欧肯对"竞争"和"垄断"的总体看法，哈耶克有关作为发现程序的竞争观与欧肯形态学视角的竞争观，两者对竞争秩序的设想，对"画地为牢的垄断"和"基于高效率的垄断"的具体态度。在此基础上，本文提出了竞争秩序观对中国改革的意蕴。

## 一、"竞争"和"垄断"的概念界定

哈耶克在《个人主义与经济秩序》一文中，引用了约翰逊博士给竞争所下的定义以反对新古典经济学的"完全竞争"范式。按此，竞争是"力图获得别人也在力图获得的东西的行为"。[①] 他首先把竞争视为一种动态过程。他认为，如果我们把竞争过程看作是一系列事件的连续（而且我们应该这么看），那么我们就能更加清楚，在现实生活中，任何时候一般都只有一个生产者能以最低的成本制造某一特定产品，而且他事实上能以低于仅次于其成功的竞争者的成本出售其产品。[②] 但他在试图扩大其市场时常常被他人赶上，而后来者又会被其他人赶上而无法占领整个市场。这样的一种竞争显然绝不会处于完全竞争状况。相反，竞争不但会非常激烈，而且也是使有关产品在任何时候都能以已知的最廉价方法供应给消费者

---

[①] 哈耶克（1991）："竞争的含义"，载《个人主义与经济秩序》，贾湛等译，北京经济学院出版社，第91页。
[②] 哈耶克（1991）：同上，第96页。

的关键因素。哈耶克所描绘的竞争过程无疑是不断"力图获得别人也在力图获得的东西的行为"的连续过程，而这种连续过程体现为绩效竞争。

哈耶克的竞争观与新古典经济学的"完全竞争"范式互不兼容。新古典主义经济学把完全竞争的前提条件之一确定为信息（也就是我们在特定场合所需的特定知识）是完备的，它的分析方法注重的是时点和静态；哈耶克的不同之处在于把时点还原为时段、把静态推向动态。哈耶克强调，"完全竞争"概念的毛病在于它描述了一个均衡的状态，却缄口不谈导致均衡的竞争过程。这个概念夺走了厂商与动词"竞争"理所当然地结合在一起的一切业务活动。如果完全竞争理论所假设的态势真的存在的话，它会使所有称为"竞争"的活动没有活动余地，而且会使这种活动实际上成为不可能。①

哈耶克的朋友、德国弗莱堡学派创始人瓦尔特·欧肯对"竞争"和"垄断"做了明确的界定，而且其界定迥然不同于新古典经济学的界定。欧肯根据供给者和需求者在其各自的经济计划中受他视为给定事实的数据的影响程度，以及他对其他经济主体在其经济计划中所参照数据的影响程度来界定竞争和垄断等多种市场形式。欧肯据此界定了"垄断"的涵义：竞争不是指"一个供给者或者需求者通过改变他的供给或他的需求而将不会在事实上引起有关价格的改变"这样一种情况，而是指涉另外一种情况："个别人由于市场的巨大和他的供给或他的需求的微不足道而在他的经济计划中不考虑这样一种反应，因而把价格当作计划资料（数据）并相应地行动"。②

---

① 哈耶克，F. A.（1991）：《个人主义与经济秩序》，贾湛等译，北京经济学院出版社，第87—99页。
② 欧肯，瓦尔特（1995）：《国民经济学基础》，商务印书馆，第128页。

也就是说，"如果由于市场规模与个别供给或者个别需求的大小之间的关系，每个个别人的行动对价格的各种影响是如此之小，以至于他在他的计划和行动中不注意它们，那就存在着竞争"。① 在垄断情况下，垄断者根据各种计划数据，不是规定价格（它对他来说不是数据），就是决定应当供给的（或者应当需求的）数量并让价格依此做出调整。② 而按照这种方式，纯粹的市场形式包括：垄断、部分垄断、竞争、寡头垄断、部分寡头垄断、集体垄断。③ 其中，集体垄断指雇主联合会、卡特尔和工会等互益性组织的成员达成协议所推行的垄断。④ 对于欧肯来说，同时存在需求方竞争和供给方竞争的市场形式，就是"完全竞争"。⑤ 而欧肯所崇尚的竞争秩序就是这样一种"完全竞争"的秩序。很显然，这种"完全竞争"完全不同于主流经济学的"完全竞争"范式。⑥ 前者得自于具体的经济现实；后者则根据一整套的假设推演而来，这些假设包括产品的同质性、信息的完备性等等，内含循环论证或套套逻辑。前者则不需要基于上述假设。可见，主流经济学由于追求数学上的可操作性和齐整性，不能纳入许多业已存在的经济学洞见。⑦

---

① 欧肯，瓦尔特（1995）：《国民经济学基础》，商务印书馆，第 128 页。

② 欧肯（1995）：同上，第 125—126 页。

③ 欧肯（1995）：同上，第 139 页。

④ 欧肯（1995）：同上，第 138 页。

⑤ 欧肯（1995）：同上，第 147 页。

⑥ 有关主流经济学的完全竞争范式，可参照 Samuelson, P. A. & Nordhaus, W. D. (1985): Economics. McGraw-Hill, New York.

⑦ 有关对主流经济学完全竞争范式的进一步批评，可参阅 Hayek, Friedrich. Economics and Knowledge. Presidential address delivered before the London Economic Club; November 10, 1936.

## 二、竞争作为发现程序的观点和有关竞争的形态学视角

哈耶克在 1968 年的一次题为《作为发现程序的竞争》的演讲中强调了竞争的合理性在于其结果是事先未知的："无论在什么地方，竞争之具有合理性，都是因为我们不能事先知道决定着竞争行为的那些事实。在体育运动或考试中，就像政府合同或诗歌奖金的颁发一样，如果我们事先就知道谁是最优者，再安排竞争便是毫无意义的。"①

哈耶克认为，竞争性市场过程是利用分散信息的发现过程，强调竞争过程是一种发现程序。② 由此，竞争是学习和发现过程，个人选择是在不稳定环境中的一种选择行为。他把竞争系统地看作为一种发现一些事实（也就是一些知识）的程序，如果不存在竞争的话，这些事实就要么仍然不为人所知，要么至少不被利用。③

早在 1937 年，哈耶克就提出了一种"知识分工"的概念，哈耶克把"知识分工"与劳动分工加以比较。④ 哈耶克推测，实际上每一位行为主体相对于其他人都有某种知识优势，只要人们任由他这么做，他就可以利用这一知识优势。一种增进福利的经济秩序必须是这样一种秩序，在其中，由那些各自拥有知识优势的人作出分散决策。这里，竞争成为发现和利用分散知识的程序。

---

① Hayek, F. A. von (1968): Der Wettbewerb als Entdeckungsverfahren, in F. A. von Hayek (1969): Freiburger Studien. Gesammelte Aufsätze, J. C. B. Mohr (Paul Siebeck) Tübingen, 249 – 265.

② Hayek (1968): 同上。

③ Hayek (1968): 同上。

④ Hayek, F. A. (1936):同上。

不同于哈耶克，欧肯从形态学角度来看竞争。欧肯认为，单纯的经济学理论或者单纯的历史视角均不足以解决现实问题。他企图解决德国历史学派与奥地利学派之间的方法论之争，主张从经济现实的分析中，提炼出其决定性因素，明确其相互依存关系，并上升到一般性的理论。他反对概念式的经济学，认为国民经济学的主题在于从形态学角度研究各种纯粹的形式和在各形式内部经济运行的理论，以及如何将理论运用于现实经济生活。

在《国民经济学基础》一书的 1950 年英文版序言中，欧肯强调了对经济现象进行形态学研究的重要性，这种研究可揭示有限数量的纯粹的形式，而过去和现在的所有实际存在的经济秩序都是由这些纯粹的形式构成的。[1] 他明确提出，该书的"目的毋宁是：建立一个形态学的和理论的体系，它能够包括一切经济生活，不管经济生活如何发展；它能够像一张网一样捕捉住不断变化的经济实际的形态。有了这个形态学体系，也就有可能为我们的各种问题而充分利用过去的理论成就"。[2] 欧肯认为，为了精确把握现实经济世界，要求认识经济活动在其中发生的那各种不同的形式，这就意味着形态学的分析必须先于理论的分析。[3] 欧肯认为，只有形态学的和理论的研究才能克服历史研究和理论研究当中存在的"两律背反"问题："问题的历史性质要求观察、直觉、综合、理解、设想自己处于个别的生活之中；而一般的—理论的性质则要求理性的思维和分析，并用思想上的模型来工作"。[4] 欧肯坚信，他的形态学的和理

---

[1] 欧肯，瓦尔特（1995）："英译本序言"，载欧肯，瓦尔特（1995）：《国民经济学基础》，商务印书馆，第 5 页。
[2] 欧肯（1995）：同上，第 5 页。
[3] 欧肯（1995）：同上，第 6 页。
[4] 欧肯（1995）：同上，第 3 页。

论的体系有利于结合历史的观察和理论思维，并在其总体联系中认清经济过程，[1] 从而居间于德国历史学派的历史研究和奥地利学派的理论研究当中。

正因为如此，欧肯在《国民经济学基础》一书中提出应从研究历史学派所强调的"经济阶段"和"经济风格"转而研究经济秩序。他认为，经济过程总是并且到处都在一定的形式之内、从而在历史上给定的经济秩序框架内运行。[2] 根据欧肯的观点，"可以用经济活动的数目有限的、基本的、纯粹的形式构成无法估量的多种多样的具体的经济秩序"。[3] 这些形式既可以指涉交换经济、集中指导经济或者后来他在《经济政策的原则》一书中指出的"权力化经济"，[4] 也可以关系到不同的纯粹货币制度（比如实物货币制度），或者多种纯粹的市场形式，比如垄断、部分垄断、部分寡头垄断、竞争等。欧肯指出，单纯讲一个国家是"资本主义"，根本刻画不出一个国家的经济体制的总体特点，需要从上述具体的体制形式、货币制度和经济形式的角度去把握它们。根据欧肯的观点，一个集中指导经济为主的体制，里面也有部分交换经济的成分；一个行业属于双边垄断的市场形式，另外一个行业可能是买方寡头垄断的市场形式。欧肯根据货币产生的来源，区分三种纯粹货币制度：常常通过某一种实物变成货币而产生货币的制度，在供应一种商品时或在完成劳动时作为回报而产生货币的制度（如卖主转让从买主处收到的可流通

---

① 欧肯（1995）：同上，第 41 页。
② 欧肯（1995）：同上，第 72—73 页。
③ 欧肯（1995）：同上，第 99 页。
④ Eucken, Walter（1952/1990）: Grundsätze der Wirtschaftspolitik, Tübingen: J. C. B Mohr (Paul Siebeck).

债据），以及债权人创造货币的制度。① 很显然，这三种货币制度在所有经济中都是存在的。

欧肯在进行以上基本的形态学梳理之后，转而分析现实世界的经济秩序，也就是完成他所言的"双重的综合"：一是把多种多样的纯粹的形式元素整合为一体的经济秩序，二是再把经济秩序嵌入当时自然的、精神的、政治的、社会的环境中去。② 欧肯总体上认为，首先通过形态学的方法认识经济秩序，其次可运用各种理论原理认识和分析具体的经济过程如何在每一个具体的经济秩序中运行。③

欧肯正是因为按照这样一种形态学的分析进路来看待竞争问题，才最终甄别出交换经济中同时存在供给方竞争和需求方竞争的状况属于最为理想的状况，那就是他所言的、完全不同于新古典经济学定义的"完全竞争"。

## 三、建立和维持竞争秩序的要义

在《通往奴役之路》一书中，哈耶克强调，"自由主义的论点是，赞成尽可能地运用竞争力量作为协调人类各种努力的工具，而不是主张让事态放任自流"。④ 他认为，只要能创造有效的竞争，这就是再好不过的指导个人努力的方法。为了竞争能有益地运行，需要一套精心想出的法律框架。在不可能创造出使竞争有效的必要条

---

① 欧肯（1995）：同上，第155—159页。
② 欧肯（1995）：同上，第219页。
③ 欧肯（1995）：同上，第212页。
④ 哈耶克，弗里德里希·奥古斯特·冯：《通往奴役之路》，王明毅、冯兴元等译，中国社会科学出版社，1997年。

件的地方，我们就必须采用其他指导经济活动的方法。然而，经济自由主义反对以协调个人努力的低级方法去代替竞争。它将竞争视作优越的，这不仅因为它在大多数情况下都是人们所知的最有效的办法，而更因为它是使我们的活动在没有当局的强制和武断的干预时能相互协调的唯一方法。赞成竞争的主要论点之一，就是它免除了对"有意识的社会控制"的需要，而且它给予每个人一个机会，去决定某种职业是否足以补偿与其相关的不利和风险。

哈耶克反对把竞争形成的秩序称为均衡。他指出，经济学家通常把竞争形成的秩序称为一种均衡状态——这是一种不太幸运的说法，因为这种均衡状态的前提是，所有的事实都已被发现，从而竞争也就停止了。[①]

1946 年 11 月 3 日，哈耶克曾经给欧肯写过一封信，说明哈耶克曾想在芝加哥申请立项研究一个有运作能力的竞争型经济所必需的法律框架的变化。[②]

哈耶克认为，他自己所指的竞争秩序一词所指的内容，与那种常被称作为"有秩序的竞争"的内容几乎相反。竞争秩序的目的是使竞争起作用，而所谓的"有秩序的竞争"的目的几乎总是限制竞争的效力。[③] 这里，"有秩序的竞争"实际上是一些限制竞争的想法或做法，例如要求有一种保证公平的资本利润，以及要求消除过剩的生产能力等。

哈耶克认为，遗憾的是，过去对使竞争制度成功运行所需要

---

① 哈耶克，弗里德里希·冯（2007）："自由社会的秩序原理"，载弗里德里希·冯·哈耶克（2007）：《哈耶克文选》，冯克利译，江苏人民出版社，第 342—361 页。
② Vanberg, V. （2012）: Hayek in Freiburg. Freiburger Diskussionspapiere zur Ordnungsökonomik, 1.
③ 哈耶克（1991）：同上，第 100—109 页。

的积极条件（positive requirements）的关注，较之消极条件（negative requirements）受到的关注少得多。[1] 他主张，要使竞争发挥作用，不仅需要适当地组织某些制度安排，如货币、市场和信息渠道（它们之中有些是私人企业从来不能充分提供的），而且尤其依赖于一种适当的法律制度的存在，这种法律制度的目标在于既维护竞争，又使竞争尽可能有利地发挥作用。法律仅仅承认私有财产和契约自由是根本不够的，它更有赖于对适用于不同事物的财产权的明确限定。比如专利法，不仅使竞争远较可能运行的糟糕，而且甚至已经到了在许多领域摧毁竞争的地步。[2] 这里，如何对专利法做出一些限定，就是哈耶克所指的竞争有效运作所要求存在的消极条件。

哈耶克在《个人主义与经济秩序》一书中指出，在诸如发明专利、版权和商标等权利和专有权方面，防止垄断和保护竞争的问题较尖锐。在这些领域中盲目地使用在有形物上发展起来的产权概念，已在很大程度上促使了垄断的产生。哈耶克要求，必须严肃地考察一下，授予垄断专有权，是否真的是最恰当最有效的对承担某些科研投资风险的奖励形式。[3] 哈耶克认为，在所有这些情况下，都不应使用一个现成的公式，而应回到市场制度基本原则上去，并应根据每一种情况确定政府应当保护的确切权利。哈耶克引用并批驳了一位美国法官在一个著名判决中的话："关于不准竞争者使用专利的主张，我们认为可以说，这种排斥正是专利所授予权利的核心；就像不问动机是什么，使用或不使用其财产是任何财产所有者的专有权

---

[1] 哈耶克（2013）：《通往奴役之路》，王明毅、冯兴元等译，修订版，北京：中国社会科学出版社，第 63 页。
[2] 哈耶克（1997）：同上，第 42 页。
[3] 哈耶克（1997）：同上，第 105—106 页。

一样。"哈耶克认为,正是在这最后一句上,律师们把产权的概念机械地扩大,大大促成了不良及有害的特权的建立。[1] 哈耶克还认为,这种简单化了的私有财产概念的机械扩大已在商标和专有名称领域造成不良后果。立法的工作在此应该是保证产品来源信息的充分和真实,但是,强调对生产者的排他性叙述而忽略关于商品特性和质量的相似规定,在一定程度上造成了垄断状况,因为商标已被用来指一类商品,而该类商品当然只有商标所有者才能生产(如"柯达"和"可口可乐")。哈耶克认为,商标的使用只有在与能为所有人使用的叙述性名称有关时,才应该得到保护,这样可能会解决这个困难。

哈耶克还指出,政府需要创造条件使竞争尽可能有效,在竞争不能行之有效的地方发挥补充性的作用。一个有效的竞争制度和其他制度一样,需要一种明智规划的并不断加以调节的法律框架。甚至它适当发挥作用所必需的最根本的前提,即防止欺诈和诡骗(包括利用无知),都给立法活动提供一个伟大的但远未充分实现的目标。[2]

欧肯与哈耶克的竞争秩序观既有共同之处,也有其差别。欧肯把实现前述意义上的"完全竞争"当作其新自由主义纲领的核心,并想依靠国家来建立和维持竞争秩序。与欧肯强调由国家建立和维持竞争秩序不同,哈耶克虽然同意市场需要一套规则辖制,但是强调需要存在规则之间的竞争,以及竞争作为发现程序的作用,认为只有如此才能找到解决问题的最好的方法,包括发现更好的规则。

---

[1] 哈耶克(1991):同上,第106页。
[2] 哈耶克(1997):同上,第37—43页。

欧肯基于自己的形态学分析，提出一个完善的经济秩序不可能自发地形成，必须设想一种秩序，而经济政策的重大任务就在于努力形成这种秩序。这个秩序就是他所说的"竞争秩序"，也称"奥尔多秩序"（Ordo），也就是一种"有运作能力的、合乎人的尊严的秩序"。[①]

欧肯认为，为了推行竞争秩序，要遵循两类原则：一类为构成性原则（konstituierende Prinzipien），用来建立竞争秩序；另一类为调节性原则（regulierende Prinzipien），用来保持竞争秩序的正常运作能力。[②] 竞争秩序的构成性原则有以下七项：

（1）一个有运作能力的价格体系：关键要使价格机制有运作能力。如果不能做到这一点，任何经济政策都将失败。

（2）币值稳定（货币政策的首要地位）：应该建立一个以币值稳定为责任的货币秩序，避免市场价格的扭曲，也避免通货膨胀和通货紧缩造成资源错误配置和收入的错误分配，杜绝随之而来的国家对市场价格机制的大量干预。

（3）开放的市场：要维护市场进入和退出的自由，阻止市场对内和对外的封闭，避免集中倾向。

（4）私有财产权（Privateigentum）：生产资料的私人所有是经济计划分散化和在资本市场影响下维护竞争市场结构的前提。与此同时，竞争秩序也是使生产资料的私人所有不至于导致经济和社会不良状况的前提。生产资料的私人所有需要竞争地控制。

---

① Eucken, W. （1940）: Grundlagen der Nationalökonomie. Gustav Fischer, Jena; Eucken, W. & Eucken-Erdsiek, E. （1952）Grundsätze der Wirtschaftspolitik. Bern/Tuebingen: Francke Mohr.

② Eucken, Walter （1952/1990）:同上。

（5）契约自由：若要落实私人产权，就需要能够实施私人的计划和行动权，这就需要推行契约自由（包括经营自由）。只要它本身不被利用来限制竞争，就应该对它进行保护。

（6）承担责任（Liability）：经济主体承担财产责任，可提高人们市场活动的理性、持续性和自我约束，便利市场对企业和领导人的筛选，也使责任人对资本的使用比较谨慎，预防对资本使用的浪费，迫使人们对市场进行谨慎的试探，由此稳定总体经济过程，改善竞争市场过程的可预见性和社会接受度。承担财产责任对竞争秩序之所以重要，还因为它迫使经济主体要做好成本计算，可以阻止其出于譬如追求市场权力的理由去吞并其他企业。这样，尽量普遍适用的财产责任会起到防止市场集中的作用。

（7）经济政策的恒定性（Konstanz）：竞争秩序之经济政策的核心要求是经济政策的恒定性。经济政策为经济过程创造一个合适的经济宪法框架，并要坚持这一框架，对它的修改要慎之又慎。经济过程只有通过价格才能得到充分调节。价格机制能确定投资比例是否失调，并能对失调的状况加以纠正。为了不额外地加大在竞争过程中不可避免出现的价格和收入的差别，减轻投资决定的压力和稳定企业的预期，就必须保证一种恒定的经济政策。私人部门在币值稳定的情况下原则上倾向于持续地发展和充分就业，而经济政策的恒定性对市场活动中长期的想法和行为有利，促进在时间、技术和空间上特别先进的生产方法的创新和生产率的改进。恒定的经济政策通过建立和维持一个经济宪法框架，也有助于抑制那些限制竞争的行为。

竞争秩序的这七项构成性原则是经济宪法原则，都在德国早期的社会市场经济中得到了较大程度的体现。其中第一项是其他六项原则的核心，这六项原则围绕着第一项原则，呈现出一种"众星拱月"的格局。欧肯强调："这些原则整体性是如此之强，以致孤立地实施个别原则完全无法达到目的。"[1] 按照欧肯的观点，"竞争秩序的经济政策可以通过创造相应的条件，如果改革专利法、开放市场、扩大责任、合理地限制契约自由以及按照其他原则行事等等，来消除产生康采恩的土壤。这里需要再次特别强调经济政策的恒定性"。[2]

调节性原则包括一些过程政策，包括反垄断政策、收入政策、经济核算和针对不正常供给的政策等。秩序政策的地位要高于过程政策。过程政策是为秩序政策服务的，要奉行与市场一致的原则（principle of market conformity）。过程政策是一种最低程度的政府干预，目的在于纠正竞争扭曲，重新为竞争打通道路。具体而言，欧肯强调的调节性原则包括以下过程政策[3]：

（1）垄断控制：需要采取反垄断和反限制竞争的政策，分散市场权力。

（2）社会政策：它涉及收入与财产的再分配政策。欧肯认为，以完全竞争的价格体制分配社会产品虽然还有许多不尽如人意的地方，但还是比私人或公共权力实体随心所欲的分配办法要好得多。但是竞争秩序条件下的分配办法还需要改进。从社会政策的观点出发，可以采取收入政策措施来纠正初始收入分配，比如通过一种低

---

① 瓦尔特·欧肯：《国民经济学基础》，左大培译，北京：商务印书馆，1995年，第5页。
② 瓦尔特·欧肯：《国民经济学基础》，左大培译，北京：商务印书馆，1995年，第5页。
③ 梁小民：《弗莱堡学派》，武汉出版社，1996年，第12页；莫尔斯伯格（1996）：同上，第211页。

累进度的累进所得税制，但是累进不许高到影响投资的程度。[①]

（3）经济核算：欧肯认为，通过竞争价格体制的相互协调，许多工厂和家庭的经济核算应该导致整体经济的合理核算和对整个过程的充分调节。用现代主流经济学的话来说，欧肯主张通过推行完全竞争、劳动保护和生态保护等措施，来实现个人与社会成本的均等化，或者说社会成本的内部化。

（4）针对不正常供给的政策：比如产品价格或者工资下降时，产品或者劳动力供给反而增加的情况就是不正常供给情况。欧肯认为，在劳动力市场上建立起符合完全竞争的状态，就不会发生像私人集团或国家权力集团统治下那样压低工资的情况。此外，对工人的保护，如禁止招收童工、限制成年人劳动时间等，使工资下降时增加劳动力供应发生困难。如果劳动力市场供给仍长期不正常，就要限定最低工资。

虽然以米塞斯和哈耶克为代表的奥地利学派与以欧肯为代表的弗莱堡学派都认为国家干预和垄断都是祸害，但是两者的竞争秩序观存在重大分歧。奥地利学派中部分成员，如米塞斯，认为欧肯的这种竞争秩序观会导致错误甚至有害的政策意蕴。哈耶克的观点则介于欧肯和米塞斯两者之间。哈耶克对欧肯的思想是非常欣赏的。从上述行文看，哈耶克对欧肯所提倡的竞争秩序这些单个的构成性原则及其组合并不反对。他也不反对一个经济体需要某种竞争秩序。

---

① 哈耶克与欧肯的累进税态度有所差别，但两者最终的结论是差不多的，即允许一种低累进度的个人所得累进税制。哈耶克总体上对累进税持反对态度，认为即便是比例税率，富人也是多纳税的。但他最终认为，如果真的要推行累进税，也只能接受一种低累进税制。参见［英］哈耶克，弗里德里希·奥古斯特·冯（1998）：《自由宪章》，中国社会科学出版社。

他更强调把竞争作为一种发现程序来加以利用，来发现推行一个竞争秩序需要遵循哪些具体的规则。

## 四、对行政垄断和经济垄断的看法

哈耶克对画地为牢的垄断和以高效率为基础的垄断加以区分，认为前者的代价超过了必要，但后者并无坏处。对于前者，包括哈耶克在内的奥地利学派成员是一致反对的。[①] 对于后者，奥地利学派，包括哈耶克和米塞斯，均认为只要存在市场开放，就不会持久。[②] 这一点其实在新古典微观经济学中已经涉及到：如果存在潜在市场进入者，垄断者的定价就会倾向于低于最高垄断定价，介于最高垄断定价和竞争性市场价格之间；而潜在进入的威胁越大，定价就越接近竞争性市场价格。新古典微观经济学也同意市场开放最终会打破原有垄断格局的结论（比如，古诺模型就是寡头竞争取代垄断达致均衡的模型）。当然，奥地利经济学和新古典微观经济学是两码事，前者不认为存在均衡，后者则一定以存在均衡为出发点。

哈耶克在《自由宪章》里指出，一些论者认为企业垄断从某些方面来看是有益的和可欲的，[③] 但哈耶克认为，如果企业垄断者被视作经济政策的代受过者，这可能是件好事。在美国，立法已成功地创造了一种极不利于垄断的舆论氛围。就一般性规则（例如，非歧视规则）的实施能够束缚垄断权而言，可以说，实施这类一般性规

---

① 哈耶克（1991）：同上。
② 米塞斯（1995）：《自由与繁荣的国度》，韩光明译，北京：中国社会科学出版社；哈耶克（1991）：同上。
③ 哈耶克（1998）：同上。

则的行动便有百益而无一害。但是，欲图在这个领域中真正有所成效，就必须依赖渐进的方式对现有的企业法、专利法和税法进行改革。然而，这些问题是不能够简单下结论的。哈耶克提到，他也越来越怀疑，政府为反对特定的垄断行为而采用自由裁量的行动是否真的具有裨益。他反对那些旨在限制个体企业规模的政策所表现出来的专断性质。他指出，如果政府政策创造了这样一种事态，即一如美国的某些企业那样，大公司不敢采用降低价格的手段进行竞争，因为这有可能使它们受到反托拉斯法的制裁，那么这显然会变成荒谬绝伦的状况。

在《自由宪章》里，哈耶克事实上强调了"画地为牢的垄断"的危害。他认为，现行的政策未能认识到这样一个问题，即并非上述那种企业垄断，而只是那些阻止人们进入某个行业或某项贸易的障碍和某些其他垄断措施，才是具有危害的。哈耶克指出，某些能力（和一些组织的某些优点及传统）是不可复制的，这确实是生活中并不令人愉快的事实之一，就如某些物品或资源注定是稀缺的那个事实一般。无视这个事实并力图制造竞争"似乎"始终有效的境况，实在无甚意义。他强调，法律并不能够有效地禁止事态，而只能禁止某些行动。他指出，我们所能希望的只是，不论何时只要竞争的可能性出现，任何人都可以自由地去利用这种可能性。如果垄断所依赖的是那些阻碍其他人进入市场的人为障碍，那么我们就完全有理由排除这些障碍。只要有可能采用一般性规则，政府就有充分的理由禁止价格歧视的做法。但是，哈耶克认为政府在此一领域中的表现却实在令人沮丧。他认为，赋予政府以自由裁量权，除增加这类障碍以外，根本不可能有任何有益作为。他指出，各国的经验都表明，一旦赋予政府以处理垄断的自由裁量权，这种权力很快就会被用来区别"善的"垄断和"恶的"垄断，而且当局也会很快采取各种措施去保护所谓"善的"垄断，而不是去努力防阻"恶的"垄断。哈耶克怀疑是否存在那种值得保护的"善的"垄断。哈耶克同意，一些过渡的和暂时性质的垄断始终是很难避免的，但是他指出，这类性质的垄断常常在政府的关照下，变成了一种持久性的垄断。

哈耶克和奥地利学派的其他学者基本上对国家针对基于高效率的垄断推行反垄断政策持反对态度。与之不同，按照德国弗莱堡学派的观点，即便是以高效率为基础的垄断也需要反对，因为它伴随着私人权力和市场支配地位的形成、存在和滥用的问题。欧肯因此强调由国家建立和维护一个竞争秩序，通过反垄断来维护竞争。[①] 不过，正如上文所述，欧肯所强调的国家是在法治国家框架内的国家。他认为，国家要体现法治国家的思想，应该置于法律之下，承认和保护各个公民的自由和权利。[②] 这里所遵循的原则，有点像哈耶克所强调的那种"法律下的自由"原则。[③] 正如德国著名国民经济学家何梦笔（Carsten Herrmann-Pillath）教授所言，在英美传统理论将国家视为利益集团之傀儡的时候，欧肯所代表的秩序理论则强调国家行为既可以从法律上做到自我约束，也可以做到有长远取向。[④]

---

① Eucken（1952/1990）：同上。
② Eucken 等：同上，1952。
③ Hayek, F. A.（1976）：The Mirage of Social Justice. Law, Legislation and Liberty, Vol. 2. Routledge, London and Henley.
④ 何梦笔（2006）："前言"，载：[德] 席勒，阿尔弗雷德，克吕塞尔贝格，汉斯-京特编（2006）：《秩序理论与政治经济学》，太原：山西经济出版社，第1—2页。

## 五、对中国经济改革的意蕴

早期德国社会市场经济总体上推行了一种欧肯意义上的竞争秩序。德国之所以在 20 世纪 60 年代取得"经济奇迹",就与此密切相关。美国经济成功的成因也可追溯到其普适性地遵奉了类似的一种竞争秩序。这在某种程度上说明经济发展有其一些普适的规则需要遵循。而上述竞争秩序的构成性原则基本上就体现为这样一些普适规则。而哈耶克本身也不反对遵循欧肯意义上的竞争秩序,但更加强调作为发现程序的竞争在发现竞争秩序所遵循种种规则方面的作用以及市场本身对基于高效率的垄断的约束力。米塞斯和哈耶克持长期视角,他们均强调,只要开放市场,垄断不会长期存续。但是欧肯结合了长期和短期视角,希望通过一套规则来框定经济主体的行为,从而维护竞争。哈耶克和欧肯的竞争观形成一段有关竞争规则的光谱。实际的竞争政策可以综合考虑哈耶克和欧肯的竞争观而去寻找依据。

我国经济成功的真正奥秘,其实是在竞争性领域对一种哈耶克-欧肯意义上的标杆性竞争秩序的无意趋近。可以说,我国当前奉行的是一种有缺陷的、仅仅是相对促进绩效竞争的竞争秩序。这里,可以把哈耶克-欧肯意义上的竞争秩序视为标杆性竞争秩序,这种竞争秩序可以为解放生产力、发挥国人的企业家精神提供更好的空间。

我国与欧美发达国家在推行哈耶克-欧肯意义上的竞争秩序的差别在于,我国只是选择性地、有意无意地、在一定程度上遵循这些竞争秩序原则,推行了一种选择性的、不完善的竞争秩序。而欧美发达国家则是普适性地遵循这些竞争秩序原则,普适性地推行此种竞争秩序。两者程度不同地增进和维护了经济自由，解放了生产力。但是，我国在这方面还明显落后于欧美发达国家。

如果我国要跨越或者跳出"中等收入陷阱"，就要更大程度上发挥企业家精神，进一步弘扬经济自由，进一步提高资源配置效率。这就倾向于要求我国要以某种普适方式而非停留于选择性地推行哈耶克-欧肯意义上的竞争秩序。

# 第6章 经济科学中的企业家理论：总体演化脉络与重要研究贡献

　　企业家是市场体制的"中心角色"[1]，是整个市场过程的驱动力量[2]，也是财富创造的中坚力量。但是，主流经济学教科书一般不涉及企业家理论，取而代之的是企业或厂商理论。比如，萨缪尔森和诺德豪斯的《经济学》[3] 就是如此。这在很大程度上与企业家的行为难以形式化和计量有关，而主流经济学教科书是高度形式化的。而且，新古典经济学的完全竞争模型基于完全信息假设，根本没有企业家的用武之地。威廉·J. 鲍莫尔曾经这样感叹："理论上的企业是没有企业家的——丹麦王子已经从对哈姆雷特的讨论中消失了。"[4]

　　不同学者对企业家的概念与内涵有不同的理解。经济学自坎蒂隆以降强调从功能视角看企业家，[5] 大大提高了企业家研究的广度和

---

① Knight, Frank. H. (1921): Risk, uncertainty and profit. Boston: Houghton Mifflin, p. XI.

② Competition and Entrepreneurship. Chicago: University of Chicago Press, p. 8.

③ Samuelson, Paul. A., & Nordhaus, William D. (2010): Economics (19th ed. ed.). Boston: McGraw-Hill Irwin.

④ Baumol, William J. (1968): "Entrepreneurship in Economic Theory." American Economic Review 58(2):64 – 71.

⑤ Cantillon, Richard. (1755): Essai sur la nature du commerce en général traduit de l'anglois. Londres: Gyles.

深度，但也因此与日常经济生活中的企业家概念（该概念还经常与"企业主"概念相混淆）拉开了距离。继坎蒂隆之后，主要的理论贡献源自奈特和奥地利学派。在奥地利学派中，门格尔、熊彼特、米塞斯、柯兹纳、福斯和克莱因都有其重要贡献。从功能视角分析企业家的特点和作用时，一般结合企业家如何看待经济领域中存在的不确定性与风险，什么是不同于其他经济主体特点的纯粹企业家元素，什么是利润的来源等问题来展开。当然，不同学者的聚焦点各有不同。总体而言，有必要从经济学理论角度、梳理和总结有关企业家理论研究的总体演化脉络和重要研究贡献。这也是本文的研究目的。

## 一、经济科学中的企业家理论的总体演化脉络

企业家的功能可能与易货贸易和交换制度一样古老，其名称则不那么古老。且"企业家"（entrepreneur）一词在经济学的史前史中并不经常出现[①]。该单词源于法语，又来自拉丁文动词"in prehendo-endi-ensum"，意为"去探索去看、去感知、去认识和去实现"[②]。根据埃贝尔和林克的研究，法语"企业家"一词后来在 18 世纪得到普遍使用，但其含义并不统一和明确。[③] 在 18 世纪，法语

---

① 埃贝尔，罗伯特 F. 与埃尔伯 N. 林克（2023）：《企业家精神理论史》，南宁：广西师范大学出版社，第 11，14 页。
② D'Amico, Daniel (2010): Jesus Huerta de Soto, Book review of The Austrian school: Market order and entrepreneurial creativity. The Review of Austrian Economics volume 23, pages 193–198(2010).
  熊越（2023）："译者序"，载罗伯特 F. 埃贝尔与埃尔伯 N. 林克：《企业家精神理论史》，南宁：广西师范大学出版社，第Ⅱ页。
③ 埃贝尔，罗伯特 F. 与埃尔伯 N. 林克（2023）：《企业家精神理论史》，南宁：广西师范大学出版社，第 49 页。

"企业家"有三个常用的英语对应词："adventurer"（冒险者）、"projector"（规划者）和"undertaker"（承担者）。第一个术语即"冒险者"在15世纪适用于冒一定风险经营的商人，在17世纪适用于土地投机者、农场主和指导某些公共工程项目的人。18世纪，"冒险者"一词逐渐让位于更笼统的"承担者"一词，当亚当·斯密出版《国富论》成为政治经济学鼻祖时，[①] 后一用词已成为普通生意人的代名词。斯密书中，"承担者"出现了40次，就是指作为工商业中的普通生意人。"冒险者"和"规划者"这两个词分别出现了34和22次。"规划者"在基本意义上与其他两个相当，但它更多地具有骗子和流氓的贬义。在18世纪的英国，"承担者"一词不仅使用频率更高，且具有更多不同的含义，其历史或多或少平行于其法语对应词"企业家"的发展。

又根据霍塞利茨的研究，企业家一词的早期形式"entreprendeur"，早在14世纪，也就是在接近中世纪末时就出现了。[②] 中世纪（公元5世纪—15世纪）典型的企业家，通常是神职人员，是"负责伟大建筑作品——城堡和防御工事、公共建筑、修道院和大教堂的人"。在整个16—17世纪，该术语最常见的用法是指政府承包商，通常是军事要塞或公共工程的政府承包商。18世纪法文版《萨瓦里通用贸易词典》（1723）将企业家定义为："承担项目的人；一个制造商；一个建筑大师"。

始于18世纪政治经济学的经济科学最初关注一个动态问题，即

---

① Smith, Adam. （1776）: An Inquiry into the Nature and Causes of the Wealth of Nations. Oxford: Oxford University Press.
② Hoselitz, Bert. F. （1960）: d by J. J. Spengler and W. R. Allen, Chicago: Rand McNally, pp. 235 - 257.

对经济进步如何产生的解释。斯密笔下的经济进步是缓慢的、渐进的、统一的、不受突然变化的影响。在那时候，企业家作为对产品和资源市场的运作至关重要的经济主体而出现。与此对应，斯密在《国富论》中蔑视"冒险者"，因为其爱冒风险，喜欢投机，不牢靠，不审慎，不属于经济发展的稳定推动力量。斯密同时使用"承担者"来指称普通生意人，并对之无条件认可。对于"规划者"，他只认可其中以诚信为本、注意节约成本的方式来规划和实施项目的那部分人，而反对以不诚信的、铺张浪费的方式来规划和实施项目的那部分人。在当时的英国，前者是少数，后者则占多数。而在《国富论》出版之前，在斯密 1759 年出版的《道德情操论》中，承担者和他所认可的那部分规划者，被他冠之以"prudent man"，即"审慎的人"。对于"审慎的人"，斯密写道："如果他着手进入任何新的项目或企业，它们很可能会被精心协调和准备。他永远不会出于任何不可避免的情况而匆忙或被迫进入它们，而是总是有时间和闲暇来清醒和冷静地考虑它们可能产生的后果。"[1] 这里，审慎的人是节俭的（比如，他积累资本），并且是推动缓慢但稳定进步的主体。

理查德·坎蒂隆最先从功能视角缩小"企业家"这一术语的涵义范围，为其注入精确的经济内容并赋予其突出经济分析地位。他在 1755 年出版的法文版名著《商业性质概论》中，使用法文"entrepreneur"一词达一百多处，其英译为"undertaker"，即"承担者"。该书的 1986 年中译版译自英文版，把作为承担者的企业家翻译成了"业主"。坎蒂隆是 18 世纪的爱尔兰经济学家、生意人和

---

① Smith, Adam (1976): The Theory of Moral Sentiments, edited by D. D. Raphael and A. L. Macfie, Oxford: Oxford University Press [original 1759], p. 215.

金融家，其著作《商业性质概论》被公认为有关商业和企业家的早期经典之作。该书重点强调了企业家在经济理论中的关键作用，坎蒂隆的企业家是从事交易以获取利润的人，主要在市场经济中进行一切生产、流通和交换，他们为获利而自担风险、从事市场交易。他强调企业家的经济功能而不是社会地位或职业。在他的定义里，企业家的行列里挤满了各个社会阶层的人，包括各种有资本能够独立营业的作为承担者的企业家，还有没有资本仅靠自身劳动为生的作为承担者的企业家[①]。比如，租地农场主、运输商、城里的生意人、店主、工匠、扫烟囱工人、运水佚、画家、医生、律师等。坎蒂隆通过对企业家的上述功能定位将企业家与雇员相区分。坎蒂隆的作为承担者的企业家，对应于英文"undertaker"，后者与德文的企业家概念"Unternehmer"完全对应。门格尔即用"Unternehmer"指称"企业家"。[②] 该德文概念也指"承担者"。

奈特最重要的研究贡献是明确界定不确定性和风险，提出企业家的利润来自其对不确定性的承担。他认为，在一般均衡条件下，利润为零；在现实世界，存在利润和亏损现象。之所以存在利润现象，是因为企业家承担了不可度量的、没有概率分布的不确定性，至于可度量的、有概率分布的不确定性即风险，则可以借助金融市场买入避险工具来管理。

门格尔作为奥地利学派的创始人，对企业家理论有着重要的贡献，但是人们对其贡献的关注一直不足。门格尔1871年出版的《国

---

① 坎蒂隆，R.（1986）：《商业性质概论》，余永定、徐寿冠译，北京：商务印书馆，第27页。
② Menger, Carl(1871): Grundsätze der Volkswirthschaftslehre. Wien: W. Braumüller, p.136.

民经济学原理》从人们对财货的需要和财货的性质出发，基于个体主义方法论提出经济行为人对财货的主观价值论和边际效用论，又基于这三种方法论阐述了财货的生产和交换，企业家活动的特点和贡献，以及货币的作用，使得该书成为一部有关企业家的作用，尤其是进一步发展企业家理论的奠基性著作。

熊彼特是奥地利学派第二代代表人物庞巴维克的弟子，被视为半个奥地利学派传人，他从功能视角把企业家定义为实现新组合者、推动创新者，也是经济发展的推动者。熊彼特还区分了企业家和资本家：企业家作为推动创新者，从资本家（即出资者）这里借入资金，组织投入各种生产要素，实现新组合，企业家最终获得纯利润；资本家获得利息收入，但也承担企业家失败所带来的亏损风险。

米塞斯是奥地利学派第三代代表人物，他提出了"纯粹企业家"这一想象建构，又从其所创立的行动学的角度阐明了行动的人所具有的企业家特点。① "纯粹企业家"有资本所有权，其企业活动所需要的资本来于资本家的出借款，他用借来的钱购买了种种生产工具。他追求净利润，但损失必落在曾经借钱给他的资本家身上。"纯粹企业家"的功能类似于熊彼特意义上的企业家，但是前者不限于推行创新者，后者则有此限制。米塞斯还从行动学角度提出，每个行动的人都是"企业家"，都会对其目标和手段进行主观评价和判断，在此基础上选择其主观评价最高的目标，配之以必要的手段，从而最终付诸行动，而且其行动总是面对内在的不确定性，总是需要进行不完全的成本收益判断和计算，总是体现为"投机"。

---

① Mises, Ludwig von（1963）: Human action: a treatise on economics（3rd, rev. ed.）. Chicago: Regnery, p.253.

柯兹纳因循米塞斯的基本思想，提出了他自己的"纯粹企业家"想象建构。他的"纯粹企业家"同样一无所有，是对盈利机会保持警觉的决策者，他所指的盈利机会是市场中业已存在的盈利机会，而且是套利机会，不过对于他，推动创新只是企业家实现套利机会的一个手段。他把企业家的"警觉"视为唯一的企业家元素。企业家的资金同样来源于资本家。如果说熊彼特的企业家在于推动创新，打破他所假定的"均衡"状态，推动经济进入一个更高阶段的假定的"均衡"，那么柯兹纳的企业家在于通过推动套利促使市场过程趋近他所假定的"均衡"状态。两者的"均衡"都是不存在的，而是假定的。柯兹纳的企业家推动市场过程的"均衡化"，但是"均衡"永远不能实现，因为市场条件不断改变，假定的"均衡"目标点也在不断改变。

福斯和克莱因对柯兹纳的"纯粹企业家"理论提出了一些质疑。他们认为不是企业家的警觉，而是企业家的判断才是真正的企业家元素。他们的理论发展，源自坎蒂隆有关作为承担者的企业家之判断的阐述，与米塞斯有关人的行动存在内在的不确定性与企业家判断的思想以及奈特把判断视为企业家精神的想法。他们的企业家是承担不确定性、拥有资产并作出判断的决策者。为了获取财务收益，企业家必须组织投入资源，拥有资产以实现已有盈利机会，或者创造新的机会。

总之，不同经济学家对企业家的概念和内涵有不同的理解。埃贝尔和林克在其《企业家精神理论史》一书中总结了企业家在经济学文献中扮演的以下各种角色[①]：承担不确定性（以及相关风险）；

---

① Hébert, Robert F. Hébert and Albert N Link. (2009): A History of Entrepreneurship. Routledge.

提供金融资本；创新者；决策者；行业领袖；经理或主管；经济资源的组织者和协调者；企业的所有者；雇主；承包商；套利者；资源在替代用途中的配置者；促进者。诸如此类，不一而足。

## 二、坎蒂隆对企业家理论的研究贡献

如上所述，坎蒂隆意义上的企业家是功能视角的作为承担者的企业家，散布在各行各业，具体包括两类作为承担者的企业家。第一类是各种有资本能够独立营业的作为承担者的企业家：租地农场主；把乡下的产品运到城市的运输商；在城里的生意人，尤其是羊毛和谷物批发商、面包师、屠户，各类制造商和贸易商；掌管矿山、剧院和建筑等的业主；通过海路和陆路经商的商人；菜馆主；糕点店主和客栈店主；资本家。第二类是依赖自己的劳动，无需资本也能营业的作为承担者的企业家，尤其是做短工的工匠、铜匠、缝纫女工、扫烟囱工人、运水伕、画家、医生、律师等。

坎蒂隆的书中还探讨了企业家承担不确定性和风险的情况。各行各业的企业家均需要不断应对不确定性，也承担风险。比如，他认为，欧洲的租地农场主和工匠师傅都是要承担一定风险的企业家，他们之中的一些人发了财，得到不止两份的生活维持费，另一些人则亏了本，成了破产者。此外，这些租地农场主或行会师傅需要监督被雇佣人员，其监督工作的价值存在不确定性。各种商人面对的市场需求、客户的光顾量以及市场竞争等都存在不确定性，这些不确定性造成部分商人陷于破产。他指出，所有作为承担者的企业家似乎都是靠不固定的工资为生的，而其他人在能得到工资的情况下则是靠固定工资为生的。他们都生活在不确定性中。他甚至认为，乞丐和强盗也可归于作为承担者的企业家之列,也生活在不确定性中。一个国家里的大多数人不是受雇佣者就是企业家。他们不论是通过自己的劳动,还是通过自己的营业找到了按自己的希望供养家庭的办法,他们都是不独立的,并且生活在不确定性中。只有君主和土地所有人是独立的,不同于企业家。但是从书中的举例来看,有些地方也可能遭受外部入侵,土地所有人的土地也可能被掠夺。不确定性是日常生活中一个普遍存在的事实,而那些必须在经济决定中不断应对不确定性的人是企业家,同时雇员从雇主那里得到的工资也是极不确定的。

坎蒂隆认为,不同的职业对应着不同的风险,而一些有风险和危险的职业,如铸工、海员、采银矿工等,应当按照风险的大小得到相应的报酬。贸易尤其是海运行业中,企业家也必须冒险,也需要得到相应的补偿。放款人要冒借款者不守信用或卷入各种法律纠纷和遭受损失的风险,因此,其利息中要求包括风险补偿。此外,对于企业家来说,战争总是包含较大的风险。

可以看到,坎蒂隆所指的各种风险最终涉及资金损失风险。至于利润,坎蒂隆接受一般经济生活中的利润概念和计算方法,比如他写道:"租地农场主通常取得土地产品的三分之二。他们把其中的一半用于补偿成本,供养帮工;另一半作为他们自己的经营利润。"[①]

总的看来,坎蒂隆意义上的企业家既承担不确定性,也承担风险。但坎蒂隆并没有特意界定不确定性和风险的概念,也没有明确两者的具体性质。坎蒂隆意义上的企业家从事交易以获取利润,需

① 坎蒂隆,R. (1986):《商业性质概论》,第 27 页。

要面对不确定性（比如，市场价格和市场需求上的不确定性）作出商业判断，但他不能完全正确预见其交易结果。他以租地农场主为例解释道：

> 租地农场主是这样的业主［即企业家］：他因租用农场或土地而许诺向土地所有者交纳一笔固定的货币（通常假定其价值等于土地产品的三分之一），但却不能保证自己将从这一事业中得到利润。他根据自己的判断，把一部分土地用于饲养牲畜、生产谷物、酒、干草等等，但却不能预断其中哪一种产品将能给他带来最高的报酬。这些产品的价格部分地取决于气候，部分地取决于需求；如果谷物相对于消费十分充裕，它的价格就将极为便宜，如果谷物稀缺，它的价格就将昂贵。谁能预先知道一国在一年内出生和死亡的人数呢？谁能预先知道各个家庭的支出将会增加还是减少呢？然而，租地农场主产品的价格必然取决于这些不可预测的情况，因而他是在不确定性中经营他的农场的。[①]

## 三、奈特对企业家理论的研究贡献

奈特在《风险、不确定性与利润》一书中也从功能视角分析和区分企业家与资本家。奈特意义上的企业家是现实世界中利用企业这一经济组织的企业家，他的书中没有一个明确定义的企业家概念。

---

① 坎蒂隆，R.（1986）：《商业性质概论》，第24—25页。

不过，在该书"1948 年版前言"里他提到，他书中的"'企业家'在一给定时间里购买生产服务，并将它们转换为在下一个时间出售的产品"①。实际上，他还是界分了企业家的功能和包括资本家、工人、所有者在内的其他经济主体的功能，可见，他对企业家仍然是有定义的。他通过分析各种风险和不确定性，以及利润的来源，认为企业家通过承担不可度量的不确定性，而非可度量的风险，借助其对各种需要、价值和机会的判断和决断，利用企业形式组织投入资源，以求获得利润。这种判断基于直觉，而非科学计算。通过学习获得更多的知识，有利于其降低所面对的不确定性。其实，这也是他从功能视角对企业家概念下的隐含定义。

有关企业的出现，他写道："多种职能专业化的结果就是企业及企业工资制度的出现。企业及企业工资制度在现实中的存在，就是不确定性带来的直接后果。"②

奈特指出："企业的本质就是对经济生活进行有效管理的职能的专业化，人们所忽视的这一职能的特点是这样两个不可分割的因素：责任和管理。在企业制度下，一个特殊的社会阶层，即经理人阶层在管理着经济活动。在严格意义上，这个经理人阶层才是生产者，而众多的其他人等只是为他们提供生产服务，即把他们的人和财产交由这个阶层支配，企业家则保证给这些提供生产服务的人一个固

① 奈特，弗兰克．H.（2010）：《风险、不确定性与利润》，安佳译，北京：商务印书馆，第 30 页。他对书中这一"企业家"观表示了不满意。主要原因在于这种"企业家"观表明了一种"生产期间"。但是，企业家的预期收益的大小和持续时间的长短以及未来收入流资本化的比率，几乎都是不确定的。

② Knight, Frank. H. (1965): Risk, uncertainty and profit. Harper&Row, New York, p. 271.

定的酬劳。"①

奈特还指出了企业的特点:"由不确定性引出的社会组织的两个最为重要的特点。第一,商品的生产并不是依据对某个个人的欲望的预测而进行,商品是为市场而生产的,不是为了满足生产者本人的欲望而生产的。生产者承担起了预测消费者欲望的责任。第二,预测的工作以及同时产生的大部分对生产的技术指导和管制,进一步集中到很少一部分生产者手中,这样,我们发现了一种新的经济职能——企业家。"②

奈特区分了风险与不确定性两个概念。他认为,人们日常所指的"风险"在某些情况下"是指易于度量的量,而在其他时候,明显不具有易度量性质"。他把风险定义为可度量的不确定性,而把不可度量的不确定性仍然称为不确定性③。比如,骰子滚动出现某个数字的次数或仓库燃烧的次数就是可度量的,存在一定的概率分布。这样掷骰子失败和仓库燃烧的或然事件可视为风险。至于不确定性,他写道:"不确定性的最好例子与对未来事件的过程进行判断或形成一些意见(而不是科学知识)相联系,这些意见实际上指导了我们的大部分行为。"④ 不确定性是不易度量的,因此不能消除。对不确定性的判断是直觉性判断,容易犯错,而犯错的概率无法确定。当

---

① Knight, Frank. H. (1965): Risk, uncertainty and profit. Harper&Row, New York, pH. 271.
② Knight, Frank. H. (1965): Risk, uncertainty and profit. Harper&Row, New York, p. 268.
③ Knight, Frank. H. (1965): Risk, uncertainty and profit. Harper&Row, New York, p. 233.
④ Knight, Frank. H. (1965): Risk, uncertainty and profit. Harper&Row, New York, p. 233.

代经济学界甚至把这种不确定性命名为"奈特不确定性"。[①]

奈特认为，利润来自不确定性。既然风险是可度量的、服从一定概率分布的不确定性，就可以通过企管人员购买金融市场保险产品来处理。至于不确定性，他认为可以通过增强企业生产经营的专业化和通过学习获得更多的知识来减少。

此外，奈特强调包括企业家在内的行为主体的判断的作用。他认为："正确的推理对形成行为决策所依据的看法没有丝毫作用，无论这一问题的内在逻辑是基于全面分析基础上的预测，还是基于概率判断、先验判断或统计判断，情况都是这样。通常，我们的行为取决于估计，而不是取决于推理，取决于'判断'或'直觉'，而不是推论。这里，估计或直觉判断与概率判断有些相似，但却非常不同于我们已经讨论过的任何一种概率判断的类型。"[②] 正因为奈特强调企业家承担不确定性，也强调包括企业家在内的行为主体依赖于判断，福斯等认为奈特视基于判断的决策为企业家精神，而且确切地说，在坎蒂隆、奈特和米塞斯的企业家理论里，企业家的主要角色就是在不确定性下对生产资源的使用进行判断。

## 四、奥地利学派经济学家的研究贡献

### （一）门格尔的贡献

根据门格尔的观点，需要有一个经济行为人通过企业组织的形式

---

[①] Foss, Nicolai. J., & Klein, Peter. G. (2012): Organizing entrepreneurial judgment: a new approach to the firm. Cambridge/New York: Cambridge University Press, p. 29.

[②] 奈特，弗兰克. H. (2010)：《风险、不确定性与利润》，安佳译，北京：商务印书馆。第 215 页。

将高级财货组织起来，实行经济核算，引导整个流程，把高级财货转化为低级财货的过程。他自己没有直接提出这个经济行为人就是企业家（Unternehmer），但事实上在此定义了企业家。这是因为他紧接下来指出，这些活动就是企业家活动（Unternehmertätigkeit）。他写道：

> 将高级财货变形为低级财货或第一级财货的过程，只要是一个经济的过程，那么无论在何种情况下，都还受到如下条件的制约：需要一个经济行为主体来准备该过程，在经济的意义上引领该过程，进行一些经济核算，并把各种高级财货（包括技术性劳动服务）组织起来投入于该过程。这些所谓的企业家活动，在经济发展的初期，也包括后来在一般小行业中，通常由一些经济主体开展，他们以技术性劳动服务参加生产过程，随着分工的进展和企业的扩大，这种活动往往就要占据经济主体的全部时间。这种企业家活动与技术性劳动服务相同，也是财货生产的一个不可或缺的要素，也具有高级财货的性质，并且也是一种经济财货，从而也具有价值。①

这里可以看到，门格尔意义上的企业家，属于各行各业企业（包括农业企业在内）生产经营活动的"承担者"，其承担的相应活动就是企业家活动。门格尔把消费品界定为一级财货，即最低级财货，然后由低到高界定财货的等级。比如，在面包制作行业，最低级财货或一级财货是面包，而生产面包的面粉、面包炉、面包师的

---

① Menger, Carl(1871): Grundsätze der Volkswirthschaftslehre. Wien: W. Braumüller, p. 137.

劳动，以及面包房等等都是二级财货。至于用于生产面粉、面包炉、建造和装修面包房的财货，则是三级财货，其中包括了麦子。而用于生产麦子的财货则是更高级的四级财货……这样算起来，生产一个简单的最低级财货面包，所涉及的财货级次繁多。

门格尔认为，产品的预期价值归属于所投入的高级财货（包括劳动服务和土地租金等）、资本利用和企业家活动。其中归属于企业家活动的那部分就是利润。企业家个人投入的、不属于企业家活动的那部分劳动服务属于高级财货，企业家为这部分投入获得相应的工薪收入。

门格尔有关时间、不确定性与预见的论点，与企业家行为和企业家活动有关。他强调了从高级财货变形为低级财货过程中需要耗费时间，需要面对不确定性，也就是变形为低级财货的数量和品质的不确定性，而经济行为人拥有高级财货将其变形为低级财货，需要凭借自身对变形后产生的低级财货的数量和品质的预见。门格尔认为，这种预见的确定性程度的大小，取决于经济行为人或多或少了解生产这个产品的各有关要素；同时也取决于我们或多或少支配着这些有关要素。而这种预见的不确定性程度的大小则相反。

门格尔的著作事实上在总体上把风险放在不确定性里面作了处理。不过，他在阐明上述企业家活动的内涵之后，事实上指出利润来源不是来自于风险。他写道："因此根据以上的叙述，对曼格尔特（Mangoldt）认为在生产时'承担危险（Gefahr）'是企业家之本质职能的见解，我是不能同意的，因为'危险'不过是有些偶然地发生的，而亏损机会与获利机会相对并存。"[1] 这里，门格尔引用曼

---

① Menger, Carl(1871): Grundsätze der Volkswirthschaftslehre. Wien: W. Braumüller, p.137.

格尔特所谓"危险"即指风险。

### （二）熊彼特的贡献

沿袭上述坎蒂隆创造性地把作为企业家视作一种功能的做法，熊彼特、米塞斯和柯兹纳都从功能的视角重新定义和分析企业家，区分企业家和资本家。熊彼特把企业家定义为实现新组合者、创新的推动者。他写道："我们把新组合的实现称为'企业'；把功能或职能是实现新组合的那些个人称为'企业家'"。这样，只要是实现新组合的个人，就是"企业家"。[①] 实现新组合可能有着不同的职位或身份，比如可能是履行着这一功能或职能的经理、董事会成员、金融家、发起人等等，他解释道：

> 我们所叫作的企业家，不仅包括在交换经济中通常所称的"独立的"生意人，而且也包括所有的实际上完成我们用来给这个概念下定义的那种职能的人，尽管他们是——现在逐渐变成通例——一家公司的"依附的"雇用人员，例如经理、董事会成员等等；或者尽管他们完成企业家职能的实际权力具有任何其他的基础，例如控制大部分的股权。由于是实现新组合才构成一个企业家，所以他不一定要同某个别厂商有永久的联系；许多的"金融家""发起人"等等就不是同某些具体厂商有永久的联系，但他们仍然可以是我们所说的企业家。另一方面，我们的概念比传统的概念要狭窄一些，它并不包括各个厂商的所

---

① Schumpeter, Joseph A. （1983）: The Theory Of Economic Development. NewBrunswick, NewJersey, p.41.

有的头目们或经理们或工业家们，他们只是经营已经建立起来的企业，包括实际履行那种职能的人们。[①]

根据熊彼特的观点，工人因投入劳动拿工资，企业管理人员因负责管理拿薪金，资本家因承担资金风险而获得利息收入，企业家支付了所有直接和间接费用之后，还要支付工薪和租金，然后从剩下来的毛利润里支付资本利息，最后剩下的才是他所得的企业家利润。如果毛利润不足以支付利息，资本家就得不偿失，他的资金投入就有风险。企业家不承担这种风险。企业家如果毛利润不足以支付利息，就等于出现亏损，实际上意味着得不到任何企业家利润，所谓亏损的那部分，也是资本家的资金亏损，由资本家自行承担，企业家不承担这一责任。企业家如果自己投入资金，则可以理解为该人作为企业家从作为资本家的自己借入资金。

### （三）米塞斯的贡献

米塞斯区分了"企业家"这个术语的经济概念、经济史概念、一般经济学概念以及行动学概念。因此，他的界定是多视角的。

米塞斯首先区分了"企业家"的经济概念和经济史概念。他认为，"企业家"这个术语的经济概念是属于一个社会阶层（也就是门格尔意义上的作为"承担者"的"企业家"，属于企业生产经营的承担者）；经济史和描述型经济学所用的"企业家"这个名词，是表达一个称作为"企业家"的理想类型。米塞斯指出，这两者的意义截

---

① Schumpeter, Joseph A. (1983): The Theory Of Economic Development. NewBrunswick, NewJersey, p.41.

然不同。在构造一个行为主体或者一种事物的理想类型时，观察者把一些认为属于该理想类型的典型要素或者特征聚合在一起，由此得到该理想类型。这种理想类型是无法解说的，它的典型要素和特征，必须靠列举的方式来体现。特别是，基于某些特征的缺失，是否会妨碍把某一样本纳入该理想类型，取决于由观察者的理解作出的相关性判断。理想类型自身就是理解的结果，即对行动人之动机、观念、目的及其所用手段的理解的产物。理想类型的所有特征无需在任意事例中都表现出来。经济史（描述型经济学也描述经济史）里的企业家就属于作为历史的具体理想类型的企业家。在经济史使用"企业家"这个名词的时候，谁也不会想到擦皮鞋的孩子、出租车司机、小商人和小农。在经济史里面，企业家一词所代表的一些理想类型，就会随年龄、地区、行业和许多其他特殊情况之不同而有差别。一般性的理想类型对于历史学没有什么用处。历史学所要用的各种理想类型会是这样：杰弗逊时代的美国企业家、威廉二世时代的德国重工业企业家、第一次世界大战前几十年的新英格兰的纺织工业企业家等等。因此，我们也可以说，20世纪80年代的中国企业家，也是一种企业家理想类型。

米塞斯从功能角度澄清了一般经济学里的企业家概念。他指出，一般经济理论里面的企业家、资本家、地主、工人和消费者，不是我们在实际生活中所遇见的有生命的人，而是在市场运作中一些特殊功能的化身。行动的人和历史科学，在推理的时候都用一些类型和应用经济学的结论来建构他们的理想类型。但是，"理想类型"与一般经济学里的"经济类型"两者间基本的逻辑存在差异。"理想类型"指涉历史的事件，而"经济类型"指涉纯粹的统合功能（integrated function），有生命、有行为的人，必然兼有种种功能。他绝不只是一个消费者。他可能同时是一个企业家、地主、资本家或工人，或者是这样的一些人所抚养的一个人，这个人兼备前述身份的全部功能。历史学按照人们所追求的目的和他们为达到目的而采用的手段来把人分类。经济学探究市场社会的行为结构，要辨识类型与功能，而不管人们追求的目的和手段如何。这是两个不同的任务。因此，一般经济学所指的企业家，包括体现企业家功能的全部分子，至于时间、地域和行业的部门则一概不管，不像经济史里的企业家一词代表一些理想类型，会随年龄、地区、行业和许多其他特殊情况之不同而有差别。但是，一般经济学里的企业家的这个统合功能不是某一组人或某阶层的人所具有的特质，也就是说不是作为企业生产经营承担者的企业家所特有的。

米塞斯还从一般经济学的功能视角，提出一个"纯粹企业家"的大概想象建构。他写道：

> 让我们试想一个纯粹企业家的想象建构，其最后的一些逻辑结果是怎样。这种企业家没有资本所有权。他的企业活动所需要的资本，是资本家用借款的方式借给他的。他用这借来的钱购买了种种生产工具。法律诚然是把他看作是这些生产工具的所有人。可是，他仍然是个无财产的人，因为他的资产总额被他的负债总额抵消。如果他成功，净利润是他的。如果他失败，这项损失必落在曾经借钱给他的资本家身上。像这样的企业家事实上是资本家的雇员，他是为自己而投机，拿走百分之百的净利润而不承担损失。但是，即令这位企业家能够自筹一部分资本，只有其余部分靠借款，基本上情形还是一样。就其发生的损失不能由企业家自己的钱负担这个层面来讲，它们仍

然是落在借钱的资本家身上，不管契约的条件是怎样。①

　　这样，地主和市场经济中农夫的身上都有"纯粹企业家"的因素。米塞斯解释道，耕种自己的地产而只供养自己家庭的自足地主，他的土地生产力，乃至他所需要的对象，会受许多变动的影响，所有这些变动也就影响到他本人。在一个市场经济里面的一个农夫经营的结果，要受到所有关于他那份土地在农业市场上的重要性的一切变动的影响。这个农夫，即令就世俗的用语来讲，也明显地是个企业家。任何生产手段——不管是有形的财货或金钱——的所有者，都不能安然免于未来的不确定所带来的袭击。把任何有形的财货或金钱用于生产，也即为将来准备，其本身就是一个企业活动。

　　劳工的身上也有"纯粹企业家"的因素。米塞斯认为，从基本上看，劳工也是如此。他生而具有某些才干：他那作为生产手段的天赋才干，最适于某类工作，次适于另一些类的工作，完全不适于某些类的工作。如果他学得做某类工作的技能，那么，就学习所花的时间和物质来讲，他是处于投资者的地位。他希望得到适当产出的补偿而作了投入。就他的工资决定于市场对于他所做的那类工作所愿付的价格而言，这位劳工又是一位企业家。这个价格也和其他生产手段的价格一样，是随市场情况的变动而变动的。

　　米塞斯因此提出了"功能的分配"这一想象建构。他认为，在经济理论教科书里面，那些相关术语的含义是这样的：企业家是面对市场数据的一些变动的行动的人；资本家和地主是面对价值和价

---

① Mises, Ludwig von (1963): Human action: a treatise on economics (3rd, rev. ed.). Chicago: Regnery, p.253.

格变动的行动的人——即令市场情况仍旧，仅仅因为时间的流逝就会使得财货的现在价值与其未来价值不同；劳工是关于劳动这个生产要素之就业的人。这里的企业家就是"纯粹企业家"。于是，每一功能就严密地统合起来：企业家赚得利润或承担损失；生产手段（资本或土地）的所有人赚得原始的利息（即未来财货相对于现在财货的那个折现）；工人赚得工资。米塞斯的"功能的分配"这个想象建构就是在这个意义上（也就是市场分工意义上）提出来的，以示有别于实际的历史上〔亦即经验上的〕的分配。鉴于"分配"一词容易带来歧义，米塞斯还特别指出，在市场经济的运作中，没有什么事情可以适当地叫作"分配"的。

根据米塞斯的观点，一般经济学的"企业家"概念比"功能分配"那个想象建构中所用的"企业家"一词的概念要狭窄些。后者所包含的事例，有许多它没有纳入。一般经济学使用"企业家"这个名词时，不是用功能分配这个想象建构来赋予它的意义。过去如此，现在还是如此。一般经济学把下列的这些人都叫作企业家：特别热衷于调整生产适应预期的变化，以谋取利润的人；比一般人有更多的原创力、更多的冒险精神、更敏锐的眼光的人；推动经济进步的开拓者。米塞斯指出，同一"企业家"名词用来指两个不同的概念，这是很麻烦的。米塞斯提出，假若用"促进者"（promoter）来表示那个较狭义的"企业家"概念，也就是一般经济学的"企业家"概念，那就更方便些。这个"促进者"概念，是一般经济学的"企业家"意义上的"促进者"，也可称"企业家—促进者"（entrepren-eur-promoter）。

米塞斯还基于他所建立的行动学，从广义的视角界定企业家。他认为，由于每个行动都嵌在时间的流变中，都存在不确定性，行动的人都需要推测、计算、判断和选择，选择了这个行动，就意味着放弃其他行动。行动即交换。由于人的每一个行动都是一次自己对自己的交换，就是采取一种行动，获得行动的"收益"就需要付出"成本"、放弃其他行动。经济领域里，每一个人的行动必然都是交换：不是人际交换，就是自身交换。因此，他把与其行动学一致的经济学称为"交换学"。米塞斯指出，人的每个行动既然均面对不确定性，必然是"投机"（speculation）。

按此，所有在真实世界中行动的人，必然都是广义的企业家或投机者。被行动的人照顾的人们，比如市场经济里面家庭的孩子，自己不是行动的人，因而不是投机者，但他们是要受行动的人投机的影响。所以，米塞斯从交换学角度对广义的"企业家"做了定义和解释：

> 用在交换学的"企业家"一词是指：专从每一行为的不确定性这方面来看的行为人。用这个名词的时候，决不可忘记：每个行为都嵌在时间的流变中，所以必然是一投机。资本家、地主和劳工，必定是投机者。在考虑预测的将来需要时，消费者也是投机者。①

米塞斯在对企业家的作用的分析中，还强调企业家判断的重要性。他认为，一个人通过抓住机遇并填补空白而成为一名企业家，而这种敏锐的判断力、预见和活力的展示不需要特殊的教育。在决

① Mises, Ludwig von（1963）: Human action: a treatise on economics（3rd, rev. ed.）. Chicago: Regnery, p.253.

策方面给予企业家的任何援助仅具有辅助性质。他从法律、统计和技术领域的专家那里获取有关过去事态的信息，但最终的决策意味着要作出对市场未来状态的判断，这种决策取决于他自己。米塞斯还写道：

> 企业家的判断，是市场上不能买到的东西之一。企业家坚持运作和实现利润的观念不会发生在大多数人的身上。它不是产生利润的正确的预见（foresight），而是比其余人更好的预见。奖赏只归于那些不受大众所接受谬见之误导而有其独特见解者。利润之所以出现，是由于他人忽视对未来需要作适当的预筹，而企业家则为这些需要而作预筹。①

### （四）柯兹纳的贡献

柯兹纳从人的行动中抽象出了"企业家元素"（entrepreneurial element）。他写道："市场参与者的经济行为中的企业家元素，是对以前未被注意到的环境变化的警觉（alertness），这种环境变化可能会使他们获得比以往更多的回报。"②

柯兹纳把从米塞斯意义上的行动的人（acting men）所具有素质中的警觉因素视为在人类决策中的企业家元素。他所称的警觉或企业家警觉，在米塞斯那里就表述为把企业家精神定义为"从每一

---

① Mises, Ludwig von（1963）: Human action: a treatise on economics（3rd, rev. ed.）. Chicago: Regnery, p.871.

② Kirzner, Israel M.（1973）: Competition and Entrepreneurship. Chicago: University of Chicago Press, pp.15 – 16.

个行动中固有的不确定性方面来看”的人类行动①。这也意味着，企业家在利用其警觉时，存在内在的不确定性。他写道：

> 现在，我选择将这种对可能新的有价值的目标和可能新的可用资源的警觉标记为人类决策中的企业家元素。我们可以看到，这种警觉是在人的行动中大量存在的，而在那种最大化经济行为选择（economizing）概念中所没有的。正是这种企业家元素，使我们将人的行动理解为主动的、创造性的和人性的，而不是被动的、自动的和机械的。②

上述的最大化经济行为选择概念属于罗宾斯意义上的概念。罗宾斯式的最大化经济行为选择范式涉及，预先给定经济行为目标和手段，然后通过最大化经济计算来做出经济行为选择，也就是在给定目标和手段条件下的最大化计算。柯兹纳接受米塞斯的人的行为理论及其行动的人的范式。行动的人不是被动接受给定的行动目标和手段，他不仅要面对人的行动所包含的内在的不确定性，更是主动选择行动的目标和手段。他对所有可能的目标和手段进行主观价值评估，根据其主观价值评估的结果对所有这些目标和手段从大到小进行排序，然后选择主观价值最高的目标，并配以相应的手段，以此采取行动。至于给定目标下的手段选择，也就是罗宾斯式最大化经济计算，可将其视为米塞斯行动的人范式的一种特例。而这种计算，是不需要企业家来承担的：企业家完全可以雇佣一位经理来

---

① Mises, Ludwig von, Human Action (New Haven: Yale University Press, 1949), p. 25.
② Kirzner, Israel M. (1973): Competition and Entrepreneurship. Chicago: University of Chicago Press, p. 78.

完成。

与此相应，柯兹纳提炼出了"纯粹企业家"的概念。根据他的观点，一位"纯粹企业家"是指"一位决策者，其全部作用凸显于他对至今未被注意到的机会的警觉"。这里的机会指的是盈利机会。纯粹企业家获得的纯粹企业家利润来自于这种"企业家警觉"。柯兹纳写道：

> 但是当我们观察生产者的其他作用，即他作为一个纯粹企业家的作用，我们根本上从一种完全不同的视角看待该作用。他开始其决策制定时没有携带任何资源以贡献于生产过程。当我们这样看待他时，是在他已经获取一种使得产品因此而变得可得的那种投入之前。他的决策是纯粹的企业家决策，根本没有表现出任何罗宾斯式经济计算迹象；根本没有配置任何东西。作为纯粹企业家，他唯独对投入产出之间存在的差价表现出警觉。①

在经济世界，柯兹纳所提到的"这种对可能新的有价值的目标和可能新的可用资源的警觉"就是对"盈利机会的警觉"。从一般生活中，我们也许可以将其理解为对受益机会的警觉。柯兹纳把市场过程视为一个动态过程。上述警觉被视为"企业家警觉"，而且体现在一种持续警觉的过程，这种持续的一连串警觉导致一连串的不断变化的决策。也就是说，柯兹纳的企业家，涉及面对人的行动的内在的不确

---

① Kirzner, Israel M.（1973）: Competition and Entrepreneurship. Chicago: University of Chicago Press, pp. 85 - 86/198.

定性，基于一连串的警觉作出不断变化的决策。柯兹纳写道：

> 我们必须认识到我所说的企业家元素，以便认识到与连续决策相关的目的和手段的变化模式是一个经验过程的可能可理解的结果，在这个过程中，决策者对相关新信息的警觉导致产生了一系列不断变化的决策。[①]

柯兹纳否认人的行为完全受制于其对不确定性的态度。他认为，虽然企业家面对不确定性，但其行为不完全依赖其对不确定性的态度，需要考虑企业家警觉及其对所构想的纯粹盈利机会的持续可实现性的影响。他写道：

> 当然，在某种意义上，这种企业家精神的讨论非常依赖于不完全知识。仅在一个人们犯错误的世界（在没有意识到最好的机会的意义上），出现了从中有所得的机会，由此为企业家活动提供了空间。只要机会没有立即被人所共识，对机会的警觉的特别作用就出现了。当然，在这样一个世界，甚至警觉的企业家，对发现什么是有吸引力的机会，也许对风险也有很大的顾虑。能被期待带来收益的经营活动周转时间越长，企业家对自己的确信就越少。这样，企业家活动（如这里所描述的）无疑包含不确定性和承担风险。[②]

---

① Kirzner, Israel M. （1973）: Competition and Entrepreneurship. Chicago: University of Chicago Press, p. 43.

② Kirzner, Israel M. （1973）: Competition and Entrepreneurship. Chicago: University of Chicago Press, pp. 36 – 37.

柯兹纳意义上的企业家关注以低进高出的套利方式销售任何东西的盈利机会，只对市场上未被利用的盈利机会表现出警觉，能够先于他人发现机会，并组织资源来力图实现这些机会的价值。企业家驱动竞争性市场过程，使得整个经济呈现很大的创造性，而且使得市场走向更大程度的供求匹配和协调。柯兹纳认为企业家是市场过程的驱动力量。消费者对产品的价值评估和生产者对生产要素的价值评估都是会犯错的。而这些犯错的可能性或事实本身又为容易犯错的企业家警觉和发现创造了机会。柯兹纳认为，人类行为中的企业家因素，就是对纯粹盈利机会信号做出的反应，这种纯利润源于社会中由于存在分散知识而产生的错误。正是这种纯利润激励促成了"竞争性的企业家发现过程"，[①] 它让参与市场的企业家了解越来越多的、分散于市场中的相关信息。按照柯兹纳的观点，正是这种企业家的竞争性过程，解决了集中计划者难以回避的根本性的知识问题。

根据柯兹纳的观点，直接激发以及塑造企业家行为的是（对于未来会如何的）想象而不是这些事实本身。但是，企业家的警觉性使其努力去注意的并且正确地想象的是（将要发生的）未来的现实，并且是这些现实带来的预期收益"开启"了企业家的警觉性。柯兹纳在其理论中实际上引入了"试错"的观点。他认为，说企业家的行为可以被看成是对"现实"做出"反应"，一定是在一种修正的意义上讲的；为未来而采取的行动总是在试图更正确地想象未来（并且从中获利）的基础上进行的。即使因为企业家警觉性不足，采取了错误的行动，没有对这些激励做出反应，但仍然创造了一种新的

---

① Kirzner, Israel M. (1973): Competition and Entrepreneurship. Chicago: University of Chicago Press, pp. 160 – 161.

现实情况，即现在可能对企业家的警觉性提供一种激励，使得他们的行为趋于实现社会效率。比如一位企业家的犯错成为别的企业家的机会。犯错的企业家则得到市场的制裁。

除了对纯粹企业家作概念界定之外，柯兹纳还对企业家特点作了进一步的界定。盈利机会指的是已经存在，包括通过创新而可实现的盈利机会。盈利机会是套利机会。企业家保存警觉，发现这种也已存在的盈利机会。柯兹纳写道：

> 我眼中的企业家，不是先前不存在的创新念头的一个源泉，而是涉及对已经存在并等待被注意的机会的警觉。在经济发展中，企业家也被视为对机会的响应，而不是创建机会；视为捕捉盈利机会，而不是产生出盈利机会。当有利可图的使用资本的生产方法在技术上可得时，储蓄流足够提供必需的资本，此时就需要企业家出场，以确保创新将事实上得到实施。没有企业家，没有对新的可能性的警觉，长期利益就会永远得不到开发利用。坚持这样一个分析框架是非常值得做的，这个框架显示了运行中的市场过程本质上是以同样的方式进行的，无论是没有跨时多期计划的简单经济，还是有跨时多期计划包括资本使用的复杂经济。因为这种市场过程的缘故，完全有必要引进企业家。[①]

对于柯兹纳，企业家通过实现新组合、推动创新（也就是熊彼

---

① Kirzner, Israel M.（1973）: Competition and Entrepreneurship. Chicago: University of Chicago Press, p.74.

特意义上的"经济发展")来实现盈利机会，只是实现盈利机会的一个例外。柯兹纳又写道：

> 对熊彼特来说，企业家主要在激发经济发展中发挥重要作用；对我来说，首要的是使得市场过程能够在所有场景中发挥作用，包括考虑到经济发展的可能性，而这仅仅是一个特例。①

虽然，柯兹纳把企业家研究大大推进了一步，但是，柯兹纳的上述说明也显现了其企业家研究的局限性。他眼中的企业家，只是涉及对已经存在并等待被注意和发现的机会的警觉。创造新的盈利机会，比如包括通过创新（而不是比如作为创新的结果而业已存在的机会），应该也体现一种企业家警觉，为什么不包括在企业家的定义范围中？另外，企业家要发挥其才能和作用，实现其盈利机会，除了警觉之外，是不是还需要其他的素质和能力？比如，企业家的判断可以包括警觉。企业家是否还需要警觉之外的那部分判断或者判断力？此外，虽然柯兹纳意义上的警觉是决策过程中的警觉，但是决策需要决断力。对于生产经营选择的决断力和引导组织和投入资源并将其转化成产品和服务以实现套利的能力（具体组织和投入资源而进行生产经营可以由管理人员来实施），也应该可以是企业家元素的组成部分。这些问题在一个较为狭义的纯粹企业家形象建构里难以得到解释。不过，柯兹纳的企业家研究为我们发展一个更为包容的全面的企业家理论奠定了基础。

---

① Kirzner, Israel M. (1973): Competition and Entrepreneurship. Chicago: University of Chicago Press, p. 81.

### （五）福斯和克莱因的贡献

较新的企业家研究进展是福斯等对企业家判断的研究和企业家角色的界定。他们从坎蒂隆有关作为承担者的企业家之判断的阐述、米塞斯有关人的行动存在内在的不确定性与企业家判断的思想以及奈特把判断视为企业家精神的想法等等之中得到启发，批评了企业家警觉作为企业家因素的定位否定了企业家"直觉"的作用，提出了自己的企业家概念界定。

福斯等人认为，柯兹纳所强调的仅仅对获利机会的警觉并不是获利的充分条件。为了获取经济收益，企业家必须组织投入资源，以把握被发现的盈利机会。另外，柯兹纳的盈利机会是已经存在的、未发现的机会，而福斯等认为，企业家还创造盈利机会，而且机会在很大程度上是通过前瞻性的企业家行动创造的。福斯等还认为柯兹纳意义上的企业家警觉过于被动，强调对已有获利机会的反应，而企业家的判断则更为主动，事关创造新的机会。

福斯等认为，企业家精神系于在不确定条件下基于判断做出决策。这里，企业家被建模为决策者，他们在不确定性条件下根据对未来市场条件的判断来投资资源，这些投资可能会产生正回报，也可能不会产生正回报。企业家被视为承担不确定性的、拥有资产的和作出判断的决策者。福斯等人借鉴了上述奈特意义上的不确定性，即不能度量的、没有概率分布的不确定性。所谓承担不确定性，是指在不肯定会得到确定结果的情况下做出决策。为了理解市场环境中的资源配置，他们强调，其主要感兴趣的是一种特定的承担不确定性行为，即"为了获得预期的经济收益而审慎地配置生产性资源"① 所承担不确定性的行为。他们把判断定义为在不能根据已知概率预测结果时有关经济资源配置的决策行动。他们认为，判断是在使用现有的或新的资源以满足未来（需求者）偏好方面做出承担不确定性的决策的关键企业家元素。福斯等写道：

> 具体而言，判断是在为了配置资源以达到某些目标时做出的剩余的、控制性的决策。它会从每个企业家的行动中体现出来。它无法在市场上进行买卖交易，因此企业家需要拥有或者控制一家企业以实施自己的判断。简单来说，我们把这个概念分解成若干行动：创造和评估机会，决定组合哪些资源以及如何组合这些资源等。这些行动的目的在于实现机会。②

这里，"剩余的、控制性的决策"是承担企业家功能之外的其他功能者（如资本家和管理人员）所不能做的决策。判断是不确定条件下的有目的的行动，它与一系列相关的活动有关。企业家必须决定购买哪些投入品，实施什么样的投资以及雇佣哪一位经理人等等。这些决策环境中，有很多都属于奈特意义上的不确定性环境。福斯等认为，判断这个概念并不是一个神秘的黑箱。虽然判断中确实包含着"直觉"和"创造性"等重要因素，但从某种技能熟练行为的角度去认识判断还是有意义的，它能通过经验学习和处理不确定性时保持自信而得到发展。他们还认为，企业家拥有资产，就会承担

---

① Foss, Nicolai. J., & Klein, Peter. G. (2012): Organizing entrepreneurial judgment: a new approach to the firm. Cambridge/New York: Cambridge University Press, p.49.
② Foss, Nicolai. J., & Klein, Peter. G. (2012): Organizing entrepreneurial judgment: a new approach to the firm. Cambridge/New York: Cambridge University Press, p.79.

相应的风险，而且需要借助企业作为企业家的代理机构。

福斯等人尽管对企业家理论做出了较新的重要贡献，但其理论似乎还存在改进的空间。比如，企业家警觉和企业家判断两者可以视为对企业家元素的两个不同角度的分析，两者完全可以一并纳入为企业家因素。如果这样，企业家可以界定为在不确定性条件下基于警觉和判断的决策者。这种警觉、判断与决策不仅涉及创造和发现盈利机会，而且涉及到组织投入资源，形成可支配资产，控制和引导将投入资源变为产出品或者完成交易以换入财货的整个过程。另外，企业家借入资金（包括作为企业家的自己从作为资本家的自己借入资金）形成可支配资产，资金风险仍然由资本家承担。这是因为当企业家的经营失败出现亏损，意味着资本家拿不到利息收入。（当然，特殊情况下其他经济主体也会遭遇风险，比如企业家的生产经营项目如果亏损严重，可能会对工人欠薪。）

## 五、结语

本文只是扼要梳理了经济科学中企业家理论的总体演化脉络和一些经济学家的重要贡献。鉴于篇幅限制，本文的梳理和研究仅仅基于一些主要的视角，包括不同经济学家如何看企业家的概念、内涵、特点和作用，如何看企业家承担不确定性与风险，什么是不同于其他经济主体特点的纯粹企业家元素，什么是利润的来源。总体而言，文中不同经济学家选择不同的视角发展的有关企业家的经济理论，都能增进我们对企业家的特点与作用的理解。但是，现有的各种企业家理论似乎都还有或多或少的缺陷。这在一定程度上跟各种企业家本身存在异质性有关，而现有的企业家理论一般寻求探讨企业家所拥有的共性因素。此外，一些领域的企业家理论的研究还远远不够，比如金融领域的企业家理论就是如此。因此，总体而言，有关企业家的经济理论研究还有较大的补足空间。

# 第 7 章　中国人的企业家精神溯源

## 一、什么是企业家和企业家精神？

著名的奥地利经济学大师米塞斯认为，在一个想象的均匀流转经济（也就是循环流转经济）中，谁也不是一个企业家或投机者。在任何实际行动的经济中，每个行动者总是一个企业家或投机者。这是因为，人的行动总是有目的的行动，存在内在的不确定性。每个人都会对其备选目标和可支配手段做出主观评价，按评价由高到低的顺序对这些目标和手段排序，并选择排序最高的目标，配之以一些可支配手段，以此采取行动。每个人的具体行动的目的可以是自利的、利他的，或者互利的。但是，每个行动的最终目标都是增进行动者个人的幸福，减少其不适。

米塞斯的上述企业家观直指人的行动的本质，适合于每一个行动的人。每一个行动的人需要承担其所采取行动的内在不确定性。因此，行动的人多多少少是一个企业家。当然，企业家的概念按照不同的视角可以有不同的定义。人们一般把企业家和工商业经营活动与承担风险相联系，把企业家视为甘愿承担风险而组织资源去实现工商业机会者。但是，这种看法是有问题的。

著名经济学家熊彼特、奈特和柯兹纳提出的企业家概念则脱离了承担风险的特征要求。熊彼特意义上的企业家属于"创新企业家"。这里企业家有别于资本家，不需要承担风险。熊彼特意义上的企业家是指实现新组合者、推动发展者或创新者。熊彼特认为，存在五种新组合：一是采用了一种新产品，二是采用一种新的生产方法（相当于新技术或者新工序），三是开拓了新市场，四是掠夺或控制原材料或半制成品的一种新的供应来源，五是实现任何一种工业的新的组织。按照熊彼特自己的话，实现新组合者就是企业家，不实现新组合者就不是企业家。企业家就不是一个长期稳定的职位，因此也没法构成一个社会阶层。熊彼特意义上的企业家是经济发展的带头人，是能够实现生产要素的新组合的创新者，是创新的主体。熊彼特意义上的企业家不同于资本家，他只需要意志和行动，从资本家借入资本，作为购买力基金，在现有购买力存量中注入新的购买力，从而为实现新组合而争夺本来投入于循环流转经济中的生产手段，以实现新组合，获得企业家利润。因此，在这种情况下，企业家不需要承担风险，而资本家则需要。

奈特区分了不确定性和风险。不确定性不可度量，不服从一定的概率分布。风险属于可以度量的、服从一定的概率分布。企业家承担不确定性，这也是企业家利润的来源。风险则可以通过金融市场得到管理。

柯兹纳意义上的企业家属于"套利企业家"。在市场过程中，这种企业家对由于人们的无知而存在的未被利用的利润机会抱有警觉，先于他人发现这种低价买入、高价卖出的套利机会，于是投入资源、采取行动，以实现这种套利。这种未被利用的利润机会也体现为市场供求的不协调和不匹配。这种套利过程并不能使得买卖双方一步到位地发现最低的买价和最高的售价，但企业家的行动促进市场参与者之间的交流，买卖各方都能从企业家的行动中学习，从而减少各方的无知，也使他们自己的行动实现更好的调适。每一次买卖都会比此前的买卖更少无知，取得更好的调适。比如，买者比此前更知道在哪里可以以更低的价格买到他们的商品，卖者比此前更知道在哪里可以以更高的价格卖出他们的商品。这种市场过程既是竞争过程，也是企业家过程，呈现一种开放试错的态势，这种态势指向市场参与者的各种供求取得两两协调的状态。对于柯兹纳，实现创新所带来的利润机会，也是套利的对象。此外，企业家的行动自然存在内在的不确定性，因而无需强调。

上述柯兹纳把创新带来的利润机会也视作为套利对象的看法，容易混淆不考虑创新带来利润机会的纯套利和考虑了这种利润机会的套利，我们在下文中把套利视为不考虑创新带来之利润机会的纯套利。

在经济生活中，我们一般可以从功能视角区分三类企业家。一类是熊彼特意义上的企业家，属于"创新企业家"，推行创新者，实现新组合者；第二类是套利企业家，就是从事各种以低进高出为特点的套利者；第三类是既从事创新又从事套利者。这些企业家在不确定性条件下基于其警觉力和预判力做出决策并采取行动。这种警觉力、判断力与决策力的运用，不仅涉及创造和发现盈利机会，而且涉及到组织投入资源，形成可支配资产，控制和引导将投入资源转化为产出品或者完成交易以换入财货的整个过程。这种企业家既可能是实现创新者，也可以是追求套利者，还可以是既追求创新又追求套利者。

与此相应，企业家精神就是指勇于承担不确定性，能够对盈利机会保持警觉，有自身的判断，能够基于警觉和判断做出决策，有能力组织投入资源，并控制和引导整个生产经营或者交易过程。企业家精神涉及企业家的意志力、承担力、警觉力、判断力、预见力、决策力、资源组织能力以及控制和引导生产经营或交易过程的能力。在下文，我们将利用上文提炼的三类企业家和企业家精神概念，初步探索中国历史上的企业家和企业家精神源头。这里，我们会看到观念和言说的改变对于中国企业家的发展与企业家精神的弘扬的影响，进而对中国财富创造的影响。

## 二、中国历史上的企业家与企业家精神

中国历史上不乏企业家与企业家精神。中国历史记载最早的商人是舜。《史记·五帝本纪第一》记载，舜在历山耕过田，在雷泽打过鱼，在黄河岸边做过陶器，在寿丘做过各种家用器物，在负夏跑过买卖，也就是当过"套利企业家"。我国的商朝和商人之得名，据说与该朝代开国帝王的先祖善于经商有关。据《竹书纪年》记载，王亥是商王朝开国帝王成汤的七世祖，是商朝建立前商部落的统治者之一，也是当时成功的商人，被视为中国商业之始祖。王亥在位时驯养牛马，并发明牛车作为运输工具，让部落的农业快速地发展的同时，发展了贸易业，有效缓解了农牧产品过剩。由于产品有了剩余，王亥与四周部落进行以物易物的商业贸易活动。王亥之后，商人沿袭其传统进行商业贸易，并形成了专门从事远方贩运货物进行贸易的商贾。由于这些贸易之人来自商部落，所以称作"商人"，他们的交易活动就是"商业"活动，而作为当时当地最早进行贸易的王亥，便被视为"商业"始祖。

司马迁的《史记·货殖列传》就是在为春秋战国和汉代的货殖

家即"套利企业家"立传，记载了范蠡、子贡、白圭、乌氏倮、寡妇清等人的货殖活动。司马迁在《史记·太史公自序》中道出了写《货殖列传》的目的："布衣匹夫之人，不害于政，不妨百姓，取与以时而息财富，智者有采焉。作《货殖列传》第六十九。"其含义为："布衣匹夫这种普普通通的人，不妨害政令，也不妨害百姓，据时买卖增殖财富，智者在他们那里可取得借鉴。作《货殖列传》第六十九。"这里的"货殖"是指聚积并经营财货以增值生利，也就是经商。

根据《货殖列传》中的记载，早在先秦时期，我国就存在"候时转物，贱入贵出"的商业经营策略的实践。春秋时期，范蠡在辅佐越王勾践报了会稽之耻后，带着西施，乘着扁舟，弃官从商，成为巨富，后来以陶朱公的名号闻名于世。范蠡的经商做法是"旱则资舟、水则资车"，即天旱时高亢的地区农业受损失较大，而低洼多水的地区则收获较好，所以要利用舟船到低洼多水的地区去收购丰富而价格低廉的商品；反之，水涝之年低洼地区受灾严重，高亢地区情况较好，因而要用车辆去高亢地区贩运商品。战国时期白圭主张的"乐观时变"，即预测市场行情变化，在此基础上，做到"人弃我取，人取我与"。此外，《史记·仲尼弟子列传》中对子贡商业经营策略的描述："子贡好废举，与时转货赀"，指的也是通过对货物进行低买高卖，以待将来涨价获利。这些都是中国古代的企业家，他们经营策略的本质都是通过套利来获益，因此也是"套利企业家"。

《史记·货殖列传》里写道："天下熙熙，皆为利来，天下攘攘，皆为利往"。追求自利是人的本性的一部分。这种追求自利的本性，也会体现在对利益交换或互利的偏重。这种自利和互利的追求，是企业家与企业家精神的存在的基础。人的本性中也有利他的成分，尤其体现在小群体比如家庭当中。每个人的具体行动，可能出于自利、互利或者利他，这都是可能的。但是，正如米塞斯所言，人的每一个行动的最终目的，都是减少其不适，增进其幸福，也就是说最终是"自利的"。商业是自利驱动的。在《国富论》中，斯密谈到，生产者一般考虑做大其产品的价值，通常既不打算促进公共利益，也不知道自己能在什么程度上促进这种利益，他所盘算的只是自己的利益，而在这场合，"像在其他许多场合一样，他受着一只看不见的手的指导，去尽力达到一个并非他本意想要达到的目的，也并不因为事非出于本意，就对社会有害。他追求自己的利益，往往使他能比真正出于本意的情况下更有效地促进社会的利益"。斯密提出的这一"看不见的手"原理，后来被哈耶克发展为市场秩序的"自发秩序"原理。

中国古代也存在"创新企业家"，比如，鲁班和墨家在木制工具器械方面有着众多的创新。春秋末期鲁国人鲁班是中国古代劳动人民集体创造和发明智慧的象征。《事物绀珠》《物原》《古史考》等不少古籍记载，木工使用的不少工具器械都是鲁班创造的，如曲尺（也叫矩或鲁班尺），又如墨斗、刨子、钻子、锯子等工具传说也都是鲁班发明的。这些木工工具的发明使当时工匠们从原始繁重的劳动中解放出来，劳动效率成倍提高，土木工艺出现了崭新的面貌。后来人们为了纪念这位名师巨匠，把他尊为中国土木工匠的始祖。春秋战国时期的墨家，是中国历史上商业组织的代表，代表着手工商从业者的利益，重视"兼相爱，交相利""言必信、行必果"以及商业不作恶的"非攻"理念等等，呼吁在一种平等友好的商业环境里相互取得利益，可以说是商业文明在中国传统文化中的完美体现，当中许多思想对现今的商业和创业者都非常有指导意义。另外，墨家是一个将科技理论与实践相结合的学派，代表作品《墨经》一书记录了世界上最早的光学知识、几何图形的一些知识，还有物理学中的"力""动""止"等定义。此外，墨家对城市防御工程也有很深研究，墨家《兵法》是中国古代重要兵书之一。

此外，诸多古代医家和道士，就是医药方面的创新企业家。很多医药的创新，与医家对中草药的研究和道家炼丹制药有关。唐代道士孙思邈《备急千金要方》曾为中华医学、药物学立下汗马功劳，尊为"药王"。道家炼丹还偶然导致了火药的发明。"印刷术"的发明和应用也与道家有关。早在南北朝，道教就运用雕刻技术制作道书。《洞玄灵宝》所作论述："一者金简刻文，二者银版篆字，三者平面镌书，四者木上作字。"可以说，道家炼丹导致医药创新，是典型的"看不见的手"原理在发挥作用。炼丹过程体现了诸多道士的执着与不懈追求，体现了其强烈推动创新的企业家精神。


### 三、中国的企业家精神探源


总之，我国历史上不乏企业家与企业家精神。但是，究竟我国的文化传统与企业家精神的具体关系如何，存在着不同的看法。需要看看我们的文化传统里有些什么内核。可以先从"义"和"利"的关系去看。儒家强调"以义和利"，也就是用"义"来协调"利"。"以义和利"观见于《易传·文言传·乾文言》："利者，义之和也"。这里的"义"，指"正义"和"道义"，虽然其含义有着一定的自然法和习惯法基础，但是需要经由当时在位的皇帝、官僚阶层与儒家认定或者解释。商人追求自利的行为，是被这样认定和解释的

"义"所框定。孔子也曾经说道，"君子喻于义，小人喻于利"。这里把人两分成"君子"和"小人"，把"义"和"利"对立。比如说商人以通过经商追求自利为其本职，按照简单套用孔子的划分法，这种商人属于"小人"范畴。不过，在现代社会，即便商人言利，但只要商人以诚立本，通过自己的经营活动去挣钱谋利，他就是"君子"，而这种谋利本身就体现"义"。正如门格尔所言，从事商业与从事生产一样，都是生产性的。既然是生产性的，就是"义利并举"的。

儒家里面还有一个功利主义分支，称为永嘉学派。永嘉学派的代表人物叶适强调"学与道合，人与德合"和"通商惠工"，反对"重农抑商"，主张"以利和义，不以义抑利"。其核心的隐含前提与正统儒家一样，也是以诚为本。按照叶适的观点，我以诚立本，放开追求自利，其结果就是正义的。这种主张因此被称为"以利和义"观，意指个体各自以诚立本，其对自利追求之和合即为"义"。这种观点恰好与正统儒家的"以义和利"观相对立。而且，叶适特别强调"不以义抑利"，恰恰就是为了不使得在位的君臣和主流儒家拿自己认定或解释的"义"来压制"利"。"以利和义"观中，追求利润是放开的，而在"以义和利"观中，利润其实是受限的。前者虽然源自南宋时期一个学派的观点，但符合现代精神，有利于市场经济的发展；后者来自古代轴心时代，总体上属于前现代因素，只有对其进行重新诠释，才能确保其符合现代性要求，从而有利于市场经济的发展。

正统儒家主张"小政府"，反对"大专制"，但又强调礼治的等级秩序，其实是主张"小专制"。与此相应，儒家在古代，自然不会想到"大民主"，但确实也主张"小民主"，比如禅让制、科举制等。

儒家的主流是鼓励"小产权""小安富"。孔子在对待财富上，也对通过开展货殖经商活动而屡屡获利感到不满。孔子说："回也其庶乎，屡空。赐不受命，而货殖焉，亿则屡中。"意思是说："颜回的学问道德接近于完善，可是他常常贫困。子贡不听命运的安排，去做买卖，猜测行情，往往猜中了。"这里，孔子对颜回学问道德接近于完善而在生活上常常贫困而深为遗憾，同时他对子贡不听命运安排而作为"套利企业家"去经商致富反而感到不满。孔子还讲"不义而富且贵，于我如浮云"（但是这个"义"跟现代人还是有差距的），孔子对子贡经商做法并不满意，就有点这种意思。这种扩大化的"不义"观也存在于改革开放前和改革开放初期。当时存在"投机倒把罪"。只要私人搞套利买卖，就是"不义"之举，构成"投机倒把罪"。《孟子》讲"有恒产者有恒心"，符合市场文明理念，不过他提出"井田制"以及"制民之产"，使百姓"仰足以事父母，俯足以畜妻子，乐岁终身饱，凶年免于死亡"（《孟子·梁惠王上》），也就是家家丰衣足食，免于饥寒交迫。这体现了儒家支持"小产权"和"小安富"的理念。

孟子主张"通功易事"，也就是哈耶克所崇尚的"交换秩序"。《孟子·滕文公下》写道："子不通功易事，以羡补不足，则农有余粟，女有余布。"孟子在此强调，通过交换一个人所剩余的粟和另外一个人所剩余的布，互通有无，可达致交换者各自处境的改善。这种改善就是当今经济学家所称道的"帕累托改进"。但是，结合儒家上述"以义和利"观和"小安富"观，还是体现了古代儒家的"小市场"理念。

有人讲，中国百姓为什么历史上一直不特别追求个人的基本权利，就恰恰因为那时候中国儒家总体上有着小政府、小专制、小产权、小安富、小市场，甚至低税的主张。无论是儒家、道家还是亚当·斯密，均支持低税模式。孔子讲"苛政猛于虎也"，孟子则讲"井田制"。道家的鼻祖老子讲"民之饥，以其上食税之多"，其意思是，老百姓肚子饥饿，是因为政府征税太多。

儒家的思想属于"大传统"，解释不了中国的企业家精神或者商业精神。儒家的等级观首先反映在"三纲"，即"君为臣纲，父为子纲，夫为妻纲"。这不是情意绵绵的等级秩序，是可以让"人头落地"的。至于"五常"，即"仁、义、礼、智、信"，在市场秩序当中倒也是需要的，比如说企业里面就需要管理，可以有科层等级。企业里面不是搞民主的地方，是有契约的地方，属于推行自由契约的地方。如果要搞经济民主，可以搞合作社。但是，合作社是有局限的。随着成员数量增加，合作原则难以推行，必然朝着商业化转化，或者为内部人所控制。古代儒家不鼓励官员经商，重视教育。这种文化既有积极的因素，也有消极的因素，总体上还是回答不了一些问题：为什么中国人喜欢做生意？为什么这么喜欢去挣钱？为什么有企业家冲动？也就是要问：中国企业家精神到底来自哪里？

若要探源中国企业家精神，我们更要看中国的工匠、医家、道家和小传统。上述鲁班和墨家就是工匠的例子。孙思邈是医家和道家的例子。李约瑟肯定了中国古代经验科学的发达，并认为这与道家思想密切相关，他认为道家思想主要来源有两个：一是战国时的哲学家，二是来源于古代的"巫"和"方士"。他认为，道家思想具有以下特点。一是道家基于对长生不死的追求，大肆炼丹制药，又偶然发明火药，开了世界近代化学、矿物学、植物学、动物学和药物学的先河。二是道教中的"道"，代表了大自然的秩序。道家对于自然的猜想与洞察，它对于事物变化的普遍性认识，发展了中国科技思想。三是道家主张人人平等。他们攻击传统等级制度，他们的科学思想与民主思想相结合。四是道家的炼丹、制药需要脑力劳动与体力劳动相结合，体现为有知识的人参与具体的手工劳动，这点也是道家促进科技发展的一个因素。李约瑟还指出了道家的不足之处：道家没有建立理性与逻辑体系，因而其科学思想没有在理论上得到发展。李约瑟总体上肯定了道家思想：它是宗教的、诗意的、方术的、科学的、民主的，在政治上是革命的。[①]

儒家是大传统，民间的信仰、民间文化属于小传统，中国的小传统更有利于商业，更加功利。小传统可能也受大传统的影响，并反过来也可能影响大传统。就拿重视教育来说，中国的家庭普遍重视教育，但这到底是因为大传统影响小传统，还是小传统影响大传统，这是说不清楚的。即便主要是大传统在这方面影响小传统，仍然不能得出结论认为是由于重视教育因素使得中国人总体上富有商业和企业家精神。

可以肯定的是，中国的小传统里面有着大传统所不具备的因素。中国的小传统因素包括重视现世享受，这是跟中国的企业家精神有关的。中国人喜欢玩麻将，那就是赚钱的培训。麻将牌从一万到九万，从一饼到九饼，从一条到九条，都与钱有关。玩麻将一般要多多少少赌点钱。中国人还拜财神。中国有三个不同的财神，即关圣大帝、玄坛赵元帅、增福财神。中国人拜佛往往不是出于真正的信念，是想送礼换取好处，或者是支付保险费。但对钱的重视，至少可以推动中国人成为柯兹纳意义上的"套利企业家"，也

---

[①] 中外名人传记百部：《李约瑟传》，北京圣碟科贸有限公司制作。

可以推动一些人成为熊彼特意义上的"创新企业家"。

熊彼特意义上的新组合来自于哪里呢？上述鲁班、墨家、医家和道家的创新活动就导致新组合的产生。一些偶然的发现也可能导致新组合。道家或方士搞炼金术、炼丹术。火药和活字印刷的发明都与道家有关。指南针的发明就与道家有关。据东汉王充《论衡·是应篇》中记载："司南之杓，投之余地，其柢指南。"这是关于汉代发明最早的勺形指南针的有关记载。这里的"司南之杓"，就是用天然磁石做成的勺子，其底面光滑，将勺子放在地盘上，轻轻颤动，待其静止时，其会自然指向南北极向。在指南针的发明过程中，最为重要的莫过于人造磁针的出现。"磁针"，或称"磁石""针"。磁石是方士炼丹所常用的物品之一，他们在长期的炼丹实践过程中对磁石的作用和性能较为熟悉，偶然发现这种有着定向功能的东西。磁石的应用对于方士或风水先生实践阴阳五行"感应说"和洞阴鉴阳非常重要。

有些发明属于灵机一动，纯属偶然，但与警觉有关，将这种发明变成一种仪器设备或产品，那就体现为企业家活动和企业家精神。宋代毕昇初为印刷铺工人，专事手工印刷，在印刷实践中，深知雕版印刷的艰难，认真总结前人的经验，其后发明活字印刷术。这种发明应该是灵机一动和警觉的结果。

还有就是现世生活的压力和对更好现世生活的追求，都跟可能形成的企业家精神有关系。比如，温州部分地方在计划经济时代，就曾悄悄实施过土地包干制，就是出于现世生活的压力。道教通过炼丹来延年益寿，甚至追求长生不老，这属于对更好现世生活的追求。对更好现世生活的追求，部分与大传统有关。孔子著述《春秋》，其春秋笔法的特点之一就是"敬鬼神而远之"，开辟了新的写史传统，也会影响国人转向重视更多现世生活的世界观。

还有地理气候环境，比如说北方冰天雪地里，一年有好多天都干不了活，只能在家里，较难发挥多少企业家精神。南方气候暖和，经济活动就多。《史记》里面写了各个地方分别有什么样的经济形态和习俗。

不同地方有着不同的地方商业文化。其形成与当地的自然地理和历史人文因素有关。这些地方商业文化出现之后，又会影响本地经济的进一步发展。

吴文化从苏南一直延伸到钱塘江交界的地方，钱塘江以南则是越，北是吴。苏南都是吴。吴文化有四个特点：勤劳、精巧、阴柔、讲秩序。苏州这一带，是长江大金三角里面的小金三角，全国最富的地方，这个地方帝国控制比较重，税收比较重，形成的习惯就是讲秩序，得听话。政府抽取的税尽管比别的地方重，但是产出也高，所以税收上贡多一点，但是生活得还是很好。这里面包含了讲秩序、顺从。如果真是要做什么事情，政府安排下去，当地人就做得很按部就班，井井有条。

钱江以南的越文化特点是自主、竞争、冒险、功利。总的看来，秦汉以前，绍兴一带称于越，温州一带叫瓯越，福建叫闽越，岭南一带叫南越。这说明越指的是"过"，过了皇权的控制范围，天高皇帝远。

粤文化的特点是：多元、兼容、开放、自主。秦汉之后，岭南有"百越"，是指那里叫"越"的民族散落很多。靠近海洋，是个华夏与南方少数民族相互融合的地方。百姓跟海外做生意，需要发挥开放、冒险的精神。历史上，岭南离开中华帝国的权力中心最远。与此相应，百姓的自主性强、有平等观，是一个反特权的天然地方。

越是往南，百姓对于皇权专制文化的认可度越低。此外，当代广东与香港接壤，成为全国最开放的地方。

温州一带的瓯越文化也属于越文化。温州地处东海之滨，古代称为"瓯越"。辖内多山，人多地少，自然资源稀缺。很早以前，温州人需要靠海为生。为了生存，温州人需要出外经商以获得生存空间。为了减少交易成本，防范各种风险，温州人需要依赖自身的社会网络，温州人带温州人，温州人帮温州人。海洋生活赋予了温州人独特的性格：不依不赖、勇于竞争、敢于冒险、追求功利。"天高皇帝远"，温州人形成了一种反抗皇权专制的文化传统。"瓯越文化"也是一种海洋文化。这种海洋文化与当地的资源禀赋和自然条件有关。它是一种重商文化，对当地持续的经济发展大有好处。

相比之下，上述越文化和粤文化更容易激发企业家精神。对于中国市场经济的发展来说，吴越粤文化融合起来是最好的，浙江和广东的自主精神和冒险精神强，可以调配入多一些的秩序精神（比如在集资方面）；吴文化里面可以增加一点点自主性、创新和冒险精神，不是像以前那样就讲秩序；越文化和吴文化可以都更多融入粤文化的开放多元因素。这三种文化融合在一起，在中国将形成最好的文化。当然，文化融合是不太容易的，可能也是没必要的。即便这种融合最适合于市场经济的发育，但是文化多样性本身就有其自身的不可替代的价值。

一些地方商业文化与产业的发展是人口流动与引入外部信息、技术、制度或者文化因素的结果。比如，河南兰考县目前被誉为"中国民族乐器之乡"，当地的堌阳镇徐杨村成为"民族乐器村"。20世纪80年代，上海民族乐器厂琵琶制作大师韩富生来到兰考，做客堌阳农家，发现当地风箱的原材料泡桐是制作民族乐器的绝佳材料。韩大师在徐场村找到了从事桐木板材加工的代士永，希望他能够为乐器厂提供泡桐木板。代士永当然一口答应，因为师傅给的板材价格很好，几乎赶上做风箱的价格。很快，有心的代士永发现，给上海乐器厂供应泡桐木板，一方只给几百块钱，而厂里用小小一片泡桐木做音板，做出的古琴就卖3000多元，而一方木头，就能做几百个古琴音板。代士永于是想方设法请了一位上海师傅到兰考做古琴，带动了本村的古琴制作业的发展。随着产品知名度的提高，乐器的销路也越来越好，徐场村一些常年在外的务工人员也纷纷回到村里，返乡创业，产品包括古筝、琵琶、古琴等，形成了原材料加工、产品及配件制作、包装为一体的产业链。乐器产品不但销往全国各地，而且还出口新加坡、马来西亚、美国、英国等国家和地区。

中国改革开放最大的成就之一就是形成了一个企业家阶层。著名经济学家张维迎区分"套利企业家"和"创新企业家"。前者通过利用市场上的套利机会来实现盈利，后者追求通过推动创新来实现盈利。最初，我国更多的企业家属于"套利企业家"，而非"创新企业家"。我国的经济增长有赖于发挥这两类企业家的才能和精神。企业家利用市场环境和企业这种经济组织，可以有意识地发挥其警觉和判断能力，推动创新和套利。最著名的例子应该是任正非和马云。这些企业家的企业运作，不仅受到中国传统文化的影响，而且也受到西方商业文化和企业经营实践的影响。

　　我国改革开放以来的 40 多年里，中国企业家的发展大致来讲，经历了如下四大浪潮。

　　第一个浪潮是 20 世纪 80 年代农民企业家队伍的兴起。1978 年 11 月 24 日晚上，在安徽凤阳县小岗生产队的一间破茅草屋里，18 个农民通过一纸契约，打响了中国农村改革的"第一枪"，该契约就是后来闻名的大包干契约，被存于中国革命博物馆。该契约约定的包产到户制度诱发了乡镇企业这一组织形态的崛起。乡镇企业是 80 年代中国经济增长的主要推动力，乡镇企业的倡导者或是领头人就是聚集在农村中的那些能人，他们可能是村党支部书记，也可能是刚从劳改场放出来的"投机倒把分子"。无一例外，他们都是些具有企业家精神的人物，比普通人更富有商业智慧，更善于抓住机会，把握市场走向，同时具有冒险精神，能够吃苦耐劳。这些人在计划体制下不做他们最应该做的事情，现在可以了，由此推动了中国经济的发展。这一时期既有华西村代表的乡村基层政权及其集体企业组织，也有鲁冠球代表的工厂式自主创业型企业。

　　第二个浪潮发生在 20 世纪 90 年代，就是知识分子和党政干部的"下海"潮。原来在政府部门和事业单位工作的精英分子纷纷离开原来的工作单位，转向经营办企业。现在中国商界许多叱咤风云的企业家就是这批人。邓小平 1984 年和 1992 年的南方谈话给了人们经商办企业的自由，"下海"成了这批人的最佳选择。诸如王石、张瑞敏、柳传志等是 84 年下海者的代表，陈东升、田源、郭凡生、冯仑、潘石屹等是"92派"的代表。可以说，90年代的经济高速发展在很大程度上是由这些人推动的。

第三次浪潮发生在世纪之交，也就是留学归国人员和有技术背景的人主导的创业潮。诸如李彦宏创办的百度、马云创办的阿里巴巴、马化腾创办的腾讯、王志东创办的新浪、丁磊创办的网易、李国庆和俞渝联手创办的当当、陈天桥创办的盛大、刘强东创办的京东等这些互联网和高科技公司都是这个时候出现的。

第四次浪潮是在2010年之后，是"80后"和"90后"年轻一代的创业潮。这一代企业家创造了网约车、网络游戏、在线教育、外卖、短视频、网络支付、人工智能等多个新兴行业。代表性人物包括有今日头条的张一鸣、拼多多的黄峥、美团的王兴、滴滴打车的程维等。

现在的中国企业家队伍大致就是这四次创业浪潮中涌现出来的。现在这四代企业家正在逐步融合，从金融到制造业，从线下到线上，形成了中国经济增长的创新源泉。这是企业家资源配置的历史性变化给我们带来的影响。

资料来源：张维迎：《重新理解企业家精神》，2022年，海南：海南出版社，第338—339页。

## 四、结语

正如柯兹纳所言，企业家是市场过程的驱动力量。沙克尔和拉赫曼把市场视为一个"万花筒般的世界"。我国的经济发展，需要更多的人成为"创新企业家"和"套利企业家"。企业家就是化生市场这一"万花筒般的世界"的驱动力量。要实现国富民强，就需要尊重企业家，保护企业家，为企业家精神的发挥创造条件、保驾护航。

# 第三部分

# 数字时代的经济、货币与金融

# 第 8 章　诚实货币的逻辑

在很多人眼里，货币就是财富。希望自己拥有的货币或金钱越多越好。但是，货币作为人们普遍接受使用的一般交换媒介，属于特殊财富或者特殊财货，不同于一般财富或者一般财货。货币只有能保持其购买力，才能发挥其作为一般交换媒介的功能和其他功能，保持其财富价值，才能成其为财富。商品货币，包括贵金属货币、商品储备货币、古代中国的贝币等等，还有其除去货币功能之外的一般财货价值。至于现代中央银行发行的不承诺兑现为其他财货的纸币，则在除去其货币功能之后就是一张废纸。

如果一个国家可支配的货币数量增长很快，人们可以支配和利用的财货数量跟不上，货币就会贬值，也就是其购买力下降。这也是货币作为特殊财货的一个特殊性。西班牙在大航海时代曾经因为大量输入美洲金银，导致国内一度发生恶性通货膨胀。中国明末也因大量的海外白银涌入，导致通货膨胀。

相对于作为法币的纸币，贵金属货币，如金银铸币，属于商品货币，既是贵金属商品又是货币，更容易保持其财富价值。在法币时代，纸币发行量增长速度往往高于经济增长速度，其结果是 1 单位货币所代表的购买力日趋下降。比如，2008 年 11 月，津巴布韦的同比月度通胀率已接近骇人听闻的百分之八百亿。2009 年初，津巴布韦央行甚至发行了面值 100 万亿的纸币，这成了迄今为止世界上最大面值的纸币。据说那时的 100 亿津巴布韦元连 1 美元都兑换不到。我们再看看充当世界货币的美元的情形。美国总统尼克松在 1971 年宣布美元与黄金脱钩，全球一夜之间跟着美元进入纸本位时代。脱钩前美国政府承诺每 35 美元兑换一盎司黄金，世界各国货币再跟美元挂钩（即金汇兑本位制）。到 2024 年 3 月 7 日，2161.53 美元才能兑换 1 盎司黄金。

上面的阐述，让我们看到，货币可以分为诚实货币和不诚实货币。诚实货币或稳健货币是一种货币形式，它在最坏的情况下，仍然倾向于保持其价值。也就是说，一单位诚实货币单位会倾向于年复一年地用来购买相同数量的东西。不诚实货币如现代中央银行法币，其发行基于政府信用，其发行机制决定了其会出现不断贬值的命运。有必要从货币的起源出发展开讨论什么才是诚实货币，什么是不诚实货币。

## 一、货币制度是历史发展的非意图的结果

奥地利学派创始人门格尔认为，大量的社会制度并不是刻意建立它们的那种意图的产物。它们不是由社会成员协议设立或明确立法的结果。它们毋宁说也是"自然"产品，是历史发展的非意图的结果。这些社会制度包括货币、法律、语言、市场、社区和国家。门格尔指出，货币这种制度极大地增进了民众的福利，但在很多国家，迄今为止，它最早却从来不是根据某种创建该货币制度的协定而出现的，也不是明确立法的产物。也就是说，货币制度的最早出现，不是人为设计的结果，而是"历史发展的非意图的结果"，更确

切地说，是很多人的行动的非意图的结果。因此，最早的货币制度是哈耶克所指的自生自发秩序，即"人的行动但非人为设计的产物"。这里门格尔讲到的"自然"产品，实际上是哈耶克所指的自生自发秩序。最早的货币制度作为自生自发秩序，不是说与人的行动无关，而是恰恰与很多人的非意图的行为有关，但这种自发秩序是"理性不及"的（nonrational），它是一个人的理性所不及的，即不是由某个人的理性设计的，也不是某个人通过可以确立具体目标和配置具体手段来有意建立的。这里，正如邓正来老师所言，自发秩序不仅不同于理性（rational），也不同于非理性（irrational）。

有人会说，很多国家的货币是由政府立法或者宣布产生的，比如新中国的货币就是如此。他们因此否认最初的货币制度是自生自发秩序。实际上，早在国家出现之前就存在社会，那时的社会就出现了货币。也有人说，一些货币是最初某位国王为筹集战争经费而对大臣贵族交付的借条，属于债务凭证，其结论也是人的设计的产物而非自生自发秩序。但是，带文字或数字符号的借条出现的时间应该较晚，远远晚于最初交换发生的时候。在借条之前，必然已经存在某种较为一般的交换媒介，作为借条所借数量大小的某种衡量尺度。而正如米塞斯所言，货币的唯一最基本职能恰恰是充当一般交换媒介。其他货币职能恰恰是派生自这一唯一最基本的职能。据说，现代考古发现，能够找到的有文字凭证的最早货币是作为国王的借条出现的，但这并不能推翻在出现国王借条之前即存在货币作为一般交换媒介的合理推论。而且，正如黄春兴教授曾经说过，古时候记录交换的成本较高，简单的交换一般不做记录。这可能是为什么早期货币缺乏文字记录的一大原因。太平洋雅浦岛上流行石币，从远处岛屿开采、凿制和搬运而来，体型巨大，当中穿孔，只用作

货币。但是，那里的先人，起用石币之前，心中已经有了作为一般
交换媒介的货币概念，已经接触过类似于一般交换媒介的货币的
东西。

国内学界一般习惯于讲货币是一般等价物（general
equivalent），这是有问题的。一般等价物的概念含有一层意思，那
就是视货币为价值尺度。但是，米塞斯认为，经济中发生不断的变
化，货币也在不断变化，人对经济财货和货币的主观价值评估也在
不断变化。货币的使用价值（通过直接作为一般用品使用所带来的
价值）和交换价值（通过用于交换所带来的价值）都是个人化的，
服从于个人的主观价值评估，而货币的"客观交换价值"，也就是货
币与一般财货交换时形成的实际比价，也是不断变动的。因此，货
币的价值是不稳定的，难以充当价值尺度。言外之意，货币也难以
充当一般等价物。更进一步而言，即便按照某一货币价格达成交易，
买方和卖方都觉得自己的所得大于自己的所付，这也是交易达成的
必要条件。这说明，直接交换或者借助货币的间接交换的发生，是
因为买方和卖方对其所得与所失均有不等价的主观评估，都认为自
己是赚的，所得大于所失，之所以接受一个交换价格，则是因为这
个交换价格落在买者和卖者主观评估后分别各自可接受的价格区间
的交叠部分。

## 二、最早的商品货币是诚实货币

如果细究，最早充当一般交换媒介的货币一般是特殊的商品货
币（即本身就是流通中的商品），尤其是贵金属货币，它们可以在交
换中按其精准衡量的数量拥有直接交换和间接交换的能力，甚至具

有使用价值。比如，黄金或者白银，既可以成为商品货币而发挥其交换价值，也可以打制成首饰而具有使用价值。黄金和白银容易细分，也容易携带，这也增加了其充当一般交换媒介的能力。其他种类的商品，比如羊，最初也充当交换媒介，但不是一般交换媒介，其充当一般交换媒介的能力不如贵金属货币。

最早产生的货币，属于本身就融入到商品流的商品（commodity）、财货（good）或者亚当·斯密所言的"资材"（stock），比如牲畜、盐、稀有的贝壳、珍稀鸟类羽毛、宝石、沙金、特殊石头。中国境内发现的最早货币是贝壳。最早的货币不是从外部"钻入"经济的，也不是由某人理性设计的，而是本来就"钻在"经济里面，作为商品、财货或"资材"。由于直接交换存在很大的局限性，人们需要间接交换，就需要选择某种财货作为交换媒介，交换媒介越是一般化、随处接受，人们从扩大对它的使用中受益越大，这又反过来促进这一财货成为一般交换媒介。这种效应就叫"网络效应"。斯密在《国富论》里指出交换的本质是用商品交换商品，间接交换也是一样，货币也是作为一种特殊商品而充当一般交换媒介。交换的本质属于用商品交换商品这一洞见，为古典经济学家所接受，也至关重要。这一结论到目前仍然雷打不动。现代的钞票作为法币进入流通，貌似仍然属于"商品交换商品"范畴，但事实上不是。纸币不符合古典经济学家在这里所指的"商品"。纸币是"法定支付工具"，印制着法定发行机构和特定面值，但不承诺兑回一定数量的贵金属或者其他一般商品。欧美现代中央银行发行纸币有着严重的问题：一是一般对货币发行权实行行政垄断；二是不承诺可兑回一定数量的贵金属或者其他一般商品；三是其内在机制就是持续贬值，欧美国家中央银行的货币发行多多少少以盯住某个通胀率为目标，即面向维护某种"价格水平"（随着时间往上提升），其结果就是通货膨胀内在于政策运作；四是其他机制则进一步助长贬值，体现治理失灵。中央银行发行纸币，一般通过买进商业银行等机构持有的债券，其中主要是后者购入的、财政部发行的国债。由于缺乏财政债务规则约束和货币规则约束，国债发行规模愈来愈大，银行部门购入国债愈来愈多，中央银行通过购入银行等机构持有的国债发行的纸币也越来越多。其结果与直接从财政部购入国债差不多，银行部门只是起到背书和中介作用。整个运作事实上体现治理失灵。

过去的商品货币本身就融入和钻在商品流里面，本着体现了诚信原则，在作为一般商品的同时，还承担作为特殊商品的货币角色。这种商品货币符合自然正义要求。斯密支持由商业银行发行货币，也就是支持自由银行业。斯密当时所在的英格兰和苏格兰存在众多的私人商业银行。这些银行都有自己的金银铸币。它们以这些金银铸币为基础发行期票。这些期票就是钞票。这些商业银行的动力不是发行越来越多的钞票，而是把它控制在一定的范围内。原则上最让人放心的方式是有多少铸币，就发行多少钞票。实际钞票的发行量一般为已经发行金银铸币金额的数倍，银行要准备随时应付兑回铸币的要求，会主动回收部分流通中的钞票，否则很多持有钞票者会找上门来，要求用钞票换回金银铸币，造成挤兑和倒闭。这就形成了一个非常自然的货币稳定机制。这些纸币以金银铸币为准备，作为诚实货币、代表这些金银铸币"钻入"经济，进入流通。

## 三、现代中央银行法币属于"不诚实货币"

欧美国家现代中央银行的纸币属于不承诺兑换一定数量重金属、其他货币或资产的体制，其操作也是"不诚实货币"操作，也属于不义操作：中央银行发行法定纸币，换取财政部发行的国库券，然后合力对经济注水，货币扩张和财政扩张政策搞得越多，政府负债水平越高，货币膨胀越严重（这里指通货和广义货币的数量扩展），货币贬值就越严重。欧美国家现代中央银行的法定纸币作为不诚实货币被推入、"钻入"了经济体系。对它的运作的要求是反行政垄断，反欺诈。法定纸币一出台，就需要发行者承诺可兑换某一数量的其他货币或者商品，并提供相应的准备。哈耶克专门讨论过大宗商品准备货币，是指以一篮子多种大宗商品作为准备而发行的货币，也是诚实货币。中央银行或者私人商业银行原则上都可以发行大宗商品准备货币。在这种体制下，斯密时代的自然币值稳定机制仍然发挥作用。

上述对诚实货币的逻辑的分析，并不排斥比特币之类的私人加密数字货币进入流通。私人加密数字货币实际上也是作为商品出现于经济领域，采取"创新产品"的形式。私人加密数字货币"钻入"经济之中，是一些消费者用别的商品或者货币来换取而进入的，它已经"钻入"，其价值不能由这些最初换取它的消费者的出价决定，而取决于所有市场主体对它的使用价值和交换价值的主观判断。一些私人加密数字货币中的良币，其发行和流通符合诚实货币的逻辑，也遵守了休谟正义三原则：持有的稳定，基于同意的让渡，以及信守承诺，比如比特币和以太币就是如此。USDT 是一种稳定币和代币，也是如此，它基于足额的美元准备发行，1USDT 等于 1 美元，发行者提供 1 美元的货币准备。只要私人加密数字货币以诚实商品的形式存在，发挥诚实货币的作用，市场供求双方会自行决定这些数字货币的价值。当然，现阶段它们作为交换媒介的一般性程度还有限，未来随着认可程度、规范程度提升，扩大其作为交换媒介的一般性程度应该问题不大。关键在于其发行和流通环节不存在欺诈行为，比如，不存在虚假宣传发行数量或者发行机制会导致其失去诚实商品和诚实货币的性质。某些数字货币属于劣币，比如，其发行量过大，实际流通量则不大，一大部分数量实际控制在发行者手里，发行者虚假夸大流通交易量，实际上主要通过内部对倒的方式放大累计发行量，虚高交易价格，这种发行和流通机制不合理、不透明、受操控，用户最终不看好，这种数字货币最终很有可能跌得一钱不值。

总之，诚实的货币需要作为商品货币发挥作用（即本身就是商品），或者基于足额准备发行，或者要求发行者承诺可兑回一定数量的其他货币或者商品，或者遵循休谟正义三原则通过公平交换引入流通领域并维持流通（如私人加密数字货币）。脱离这些要求，货币就是不诚实货币，其发行就容易成为不义之举。

# 第9章　数字经济有些什么内涵、特点与作用？[①]

数字经济时代是最富有想象力的财富创造时代。数字化技术渗透到人类生活的方方面面。比如，新品电动汽车、新型汽车电池层出不穷，令人眼花缭乱。数字化赋能使得人类在创造财富方面如虎添翼。相较于这些物质财富，人类创造数字化虚拟财富的数量增加和速度尤为惊艳。比如，抖音平台、淘宝平台、网红带货平台、比特币、品牌数字人等等，都是虚拟财富。因此，关注和研究数字经济有着重大现实意义。

目前，中美两国同为数字经济的引领国家。我国的阿里巴巴、腾讯和蚂蚁集团，均属于引领全球数字经济发展的平台企业。经济的数字化势不可挡，是未来经济增长的重要驱动力。近年来，中央高度重视数字经济的发展，作出了加速推动发展数字经济的重大决策，就实施国家大数据战略、构建以数据为关键要素的数字经济、加快建设数字中国等工作作出了重大战略部署。这必然有助于进一步巩固和提升我国在数字经济领域的引领地位。

值得注意的是，数字经济不限于上述平台企业的平台经济或者我们平常所说的数字与信息技术（ICT）产业。可以说，数字经济无

---

[①] 本章作者为冯兴元和陈亚坤。

孔不入。而且，数字经济的规模巨大。根据工信部发布的信息，我国数字经济规模从 2015 年的 18.6 万亿元增长到 2019 年的 35.8 万亿元，占 GDP 的比重从 27% 上升到 36.2%。其中，网上零售额从 2015 年的 3.88 万亿元增长到 2020 年的 11.76 万亿元；产业数字化增加值规模从 2015 年的 13.8 万亿元增长到 2019 年的 28.8 万亿元。

但是，有关数字经济的内涵、特点与作用，存在着一些理解上的偏差，有必要加以澄清。

## 一、数字经济的内涵

迄今为止，有关数字经济的定义，国际上还没有一个统一的说法。根据 2016 年 G20 杭州峰会发布的《二十国集团数字经济发展与合作倡议》，"数字经济"是指以使用数字化的知识和信息作为关键生产要素、以现代信息网络作为重要载体、以信息通信技术的有效使用作为效率提升和经济结构优化的重要推动力的一系列经济活动。而且，数字经济的作用本身不仅仅限于经济领域，还涉及通过社会和政府领域的数字化改变社会生活和政府治理。因此，要把握什么是数字经济，更重要的是看数字经济的内涵。总体上看，数字经济由以下四个有所叠加的部分组成：

一是数字经济的硬核部分：[1] 包括基础性创新产品（如半导体和处理器），核心技术与设备（如计算机和电信设备）和支持性数字基础设施（如互联网和电信网络）。这种支持性数字基础设施在我国称

---

[1] UNCTAD: Digital Economy Report 2019. Vaule Creation and Capture: Implications for Developing Countries, Genera: United Nations, 2019.

为"新型基础设施"，"新型基础设施建设"被称为"新基建"。比如，华为的 5G 基站和马斯克推出的星链就是重要的"新基建"内容。

二是数字与信息技术（ICT）产业：整个数字经济依赖核心数字和信息技术的关键产品或服务，包括数字信息产品服务、数字平台服务、移动应用和支付服务等等，还包括辅助性的数字产品与服务，比如网络安全保护服务。

三是经济（包括金融）中其他部门的数字化部分，涉及经济中上述数字经济硬核部分和 ICT 产业之外的数字化部分，尤其包括电子商务和互联网金融。互联网金融也称"金融科技"，其高级阶段为"智能金融"。

四是社会生活和政府治理的数字化部分。这里，政府治理的数字化部分也称电子政务甚至数字政务。其高级阶段则为"智能政务"。目前我国推行的社会信用评级体系就是电子政务的组成部分。2018 年政府禁止居民购买飞机和火车票 2300 万人次，其原因就是这些居民的社会信用评级得分过低。

实际上，无论是在经济、社会领域，还是在政治领域，只要涉及数字化，必然涉及数字经济。从经济学角度看，数字经济不能只从有关投入的费用或成本来看，更需要从其直接和间接的、狭义和广义的收益来看。

## 二、数字经济的特点

数字经济有着多种特点。这里需要区分数字经济的基本特点和派生特点。数字经济的基本特点包括：

一是数字性和虚拟性。数字经济的基础是数字技术，以数字化的知识和信息作为关键生产要素，以现代信息网络为依托，具有数字性和虚拟性。数字经济以数字技术作为其经济活动的标志和驱动力，完全不同于传统经济产业，对传统经济产业容易形成降维打击。比如，最近我国政府严格限制许多互联网平台企业竞逐社区团购市场，其背景就是社区团购对传统的线下社区零售业造成巨大的冲击。数字技术渗透到生产、分配、交换和消费等社会再生产全部环节，数字技术的发展不仅促使传统产业改造升级，也不断催生出新的产业发展模式、新型产品和技术。实际上，社区团购也属于对传统社区零售业的升级改造。

二是高渗透性和融合性。迅速发展的网络技术、数字技术和信息技术，具有极高的渗透性功能，使得信息服务业迅速地扩散到整个第三产业领域，并向其他两大产业穿透和扩张，使三大产业之间的界限模糊，推动"三产"融合，构建新的经济发展形态，从而也体现数字经济的高融合性。

三是瞬时性和准实时性。数字经济突破了时间的约束，使人们的信息传输、经济往来可以在更小的时间跨度上进行，可以实现瞬时性和准实时性。数字经济是一种速度型经济。现代信息网络可用光速传输信息，数字经济以接近于实时的速度收集、处理和应用信息，节奏大大加快。但是，仍然存在极短的时间差，这是因为信息高速公路往往以数据打包的形式传送信息，事实上存在时差。这也为人工智能化的、基于编程的证券市场高频交易创造了条件。

四是全球性和无边界性。由于互联网存在全球性和无边界性，数字经济也体现为这两种特性。目前，信息技术已经成为推动全球产业变革的核心力量，并且不断集聚创新资源与新的生产模式、商业模式不断融合，快速推动农业、工业和服务业的转型升级。在经济全球化的背景下，一方面世界各国信息技术竞争日益激烈，另一方面，全球技术交流也日益紧密，在"竞合"的观念下，全球化特征日益凸显。

五是直接性与分享性。由于网络的发展，经济组织结构趋向扁平化，处于网络端点的生产者与消费者可直接联系，而降低了传统的中间商层次存在的必要性，这就体现了数字经济的直接性。而且，数字经济往往还具有分享经济或者共享经济的特性。在分享经济中，用户作为使用权人的作用较为凸显，所有权人的作用虽然重要，但是并不凸显，用户参与定制或生产过程。比如，滴滴出行 APP 就是如此。这里，滴滴叫车网络的投资人为网络所有人，部分出租车为投资人所有，部分为司机或者其公司所有。司机和乘客均为用户，两者均参与定制或生产。

六是网络外部性和自我膨胀性。网络外部性也称网络效应。它是指当网络的用户越多，用户从中获益越大。比如，所有人都用微软的视窗系统和 Office 办公系统，相互之间交换文件和传递信息就越方便。微软也更有兴趣增加投入，持续改进其系统和应用软件。社会信用体系也一样，我国在 2020 年内将初步建成社会信用体系。纳入其中的社会成员数量越大，覆盖面越全，该体系对于每个人的功用也越大。梅特卡夫法则体现了网络效应。根据该法则，数字经济的价值等于网络节点数的平方，这说明网络产生和带来的效益将随着网络用户的增加而呈指数形式增长。在数字经济中，由于人们的心理反应和行为惯性，在一定条件下，优势一旦出现并达到一定程度，就会导致不断加剧而自行强化、自我膨胀，出现"强者更强，弱者更弱"的"赢家通吃"的局面。

七是零边际成本性和边际收益递增。零边际成本性是指在投入一定资源之后，数字经济新增加一个单位的产出，其新增成本往往是零。这意味着实现零边际成本。数字经济还存在边际收益递增的特点。边际收益递增指的是最后一个单位产品的生产造成总收益的增加量是递增的。数字经济之所以存在边际收益递增的特点，是因为数字经济存在与网络外部性有关的累积增值性。比如，微信公众号的粉丝数量达到一个门槛值之后，转发量会放大，获得的点评、点赞和打赏也会容易超比例增加，而且开始获得广告收益。

　　八是提升了分散知识的利用能力。根据诺贝尔经济学奖得主哈耶克的观点，所谓分散知识是指散布在无数个体当中的、涉及特定时空的特定情势的知识。数字经济借助数字技术大大提升了这些分散知识的利用能力。比如，大数据技术，作为自金融的众筹，还有股市的高频交易模型，都大大提升了不同场景下分散知识的利用能力。

　　九是总体层面的涌现性。数字经济在沉淀了海量数据和维持海量流量之后，可以涌现出一些在只存在单个数据或者少数数据情况下不会涌现的一些现象和特征。比如，抖音平台用户量增加到一定的规模后，就形成了各种各样复杂的生态，出现各种各样的娱乐、交友和交易机会（如垂直营销机会）。另外，大数据就是沉淀了多种海量数据之后根据相应的模型提炼而得，这种提炼也是一种涌现出来的特性，属于对这种特性的数据抓取。

　　上述这些基本特点也决定了数字经济会有诸多派生特点：

　　一是经济性和效率性。数字技术通过降低信息获取成本，使经济社会发展中的交易成本大大降低，在投入一定资源之后，数字经济新增加一个单位的产出，其边际成本往往是零。经济活动更少受到时间和空间因素制约，在一定技术约束下更能实现资源配置的优化，即实现配置效率；从跨期视角看，数字技术促进技术创新、技术扩散、产品开发和价值创造快速迭代，从而实现经济发展的动态效率。

二是普惠性。与传统经济相比，数字技术使经济增长、就业和公共服务水平大幅提高，平台成为数字经济惠及所有政府、媒体、社会组织、企业及个人用户的重要方式，无论是公共部门还是私人部门，均从互惠型的发展模式中受益。

三是可持续性。数字经济在很大程度上能有效杜绝传统工业生产对有形资源和能源的过度消耗，造成环境污染、生态恶化等危害，可实现社会经济的可持续发展。比特币需要通过网上"挖矿"产生，要求开动"挖矿机"而耗费大量的能源，造成大量的能耗和废气废水排放。但是，如果采取其他的底层区块链架构和共识机制设计，则可以避免大量耗能和高排放。目前的数字货币和区块链项目设计，一般避免走比特币这种高耗能"挖矿"方式。

四是颠覆性。在全球范围内，数字化转型正在加速进行。转型过程不断对人类生活、经济、社会和政府部门造成冲击、不时颠覆消费、生产经营、金融服务、社会组织行为、传媒运作和政府治理。比如，计算机、互联网、机器人、智能手机（及其多点接触技术）、物联网、3D打印等等的出现，均对相关领域产生了或多或少颠覆性的影响。

## 三、数字经济的作用

数字经济的作用很多，主要包括：

第一，数字经济推动更为平衡的发展。随着数字经济的进一步发展，空间区域局限被进一步打破，越来越多的城市乘着数字经济的东风，获得更多的发展机遇。数字经济的发展推动我国经济布局更加均衡，发展可持续性增强。比如，许多贫困地区的农户通过开设淘宝店或者通过淘宝店出货，实现了脱贫致富。

第二，数字经济促进更高质量的就业。数字经济的蓬勃发展催生了大量的新业态、新职业，第三产业的就业比例持续上升。数字经济产业越来越多地吸纳就业人口，就业方式更加多样，就业更加便捷，在很大程度上促进了高质量的就业。

第三，数字经济拉动消费内需增长。作为数字经济的重要组成部分，电子商务保持蓬勃发展。根据国家统计局数据，2020 年全国网上零售额达 11.76 万亿元，同比增长 10.9%。

第四，数字经济促进供给侧结构性改革。大力发展数字经济是推动我国区域经济结构优化升级、经济发展方式转型、新旧动能转换的重要内容和必然趋势。

第五，数字经济推动农村三大产业融合发展，提升"三农"发展的质量和效益。数字经济下的资本、人才、技术、信息等要素顺畅流动，有助于加快促进农村三大产业融合发展，更好地整合资源要素，加快农业转型升级，构建完备的现代农业产业体系、生产体系、经营体系。

第六，数字经济创新普惠金融的路径。数字技术的应用促使市场交易成本大大降低，数字普惠金融能够有效降低金融服务的门槛和交易成本，减少物理网点和营业时间的限制，有助于推动解决金融服务"最后一公里"和"最后一步路"的问题，最终实现提高农民和小微企业的收入、减缓贫困的作用，这与我国"支农支小"、精准扶贫、数字扶贫的目的相一致。

第七，中央银行发行或认可数字货币以及区块链项目的加速开发和应用，将推动经济业态的推陈出新，提升经济运作的效率。数字货币和区块链技术是代表未来数字经济、数字金融、数字支付和数字信用发展方向的核心底层技术，其开发利用既为数字经济的需求所拉动，也带动数字经济的进一步发展，推动新业态的出现，提升经济运作的效率。

第八，数字化有效促进产品研发和质量提升。数字经济中数字化技术的应用可以有效促进传统制造业的转型和升级，推动产品研发与生产流程的转变，助力打造数字化的供应链，保障产品安全可追溯，保障和提升产品的质量。

当然，以上仅仅涉及数字经济的积极作用。数字经济也可能带来一些消极的作用。比如，"赢家通吃"可能导致单一赢家即垄断者滥用市场支配地位，损害消费者权益。正因为如此，维护市场的自由准入与退出和反对滥用市场支配地位非常重要。

# 第 10 章　硅谷何以成为全球科技创新中心？[①]

目前，我国政府特别强调发展"新质生产力"，其要旨在于充分发挥政府授能作用，健全市场体制，培育创新企业家，推动技术创新，尤其是颠覆性、前沿性技术创新，以此推动产业创新，催生新产业、新模式、新动能。发展新质生产力的目的则在于借助新质生产力大大增进财富创造和经济发展，促进共同富裕。

硅谷作为全球科技创新中心，在发展新质生产力方面属于一大标杆。硅谷在 30 多年来一直作为全球高新技术科技产业园区的标杆，是名副其实的全球科技创新中心。硅谷并不是世界最早出现的高科技产业园区，但却是目前最成功的。印度的班加罗尔、日本的筑波、英国的剑桥、我国台湾地区的新竹、大陆地区的中关村等高科技园区都以硅谷为标杆，虽然发展迅速，但是却难以达到硅谷全球创新中心的地位。探索硅谷成功的奥秘无疑有着重大的现实意义。

## 一、硅谷基本情况

硅谷从最初的仙童半导体公司（Fairchild Semiconductor）发

---

① 本章作者为冯兴元和李树然。

源，汇集了英特尔、思科、苹果、谷歌众多全球顶级高科技企业，也是像脸书（Facebook）这样的国际巨型社交网络公司所在地。

硅谷不是一个行政区，而是一个经济区。它位于加利福尼亚州北部，旧金山湾区南部，以斯坦福大学为中心的辐射区域。早期一般认为包含圣塔克拉拉县和圣马刁县、阿拉米达县和圣克鲁兹县的毗邻部分；但自 2009 年起，研究硅谷的权威期刊《硅谷指数》的统计就囊括了圣马刁县全县。目前，狭义的硅谷面积约 1854 平方米，人口约 290 万，工作岗位近 140 万个。

硅谷得名于唐·霍夫勒（Don Hoefler），他在 1971 年给《电子新闻》（Electronic News）写的系列文章里首先使用"硅谷"（Silicon Valley）一词，以表明这个地区聚集的电子工业蓬勃发展。尽管美国国内和世界其他高新技术区都在不断发展壮大，但硅谷目前仍然是高科技技术创新和发展的领跑者。

## 二、硅谷的创新和投资状况

硅谷的创新从专利情况就可以得到验证，2011 年，硅谷的专利登记数有 13520 个，占全美总数的 12.5%。硅谷 2011 年的登记专利中，主要涉及计算机、数据处理与信息储存、通讯、电子与加热/冷却、医疗卫生、化工、测量、测试和精密仪器、化学与有机材料、制造、装配和处理、建筑与建材等领域。其中，计算机、数据处理与信息储存技术占了专利登记数量的 39%，名列第一位。通讯技术和电子与加热/冷却技术的占比分别名列第二和第三位。

硅谷吸纳了高水平的天使投资和风险投资。根据《硅谷指数2013》报告，硅谷的天使投资在 2012 年全年预计具有 90% 的增长率。截至 2013 年 11 月底，硅谷约占全加州天使投资总额的三分之一。根据普华永道和国家风险投资协会发布的《金钱树报告》（MoneyTree Report），2012 年第四季度硅谷就吸引了全美近 40% 的风投资金，远超第二名新英格兰的 12.35%。其中，又有 38% 的风险投资投向软件行业。

## 三、硅谷不是人为设计的产物：与美国第 128 号公路地区的比较

目前的硅谷是技术多元化的经济，其计算机硬件和存储设备、生物制药、信息服务、多媒体、网络、商业服务等处于世界领先地位。随着经济全球化的进一步推进，硅谷已突破了自我驱动的发展模式，通过吸引全球资金和人才以及出口技术产品，形成了同全球经济高度互动的经济模式。

硅谷作为全球创新中心的形成归因于一系列的因素，它是历史过程中非意图的结果，而非人为设计的产物。国内外对硅谷的规范和实证研究都非常多，世界各国包括美国各地也都想再造一个硅谷。但是，正像美国著名的硅谷权威研究专家安纳利·萨克森宁（AnnaLee Saxenian）曾指出的，仅仅拥有硅谷的基本要素并不意味着就能创造出该地区具有的那种活力。事实证明，那种认为只要把科学园区、风险投资和几所大学拼凑在一起就能再建一个硅谷的观点是完全错误的。但是，如果想变成全球创新中心，不学习硅谷似乎也没有出路。

我们从萨克森宁有关对美国硅谷和第 128 号公路地区发展的比较研究可以看出哪些特点造就了硅谷。根据萨克森宁的分析，与硅

谷相对，位于美国波士顿（Boston）附近的 128 号公路（Route 128）曾是更为繁荣的科技园区，但在后来被硅谷所超越。128 公路曾经在 20 世纪 80 年代繁荣发展，以至带动产生了"马萨诸塞奇迹"（Massachusetts Miracle）。128 号公路的一度繁荣和当时政府的支持是分不开的，政府不仅大修高速公路等基础设施，还积极配合企业进行商业开发。时任州长迈克尔·杜卡基斯（Michael Dukakis）的经济政策强调政府的干预，采取直接对特定行业的特定公司予以财政和金融方面的支持"产业政策"（industrial policy）。

不论是世界其他地区还是美国国内，128 号公路与硅谷是最具有对比性的高科技产业园区：它们初期都是通过国防军工事业发展；它们附近都有 2 所世界名校以提供技术支持和人力资源，硅谷地区有斯坦福大学（Stanford University）和加州大学伯克利分校（University of California，Berkeley），128 号公路则有哈佛大学（Harvard University）和麻省理工学院（Massachusetts Institute of Technology）；它们都以半导体产业为主导产业，并在 20 世纪 80 年代后期转型为个人电脑产业。

然而，自 20 世纪 80 年代后期，128 号公路的经济开始迅速持续衰落，硅谷则迅速赶超。128 号公路的没落根源就出在其园区企业多为相对上下游一体化的企业，这些企业之间相互比较独立，而且公司内部等级森严，信息的流通都是从上而下的，使得 128 号公路成为一种基于独立公司基础上的工业系统。128 公路采取的是独立且自给自足（independent and self-sufficient）模式，而硅谷采取的则是去中心化合作（decentralized but cooperative）模式，正是硅谷模式带来的持续稳固的创新力（innovation）和企业家精神（entre-preneurship）使得硅谷目前仍旧居于世界创新中心的地位。

通过萨克森宁的分析可知，128号公路的没落和硅谷的兴起区别就在于知识传播的途径是否通畅，作为联结公司与公司、公司与大学、员工与员工之间的纽带，商会行业协会、产业技术联盟等各种经济类社会组织以及补充正规社会网络不足的非正式网络的存在体现出了重要作用。

萨克森宁指出，硅谷的独特优势在于其是一个区域网络基础上的工业系统。在硅谷，高密度的厂商嵌入于高密度的社会和技术网络属于硅谷的一大突出"区域优势"。劳动力市场的开放和社会网络与非正式网络的连接促使了技术知识的传播和企业家合作的出现。在区域网络的基础上，公司与公司之间、与社会组织之间、与大学之间才能出现互动，促进知识的传播。

萨克森宁认为，纽约附近的第128号公路和华尔街只愿意投资成熟的产业。位于该地带的麻省理工学院原则上也主要关注对成熟产业的科研。因此第128号公路发展出一种封闭的、不合作的以及基于相互独立而发展的区域经济。

硅谷能够后来居上，是立足于以网络为基础的工业体系，是为了不断适应市场和技术的迅速变化而加以组织的。在该体系中，企业的分散格局鼓励了企业通过技能、技术和资本的自发重组谋求多种技术发展机遇。硅谷的生产网络促进了集体学习技术的过程，减少了大公司和小公司之间的差别，以及产业部门之间的差别，由此形成巨大的产业集群和创新集群。

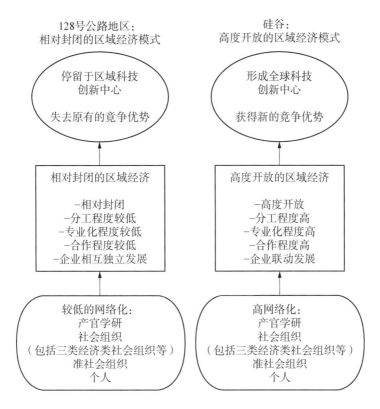

128号公路地区：
相对封闭的区域经济模式

硅谷：
高度开放的区域经济模式

停留于区域科技
创新中心

失去原有的竞争优势

形成全球科技
创新中心

获得新的竞争优势

相对封闭的区域经济

－相对封闭
－分工程度较低
－专业化程度较低
－合作程度较低
－企业相互独立发展

高度开放的区域经济

－高度开放
－分工程度高
－专业化程度高
－合作程度高
－企业联动发展

较低的网络化：
产官学研
社会组织
（包括三类经济类社会组织等）
准社会组织
个人

高网络化：
产官学研
社会组织
（包括三类经济类社会组织等）
准社会组织
个人

**图3　美国128公路地区与硅谷经济模式发展的比较**

资料来源：根据 Saxonian（1994）的研究分析制作。

## 四、硅谷的优势和劣势之所在

硅谷之所以成为全球创新中心，有其一系列的优势。

一是硅谷拥有巨大的高素质人才池，包括技术移民。硅谷的高素质人才密集度在全球最高，这些人才包括工程师、科学家、咨询专家、用户界面设计师和企业家（包括投资家），而且有大量的专业化猎头公司和招聘团队、会计和律师为创新者提供创新支持。在硅谷的创新者群体中，有相当一部分是来自外国的技术移民，其中以印度和中国的工程师和科技研究者居多。硅谷技术移民创建并经营的企业占美国硅谷全部高科技企业的 1/3 多。

二是硅谷拥有巨大的产学研集群和高端技术集群。自从"硅谷之父"特曼教授于 1951 年创建世界上第一个科技工业园斯坦福研究园，斯坦福大学为硅谷输送了大量的创新人才。惠普公司、苹果公司、太阳微系统公司、硅谷图形公司、雅虎公司等大量的硅谷公司均由其毕业生创建。硅谷是因特网的诞生地。因特网技术作为美国军方的研究成果，在民用化后无意中改变了整个世界的格局，推进了全球的信息化和网络化。

三是硅谷拥有庞大的面向创新的正规社会组织和非正规社会网络。硅谷存在众多的商会、行业协会、产业技术联盟，而且实行"一业多会"的多元竞争原则。其中外国移民（如华人和印度裔）组成的社会组织对于促进硅谷地区的科技创新发挥了重要的作用，硅谷的上述各种社会组织可以发挥重要的利益代表职能和作用，因此也被称作为"利益集团"或者"压力集团"。这与中国不同，中国的社会组织是不允许成为"压力集团"的。此外，在硅谷企业中往往实行扁平化管理，管理者和员工之间没有严格的等级制度。在企业之间存在经常性的人员流动。大量的技术移民扎根硅谷，与其母国形成各种各样的联系。部分移民还回国创业，又与硅谷形成新的联系。由此形成庞大的非正规社会网络。这些网络成员共享创新理念、信息、技术、人力资源和其他资源。

根据《Index of Silicon Valley 2013》报告，在硅谷外国出生者占 36%，以亚裔最多；成人接受大学及以上教育者占比超过 70%；

年龄层次以 25 至 44 岁为主，约占 30%。硅谷的技术专家常常说"硅谷是建立在 IC 技术基础之上的"，他们所说的 IC 并不是指集成电路（IC），而是指印度和中国（Indian and Chinese）的工程师。从中可见移民工程师在硅谷中的地位和作用。中国和印度的工程师得以在硅谷施展才能，移民文化与高科技结合的工程师社团在其中发挥了重要的作用。在旧金山，很早就有华人自己的社团组织，包括同乡会、宗族会和方言协会以及华人的商会。移民们通常通过这些组织分享消息，网罗人才，建立信用联盟，动员所需的资源来取得企业的成功。在硅谷，由于最初并不能很快地融入主流社会，华人工程师之间的交流和合作显得十分现实而重要。仿照已有的模式，成立专业性的组织满足本群体的需要，是一件很自然的事情。先是来自台湾地区的华人工程师于 1979 年成立非营利组织华人工程师协会旧金山湾区分部（Chinese Institute of Engineers/USA San Francisco Bay Area Chapter），目的就是推动该地区华人工程师的交流和合作。华人工程师协会旧金山湾区分部的发展经历了一个职能不断扩展的轨迹。随着硅谷的高科技产业不断发展，华人专业技术团体不断增多，软件专业协会、半导体工业家协会、互联网技术协会这些相对年轻的组织也越来越具有重要的影响。

四是硅谷拥有高度弹性的工业体系。根据萨克森宁的研究，硅谷以网络为基础的工业体系，是为了不断适应市场和技术的迅速变化而加以组织的。在该体系中，企业的分散格局鼓励了企业通过技能、技术和资本的自发重组谋求多种技术发展机遇。硅谷的生产网络促进了集体学习技术的过程，减少了大公司和小公司之间的差别，以及工业和部门之间的差别。

五是硅谷保持着 IT 行业的先发优势，主导着行业高端产品与技术及其创新。比较说来，无论是台湾新竹、大陆中关村，还是印度班加罗尔园区，均主要承接相对而言较为低端的产品、技术，虽然也有众多创新，但是更多的是模仿。

六是靠近本行或者懂行的客户群。这些客户包括大量的企业和消费者，这便利了销售和对产品开发的辅助。

七是硅谷存在高资本可得性，这对新建企业来说至关重要。而新建企业是硅谷经济的一个重要驱动力量。

八是严格的产权保护体系。硅谷对财产权的保护是全方位的，不是选择性的，包括对知识产权采取了严格的保护。

九是浓厚的创新文化与强烈的创新精神。硅谷有着一大批创新者，有着强烈的创新意识和创新欲望。一旦有了好的构想，就想方设法办公司创业，将自己的想法付诸实施。

十是生活质量高，有利于吸纳和留住国内外人才。硅谷气候好，学校质量高，郊区生活和工作环境佳，有利于大小公司总裁选择硅谷作为其公司和家庭的落脚点，也有利于他们吸引人才落户硅谷。这与我国中关村示范区目前面临 pm2.5 的巨大威胁形成明显的对照。

美国的一些基本体制也有利于国内外高科技人才选择以硅谷为基地推动科技创新，以此实现所谓的"美国梦"。美国有着较好保护个人基本权利的体制，同时对政府施以限政约束。美国的联邦制使得人们无论是在联邦、州和地方市镇辖区内均可在法治框架内实行公共事务的自主治理。

美国在社会领域也实行自主治理。社会领域的自主治理就体现在美国以推行多元竞争方式发展商会、行业协会、产业技术联盟、基金会和其他社会组织的政策上。美国的法律支持公民通过自建的社会组织对经济、社会和政治决策发挥其影响，维护其权益。

　　美国在经济领域同样也实行自主治理。对于中国人而言，这方面的法律安排也是非常奇怪的。硅谷地区适用的是加州地区的公司法，即《加州公司法典》（California Corporations Code）。这里，"corporations"绝对不是单纯"公司"的含义，它是一个广义的"公司"的概念。在中文中没有对应词汇。在硅谷，无论是没有正式按公司注册的企业，还是正式注册的公司，无论是注册登记的行业协会（称为同业公会、行业协会等）、产业联盟和商会，还是没有注册登记的，均可依据《加州公司法典》（California Corporations Code）设立。是否注册登记，与税收待遇相挂钩，包括税种或者减免税待遇。个人凭借这样一部《公司法典》可以根据自身愿望做出自主选择。硅谷的行业协会、产业联盟和商会，可以选择作为非盈利互益社团不注册登记或者根据法典规定的程序注册登记。相关登记机关在接受注册登记之前仅作合规性审查，予以依法核准，无审批权。

　　硅谷的经济秩序，实际上就是诺贝尔经济学奖得主哈耶克在其著名的著作《致命的自负》里提到的人类合作的"扩展秩序"，它是一种自发秩序，是"人的行动而非人为设计的产物"，它是不断扩展的，基于无数个体利用自己所掌握的分散知识而实现了"知识分工"。

　　当然硅谷也有其劣势。硅谷的劣势主要体现在：对于企业和居民来说，硅谷相对于美国其他地方的费用较为高昂，包括劳动力成本较高，房地产价格高，税收和管制水平仍然相对较高。很多公司总裁认为，只能把其他地方不能搞得同样好的经济活动留在硅谷。但是很显然，硅谷的劣势难以以瑕掩瑜。其实，正是因为硅谷单位面积所平摊的经济和科技产出水平高，以及产业和科技集群度高，才推动了硅谷生活成本和劳动力成本高。至于税收和管制水平高，可能在全美只是相对而言。

## 五、结语

硅谷当前处于无可挑剔的全球创新中心这一霸主地位，其他各国的科技园区与它形成某种"众星拱月"之态势。中国属于一个巨国，可以发挥其科技创新方面的"巨国效应"。从这一意义看，中关村国家自主创新示范区可能是全球唯一一个可以挑战硅谷全球创新中心的园区。中关村示范区在打造全球科技创新中心方面，既有其优势，也有其劣势。需要通过制度创新和组织创新努力克服劣势，充分发挥优势，推进中关村全球科技创新中心的建设。

# 第 11 章　从互联网平台巨头的市场
## 行为看垄断与竞争

　　大型互联网平台创造了巨量的虚拟财富（电子商务服务、金融服务、社交平台服务等等），颠覆了国人的生活方式，冲击了线下实体商店，但也带动了实体经济的发展，也给遥远贫困地区的农户带来通过参与线上销售脱贫致富的机会。

　　对大型互联网平台需要推行适当监管，同时又要避免不当监管，包括过度监管、不足监管，以及失当监管。需要健全互联网平台竞争秩序，促进互联网平台公司在一个公平、公正、公开的竞争秩序下运行。

　　2021 年，互联网平台巨头进入严监管期。对互联网平台巨头的"反垄断"成为一个关键词。多家平台巨头接受处罚。两大事件值得特别关注。一是市场监管总局于 2021 年 4 月 6 日下达《国家市场监督管理总局行政处罚决定书》，认定阿里巴巴集团在中国境内网络零售平台服务市场具有支配地位，并且"滥用市场支配地位"，对该集团罚款 182.28 亿元。二是市场监管总局于 2021 年 4 月 13 日会同中央网信办、税务总局召开互联网平台企业行政指导会，一方面肯定了平台经济的积极作用，另一方面分析了一些互联网平台企业存在的突出问题，要求充分发挥"阿里案"警示作用，明确提出互联网平台企业要知敬畏守规矩，限期全面整改问题，建立平台经济新秩序。

这里，我们结合一些学理、法理和当今的竞争法实践，对我国一些互联网平台巨头具体的市场行为做一分析，澄清一些有关垄断和竞争的看法，明确如何看垄断和竞争。

## 一、一些互联网平台企业存在的问题和对策动向

我们可以从市场监管总局对阿里案的调查认定与行政处罚和互联网平台企业行政指导会所披露的信息来观察一些互联网平台企业存的问题。

2020 年 12 月，市场监管总局依据《反垄断法》对阿里巴巴集团控股有限公司在中国境内网络零售平台服务市场滥用市场支配地位行为立案调查。市场监管总局认定，阿里巴巴集团在中国境内网络零售平台服务市场具有支配地位。市场监管总局认定，自 2015 年以来，阿里巴巴集团存在"滥用该市场支配地位行为"，对平台内商家提出"二选一"要求，禁止平台内商家在其他竞争性平台开店或参加促销活动，并借助市场力量、平台规则和数据、算法等技术手段，采取多种奖惩措施保障"二选一"要求执行，维持、增强自身市场力量，获取"不正当竞争优势"。根据市场监管总局的认定，阿里巴巴集团实施"二选一"行为排除、限制了中国境内网络零售平台服务市场的竞争，妨碍了商品服务和资源要素自由流通，影响了平台经济创新发展，侵害了平台内商家的合法权益，损害了消费者利益，构成《反垄断法》第十七条第一款第（四）项禁止"没有正当理由，限定交易相对人只能与其进行交易"的滥用市场支配地位行为。为此，根据《反垄断法》第四十七条、第四十九条规定，综合考虑阿里

巴巴集团违法行为的性质、程度和持续时间等因素，市场监管总局于
2021年4月6日下达《国家市场监督管理总局行政处罚决定书》，依法
作出行政处罚决定，责令阿里巴巴集团停止违法行为，并处以其2019
年中国境内销售额4557.12亿元4%的罚款，计182.28亿元。

2021年4月13日，市场监管总局会同中央网信办、税务总局召
开互联网平台企业行政指导会。会议分析了一些互联网平台企业存
在的突出问题，包括强迫实施"二选一"、滥用市场支配地位、实施
"掐尖并购"、烧钱抢占"社区团购"市场、实施"大数据杀熟"、漠
视"假冒伪劣""信息泄露"以及实施涉税违法行为等问题。会议强
调必须对这些问题加以严肃整治。指出其中强迫实施"二选一"问
题尤为突出，是平台经济领域"资本任性、无序扩张的突出反映"，
是"对市场竞争秩序的公然践踏和破坏"。互联网平台企业行政指导
会强调，强迫实施"二选一"行为限制市场竞争，遏制创新发展，
损害平台内经营者和消费者利益，危害极大，必须坚决根治。互联
网平台企业行政指导会提出了要做到"五个严防"和"五个确保"：
严防资本无序扩张，确保经济社会安全；严防垄断失序，确保市场
公平竞争；严防技术扼杀，确保行业创新发展；严防规则算法滥用，
确保各方合法权益；严防系统封闭，确保生态开放共享。会议强调了
互联网平台市场的发展目标和监管目的，即"建立公平竞争、创新发
展、开放共享、安全和谐的平台经济新秩序，推动实现平台企业更加
充满活力、线上消费更加便捷优质，平台经济更加繁荣有序"。

## 二、"二选一"问题背后的垄断与竞争

市场监管总局把阿里集团"二选一"定性为"滥用市场支配地

位行为"和"获取不正当竞争优势",这是一项较为严重的裁定。其背后就是阿里集团的行为事实上被依法定性为"垄断行为",只是没有直指而已。这是因为,根据我国的《反垄断法》,垄断行为包括:经营者达成垄断协议;经营者滥用市场支配地位;具有或者可能具有排除、限制竞争效果的经营者集中。这里"经营者滥用市场支配地位"即"滥用市场支配地位行为",属于该法规定的一种"垄断行为"。根据该法,市场支配地位是指经营者在相关市场内具有能够控制商品价格、数量或者其他交易条件,或者能够阻碍、影响其他经营者进入相关市场能力的市场地位。我国反垄断法属于后来者,受到当代欧美国家反垄断法的影响,也主张不反对存在市场支配地位,但反对滥用市场支配地位。根据我国的《反垄断法》,具有市场支配地位的经营者,不得滥用市场支配地位,排除、限制竞争。该法禁止具有市场支配地位的经营者从事下列滥用市场支配地位的行为:一是以不公平的高价销售商品或者以不公平的低价购买商品;二是没有正当理由,以低于成本的价格销售商品;三是没有正当理由,拒绝与交易相对人进行交易;四是没有正当理由,限定交易相对人只能与其进行交易或者只能与其指定的经营者进行交易;五是没有正当理由搭售商品,或者在交易时附加其他不合理的交易条件;六是没有正当理由,对条件相同的交易相对人在交易价格等交易条件上实行差别待遇;七是国务院反垄断执法机构认定的其他滥用市场支配地位的行为。阿里占据网络零售平台服务的"市场支配地位",强迫推行"二选一",符合其中"没有正当理由,限定交易相对人只能与其进行交易或者只能与其指定的经营者进行交易"这种滥用市场支配地位的法律界定。

但是,从学理上看,阿里集团是否构成垄断呢?我们首先来看看垄断和垄断者的定义。根据芝加哥学派经济学家斯蒂格勒的定义，"垄断是指［在一个行业中］存在唯一的商品或服务的卖方。在没有政府干预的条件下，一个垄断者可以自由地设定它选择的任何价格，通常会设定产生最大可能利润的价格"。按照萨缪尔森在《经济学》中的定义，垄断涉及"一个单一的卖方完全控制一个行业"，而"垄断者是在其所在行业中唯一的生产商，［在所有行业中］没有一个行业能生产出一个相近的替代品"。

按照斯蒂格勒和萨缪尔森的定义，阿里集团算不上是"垄断"，但符合我国反垄断法有关"垄断行为"即"滥用市场支配地位"的界定。阿里的主打平台淘宝网（加天猫）提供的是网络零售平台服务，具体而言，这种服务包括：供众多网店栖息的虚拟营业场所的入驻服务、虚拟物业服务、撮合供求信息服务和其他便利交易的增值服务等等。但是，京东之类平台公司也在提供这类服务。目前在国内，小一些的这类网络零售平台很多。很显然，阿里集团并不是作为单一卖方或服务商提供零售网点平台服务。同一个行业中能够提供相近替代品的公司也多的是。不过，淘宝网（加天猫）在当前的行业市场结构中占据"市场支配地位"，这一点大概应该是公认的。我国《反垄断法》规定，认定经营者具有市场支配地位，应当依据下列因素：一是该经营者在相关市场的市场份额，以及相关市场的竞争状况；二是该经营者控制销售市场或者原材料采购市场的能力；三是该经营者的财力和技术条件；四是其他经营者对该经营者在交易上的依赖程度；五是其他经营者进入相关市场的难易程度；六是与认定该经营者市场支配地位有关的其他因素。《反垄断法》以对下列情形"三选一"的方式确定经营者是否具有市场支配地位：一是一个经营者在相关市场的市场份额达到二分之一的；二是两个经营者在相关市场的市场份额合计达到三分之二的；三是三个经营者在相关市场的市场份额合计达到四分之三的。不过，在后两种情形中，有的经营者市场份额不足十分之一的，不应当推定该经营者具有市场支配地位。此外，被推定具有市场支配地位的经营者，有证据证明不具有市场支配地位的，不应当认定其具有市场支配地位。

　　但是，这里我们一定要注意，根据奥地利学派的观点，市场过程是动态的，市场结构是演化的。需要看到维护竞争和保护创新的特点及其重要性。我们虽然要关注实现现有行业市场结构下的静态资源配置效率，更需要长远来看行业市场结构变迁，尤其是行业市场结构的潜在的"被颠覆"，要放眼去看企业家竞争和创新带来的跨时动态效率。按照奥地利学派经济学代表人物米塞斯的观点，如果存在开放的市场准入和退出，即便市场上只存在一家企业作为卖方，只要它没有限制供给数量、推行远远高于竞争性市场价格的"垄断价格"，那么这一企业的行为仍非垄断，而是竞争。按此标准来衡量，阿里集团在行业中并非仅此一家，而且为多家，其可能被指称的"垄断行为"或者本次行政处罚所认定的"滥用市场支配地位"，实质上仍然属于竞争行为。其所在行业的市场准入和退出是开放的。也就是存在来自当前其他竞争对手的竞争，还存在来自潜在进入者的进入威胁。但是，竞争行为也有正当和不正当行为之分。按照奥地利学派的逻辑看，阿里案的"二选一"不属于垄断，而属于竞争，只不过很多经济学家和法学家会把它视为不正当竞争行为。这一次政府对阿里案的定性除了有"滥用市场支配地位行为"之外，还有"获取不正当竞争优势"。根据维基百科的解释，"不公平竞争优势"，也是指排他性的竞争优势或特有的竞争优势，它为经营者消除竞争提供了一定程度的确定性。关于"不公平竞争优势"，需要考虑的要点是，并非每一个经营者都有相同的商业机会，除非"不公平竞争优势"的拥有方决定允许其他经营者分享商业机会。阿里集团的"二选一"情况就是如此。

还需要注意的是，今日的任何一家互联网平台巨头，很难长期占据"市场支配地位"。这种"市场支配地位"很容易被颠覆。同行业不同的互联网平台巨头都在提供差别产品与服务。在开放市场准入环境下，只要一家企业通过引入一种新的商业模式而提供同类产品或服务、在同等质量下的价格能够低于占据市场支配地位的企业，后者的优势就很容易烟消云散。这也恰恰是"马云们"所担忧的。在互联网平台的竞争中，确实存在"赢家通吃"的势头。但是，创新带来的"颠覆"可能性持续存在。淘宝网这样的网络零售平台对于单种商品的容量是有限的。如果在淘宝网（含天猫）搜索一件商品，最初几页之后的同类商品及其网店就只能是陪衬了。与此相较，整个网络零售平台市场仍然在持续扩容。更不用说现在我们谈的还仅仅是国内市场，还没谈及跨境网络零售市场。现在跨境市场运作的发展障碍还非常大，还没有成为国内民众的关注焦点。

### 三、为什么看不到欧美国家分拆大企业？

当然，"二选一"问题不仅仅发生在阿里的平台。很多大型互联网平台企业都有"二选一"问题。而且"二选一"也不是唯一的问题。正因为如此，互联网平台企业行政指导会指出了互联网平台企业存在一系列的问题。

值得关注的是，不仅我国有人在高喊"反垄断"，而且美国那边也有人声言，像谷歌和脸书这样的科技公司，已经成为巨无霸，它们已经不仅仅是一家公司，而是更像一个国家。也就是说，它们既富可敌国，又力压群国。有人进而提出应该分拆谷歌和脸书。有意思的是，我国国内甚至也有人提出应该分拆某家大型电子商务平台公司和某家大型金融科技平台公司。

不过，当代竞争政策或竞争法基本上不再把分拆大型企业作为一种政策选项。在当代的欧美主要国家，近年来看不到反垄断当局寻求分拆大型企业的案例。美国最近期的分拆事件是著名的1984年AT&T公司分拆重组案。其后美国反垄断当局再没有提出要通过对大企业的拆分来抑制垄断的案例。至于AT&T公司的被裁定分拆重组，这一裁决是否正确，也有不同的说法。

竞争政策的变迁是耐人寻味的。追溯竞争政策背后的学理也同样引人入胜。对竞争政策影响最大的是美国的哈佛学派和芝加哥学派，两者的观点相互影响，进而影响到当代竞争政策实践。简单而言，二战以后，美国的竞争法实践最初强调打破垄断这样一种市场结构，只要构成垄断，形成市场支配地位，就倾向于严加惩处，甚至分拆。这里，垄断的认定主要先看若干主要经营者的行业集中度和特点及主要经营者所占的市场份额，再看该主要经营者的市场行为以及对市场绩效（即经济效率等若干要素）的影响。这种做法主要是受哈佛学派理论的影响。该学派奉行"结构—行为—绩效"范式，认为产业结构决定企业行为，企业行为决定市场的经济绩效。不过后来美国反垄断当局越来越容忍市场支配地位的存在，把反垄断政策的重点放在反对滥用市场支配地位。这一转向受到芝加哥学派理论的影响。芝加哥学派在20世纪70年代以来对竞争政策和竞争法发挥了重要的影响，在20世纪80年代支配了美国的竞争政策和竞争法。芝加哥学派的影响甚至延续至今。该学派把经济效率视作为竞争政策和竞争法的唯一目标，认为保护竞争可以带来经济效率，并以此增进消费者福利。芝加哥学派更强调保护自由竞争，更容忍在开放市场准入前提下大型企业的一家独大即市场权力的存在，或者说更容忍一个企业占据市场支配地位，但是反对滥用市场支配地位。

虽然被称为"垄断"的市场结构或者行为可能导致形成远远高于竞争性市场价格的垄断价格，但是它并不必然导致形成这种垄断价格。米塞斯认为，虽然存在市场垄断结构，但是不一定出现垄断价格。只有出现这种垄断价格时垄断才是有害的。正因为如此，按照米塞斯的逻辑去推演，只要不出现这种垄断价格，企业的市场行为仍然是竞争行为。

哈耶克作为米塞斯的弟子，区分了"画地为牢的垄断"和"以高效率为基础的垄断"。"画地为牢的垄断"就是一些经济学家讲的"行政垄断"，即政府强加的垄断，由政府法规政策限制了来自外来企业的竞争而造成的企业独家垄断。米塞斯指出，很多限制竞争的政策的明显意图，是给某些生产集团特权，保护他们免于更有效率的对手的竞争。在许多情形下，这些政策造成了这些生产集团能够通过限制供给施加远远高于竞争性市场价格的垄断价格的必要条件。哈耶克指出，"以高效率为基础的垄断"则是开放准入前提下企业自由竞争、优胜劣汰的结果，是高效率导致的结果。他认为，"画地为牢的垄断"的代价超过了必要，但"以高效率为基础的垄断"并无太大的害处。对于"画地为牢的垄断"，包括哈耶克在内的奥地利学派成员是一致反对的。对于以高效率为基础的垄断，奥地利学派均认为只要存在市场开放，这种垄断就不会持久。芝加哥学派也对开放市场条件下形成的"以高效率为基础的垄断"持较为容忍的态度。

该学派认为，如果存在开放的市场准入，只要有潜在市场进入者，垄断者的定价就会倾向于低于垄断模型中的最高垄断定价，介于最高垄断定价和竞争性市场价格之间；而潜在进入的威胁越大，定价越是接近竞争性市场价格。在开放市场条件下，垄断者为了威慑潜在进入者，往往采取较低定价的策略。所以，如果真的是行业内只存在一家企业作为卖方，只有没有形成垄断价格，也没有必要反垄断，更没有必要拆分企业。

## 四、竞争的功能

分析到这里，我们要探讨竞争的功能，也就是探讨为什么要维护竞争。

竞争的第一个功能就是作为一个筛选过程，发挥优胜劣汰的作用，其结果就是绩效竞争，实现经济效率，带来经济繁荣，增进整个社会的福祉。按照经济学家塞缪尔·约翰逊的观点，竞争"是一种努力获得别人同时努力获得的东西的行为"。奥地利学派经济学家哈耶克把竞争视为一种作为"一系列事件的连续"的动态过程。他在《个人主义与经济秩序》一书中认为：如果我们把竞争过程看作是一系列事件的连续（我们应该这么看），那么我们就能更加清楚，在现实生活中，任何时候一般都只有一个生产者能以最低的成本制造某一特定产品，而且他事实上能以低于仅次于其成功竞争者的成本出售其产品。他指出，由于他在试图扩大其市场时常常被他人赶上，而后来者又会再被其他人赶上而无法占领整个市场，这样的一种竞争显然绝不会处于完全竞争状况。他认为，与此相反，竞争不但会非常激烈，而且也是使有关产品在任何时候都能以已知的最廉价方法供应给消费者的关键因素。哈耶克所描绘的竞争画面无疑是一种绩效竞争。根据哈耶克的观点，在市场经济中，需要让私人产权和竞争发挥主导作用。不这样的话，难以维护一种面向绩效竞争的竞争秩序。竞争要求参与者遵循一整套的规则。在竞争结果出来之前，我们事先不知道谁是竞争的胜出者，谁会是竞争的失败者。竞争不以消灭对手的肉体为目的，而是以获得市场份额、实现利润或者取得类似的结果为目的。市场竞争如此，足球比赛也如此，赛诗会也是如此。哈耶克认为，竞争之所以具有合理性，就是因为参与者遵循同一套规则，但是事先不知道对具体竞争结果的决定因素，事先不知道谁是竞争的最后优胜者。如果我们事先就知道谁是最优者，再安排竞争便是毫无意义的。

上述绩效竞争的结果就是实现经济的动态效率。联邦德国首位总理艾哈德写过一本书《来自竞争的繁荣》，指出了竞争是一条通往经济繁荣和增进整个社会的福祉之路。

竞争的第二大功能就是它能带来许多非意图的，甚至往往令人惊喜的结果。竞争的结果存在"前向无知性"。至少对于消费者，竞争的很多非意图的结果往往令人惊喜。当然，竞争意味优胜劣汰，有赢家就有输家。这也意味着竞争使得众多企业有喜有悲。多年前诺基亚手机充斥全国，现在已经基本上看不到。我们现在看到的大多是iPhone、三星、华为、小米等品牌的智能手机。几年前，新浪微博占据社交媒体的霸主地位，后来谁也没想到微信帝国后来居上。在网络零售平台市场，我们最初看到淘宝网，后来出现京东，现在还有美团和拼多多这些巨头，小型平台企业则更多。哈耶克的如下观点很到位："竞争之所以有价值，完全是因为它的结果不可预测，并且这些结果就其总体而言不同于任何人本来有意追求达到的目标"。没有竞争，就不会出现上述令人眼花缭乱的产品。

竞争的第三大功能是竞争可作为发现程序发挥作用。哈耶克曾经在 1968 年专门发表题为《竞争作为发现程序》的文章，论证为什么"竞争作为发现程序"。在文中，他建议把竞争作为一个发现某些事实的方法，如果不利用竞争，这些事实将不为任何人所知，或至少是不能得到利用。那么，竞争到底能够发现什么呢？我们似乎难以确定竞争到底能够具体发现什么。哈耶克指出："如果我们不知道我们希望通过竞争去发现的事实，我们当然也就根本不可能确定，竞争在发现那些有可能被发现的事实上，起了多大作用。"但是，我们能够感觉到：没有竞争，很多事实本来不可能被发现和利用。这是因为，有关很多事实的知识本来就是散布在无数经济主体中的、涉及具体时间和地点的、有关特定情形的知识。比如，有关某地某种土特产的供求和价格信息，有关某个地方的投资机会，这些所谓的"局部知识"中的很多知识本来不会被利用，而在竞争中却会被利用。没有竞争，本来就不可能出现苹果手机、苹果电脑、自动驾驶汽车、无人飞机，或者淘宝网、京东网、美团、拼多多等平台服务。人们在竞争中发现和发明了这些新产品或服务。一个社会为了发现和利用很多需要借重竞争而发现的事实，就需要让竞争发挥主导作用。在这方面，哈耶克也帮着我们指点迷津："我们有望发现的仅仅是，从整体上说，为此目的而依靠竞争的社会，比其他社会更成功地达到了自己的目标。"

说白了，通过竞争，我们能够发现很多否则不会被发现的事实，发现有关很多新产品、新技术甚至新制度的知识。

最后，竞争的第四种功能是竞争创造知识。竞争本身创造很多知识，没有竞争，就不会有这些知识，比如有关不断变化的利润机会的信息就是如此。

　　总之，如果我们畏惧竞争、限制竞争、排除竞争，那么我们现代社会中的很多新产品、新技术和新制度根本就不可能出现，人类福祉的增进就会受到严重阻碍。

# 第12章 从货币的本质看比特币的性质

货币作为一般交换媒介，是一种特殊财货，属于最具有可出售能力或可转手能力的财货。因此，货币也是一种特殊财富。

最近很多朋友在讲货币的本质是什么。有的说是信用，有的说是可信承诺，有的说是支付需要，有的说是交换需要。还有一些朋友在讲货币的来源是什么。有的说是间接交换之需，有的说是国王硬塞给臣子的借条，有的说是只要对某物有信任即可，比如，太平洋雅普岛居民的石币。此外，有关数字货币是不是货币也有不同的看法。很多国家把数字货币视为一种数字资产。我们有必要对货币的本质，包括数字货币的本质和来源加以澄清，同时厘清对比特币认识上的偏差。

## 一、货币的本质

货币是一般交换媒介，即普遍使用的交换媒介。经济学家米塞斯认为，货币唯一的、基本的职能就是充当交换媒介。人们之所以取得它，是因为他们想在今后的交换中使用它。他指出："在人与人之间，交换货物和劳务之间，如果插入一种或者几种交换媒介，那就是间接交换，当做交换媒介而被普遍使用的叫作货币。"米塞斯指出，货币的其他职能（比如作为支付手段的职能）都派生自上述货币的基本职能。货币的本质就是充当一般交换媒介。不是交换媒介，就不是货币。交换媒介不能普遍使用，其充当货币的充分程度就不够。比如人民币现金就是一般交换媒介，普遍使用的交换媒介。中国最早的金币——楚国"爰金"也是如此。比特币也被一些商家用做交换媒介，但它不是一般交换媒介，不是充分程度意义上的货币。全球至少 10 万家不同种类的商户接受比特币支付，所以比特币在很多国家被定性为"资产"。2023 年 5 月 6 日，1 个比特币交易价达2.93 万美元，大约达 20.16 万人民币。具有某种信用是一物充当交换媒介的必要条件。一物充当交换媒介的必要条件不仅仅是该物具有某种信用。其他必要条件包括：存在两个人；两者对相互交换有需要；直接交换不便完成，因而对间接交换和交换媒介有需要；存在两者共同接受的交换媒介。有些学者认为，货币的本质是信用，这个观点似是而非。货币当然需要有信用，但是要求有信用的不仅仅是货币。人作为人而生存，要有信用；商业也要有信用，商业中的欺诈行为其实叫行骗偷窃，只不过是借助"商业"的幌子；金融也要有信用，否则也就是行骗偷窃。所以不能说货币的本质就是信用。市场上存在大量的货币替代物，属于流通媒介，但不是一般交

图 4　楚国"爰金"（左）和古代贝币（右）。

换媒介。比如商业票据就是流通媒介。腾讯游戏系统里的 Q 币也是流通媒介，也是代币。腾讯 Q 币，通过购买 QQ 卡、电话充值、银行卡充值、网络充值、手机充值卡等方式获得。通常它的兑价是 1Q 币＝1 人民币。这些流通媒介也承担着某种程度的货币职能，但是没有被纳入货币的范围。它们不属于一般交换媒介。

## 二、出现货币的条件

在不存在交换的单人世界，必然不存在货币。在著名小说《鲁滨逊漂流记》里，鲁滨逊在孤岛上，孤身一人，需要寻找到天然食物充饥，或者制作和利用简单的工具去钓鱼以及用陶土制造容器储藏食物，不能通过交换获得他人多余的食物或他物，也不能通过交换出让自己多余的东西。因此，鲁滨逊在孤岛上是不需要货币的。物物交换，也就是直接交换，也是不需要货币的。鲁滨逊见到星期五之后，给他羊奶面包充饥，给他衣服蔽体，到后来还为他准备武器；作为交换，星期五出卖自己的劳动力，学习种地，制作面包，在二人出行时充当船手等。他们在进行直接交换的过程中也不需要货币。只有间接交换才需要货币。只要充当交换媒介，就有一定程度的货币作用。任何买卖，之所以发生，都是因为交换双方都认为自己换入的东西的价值要大于其换出的价值。这是交换发生的必要条件。孟子在《孟子·滕文公章句下》中提及"通功易事"一词，就是指商品买卖，商业交换。任何"通功易事"，都符合上述交换发生的必要条件。孟子拿"通功易事"的例子来指明分工合作、自由交换的利益之所在。《孟子·滕文公章句下》里具体写道："子不通功易事，以羡补不足，则农有余粟，女有余布；子如通之，则梓匠轮舆皆得食于子。"翻译成现代汉语，就是："如果你不推行互通互换，以便人们用多余的物品去换取和补充不足的物品，那么农人会有剩下的粟米，妇人会有剩下的布匹。如果推行互通互换，那么木工和车工都可以依赖于你的政策而维持生计。"这里的"子"，是指"你作为诸侯"。所谓"通功易事"，是指"交换"，"互通互换"。孟子在此强调应该通过交换剩余的粟米和剩余的布，实现分工合作，互通有无。如果用多余的物品（也就是"羡"）换取和补充不足的物品，那么就可以改善参与交换者各自的处境。如果不交换，各方处境均未得到改善，从而丧失了改善各方处境的机会，这就是不互通有无的机会成本。而通过互通有无促进各方处境的改善，就是当今经济学家所称的"帕累托改进"。如果社会中只存在两个人，其中一人有"余粟"，另一人有"余布"，但是前者不需要布，或者后者不需要粟，则交换就不可能发生。如果前者需要布，但后者不需要粟，或者如果后者需要粟，但前者不需要布，则交换也不会发生。如果前者需要布，后者需要粟，则交换可以产生。他们可以进行物物交换。如果社会中存在三个以上的人，物物交换作为直接交换往往难以实行，它要求交易双方碰巧需要对方持有的产品。而这种概率相对较低。如果存在大家可接受的货币即一般交换媒介，则每个人只需要将其持有的产品售出，换入货币，交换的便利程度就大大上升。有了换入的货币，该人可以在市场上购入任何所需产品。这样，大量的交换以间接交换的形式存在。间接交换需要存在货币作为交换媒介。可以说，出现和存在间接交换的需要和存在可作为交换媒介的某种备选财货是出现货币的条件。

## 三、货币的起源与最早的货币

在人类历史上，最早的货币是商品货币，也就是它本身就是流通中的商品。比如，中国最早的货币可能是贝。这点由中国文字的结构就可以看出来：凡是同价值有关的字，绝大部分是从贝，如贫、贱等。分贝成贫，贝少为贱。可见，在中国文字形成的时候，贝壳已是体现价值的东西。后来由于真贝的数量不够，人们就用仿制品：用蚌壳仿制，用软石仿制，用兽骨仿制，最后用铜来铸造，这种铜贝就可以说是一种金属货币了。用真贝的时候，以朋为单位，一朋原是一串，后来大概是指一个固定的数目。古诗中有"既见君子，锡我百朋"的句子。但铜贝出现以后，可能就不再称"朋"，而称"寽"了。近年商墓中有铜贝出土，而且西周彝铭中常有取若干寽的句子，如果这"寽"字是指铜贝，那就证明中国在公元前 10 世纪以前就有铸造货币的雏形了。由此可看出，中国铸造货币的起源，并不晚于外国，可能是最早的国家之一。

但是，贝在中国很可能只是流传下来的、有记录的、最早的普遍使用的交换媒介。在贝作为一般交换媒介之前，应该有其他无法留存至今的一般交换媒介，比如羊。最早使用的交换媒介是人们最有需要的、可售性最大（最容易出手和转手）的某种实物。这种实物也需要容易数数。上述这些要求是一物最早成为货币的条件。羊符合这些条件。正如门格尔所言，在世界各地，在习惯的影响之下，随着经济文化的发展，就到处出现这样一种现象：即在当时当地可售性最强的实物财货，在交换中最为一般人所乐于接受，因而也最能与其他任何财货相交换。对于这样一种财货，人类的祖先曾以

"通用"即"服务""支付"来称呼它，到最后才命之为"货币"。在非洲内地可以称之为货币的是盐板与奴隶，在亚马逊河上游是蜡块，在冰岛与纽芬兰是干鳕，在马里兰与弗吉尼亚是烟草，在英属西印度是砂糖，在葡萄牙附近是象牙……这些财货之所以能够成为当地货币，就因为它们是当时主要的交易品，有很高的可售性。

太平洋有一个岛叫作雅浦岛，它就是"石币之岛"。雅浦岛的石币，名称叫"费"。其实当地没有贵金属，对于当地人，这种石币就相当于"贵金属"，当然它没有"贵金属"的使用价值。这种石币是2000年前开始使用的，而且来之不易。它仍然是作为普遍使用的交换媒介而被接受的货币，符合米塞斯有关货币之本质的看法。岛民们坐船到400里远的岛屿，开采石灰岩，为了便利搬运，中间打孔，再用船运回来。其中有一个特别大的石头，由于暴风雨，沉到海底，但是岛民们仍然认同这块巨型石币属于搬运的那家，仍可作为货币使用。这种石币虽然很早就成为了当地的货币，但是，对于当地人来说，这应该仍然不是最早的货币。在想出这种石币之前，实际上应该已经有其他的当地货币出现过或者存在过；或者最初的迁居本地者原本就带着外地的货币理念来到此岛。在使用这种石币之前，当地人会用某种常用的、容易出手和转手的（可易出售）的商品作为货币。

在人类历史中，最早出现间接交换之后，最早使用的交换媒介不一定是一般交换媒介。一般交换媒介是从诸种交换媒介中通过"物竞天择，优胜劣汰"的选择机制留存下来的交换媒介。正如门格尔所言，最早的货币和人类的货币制度是"历史过程中非意图的结果"，是诸多人的行动的非意图的结果，而非单个计划者人为设计的产物。它们属于哈耶克所言的自发秩序。货币出现在国家、国王产

图5 太平洋上"石币之岛"雅浦岛上的石币

生之前，而非之后。

　　人们最初习惯于把稀有的、贵重的东西作为货币媒介。二战时纳粹集中营里曾经把香烟充当货币，也符合这一逻辑。贝壳、鸟毛、狗牙也充当过货币，它容易得到，但比较稀缺。国王的借条也可以变成货币，其中包括国王的承诺，也可能意蕴着某种强制，带有某种稀缺性和价值性。纸币作为"法币"（fiat money），即法定货币，也带有某种稀缺性和价值性，也是一种强制，但其背后有某种"保值承诺"，不过不一定被信守。一种货币如果失去稀缺性和价值性，它就会被抛弃。人们会去寻找这种货币的替代物。有人认为，最早的货币是一种借条，或者债务凭据。这种观点也是错误的。在作为借条的货币出现之前，人类应该早就将商品作为货币。后来的货币，比如国王的借条、纸币，或者中央银行的数字货币，是权力的产物，通过参照作为自发秩序的抽象层面的货币制度、模拟此前即已存在的一般交换媒介而推出。这说明，具体的货币秩序可能会失去自发秩序的特性。但是无论货币的来源如何，它们的本质是作为一般交换媒介而存在。这一点雷打不破。在抽象层面，货币秩序和最早的货币是作为自发秩序而出现的，这一点也雷打不动。

### 四、比特币的性质

下面，我们来讨论比特币。比特币是一种数字货币，基于点对点的网络，去中心化，是加密的，需要虚拟挖矿。它是越挖越少，总量是确定的。比特币跟大多数货币不一样，比特币不依赖特定的机构发行，它根据一种算法大量网上"挖矿"而产生，它有去中心化的"账本系统"，你把你的货币转给别人，账本上就会记录过去所有交易以及最新的交易，尤其是包括你原有比特币所占区块地址和其他相应信息，以及新所有人所占区块地址和其他相应信息。账本

图 6　比特币

是去中心化保存在各节点，而且是匿名的。这种加密的程序又保证货币流通各个环节的安全性。没有人可以操作，没有政府可以控制它。它在总量上有限，总共 2100 万个，而且网上挖矿有奖励，促进了你以后还会去挖矿，并参与维护整个网络。这个网络出现后，最初 4 年内可挖比特币数量不超过 1050 万，而且挖矿产生的比特币数量每四年减少一半，之后总数限定在 2100 万个。

2017 年初，一个比特币价格不到 7000 元人民币，9 月初涨到 3 万元人民币。9 月 4 日，中国人民银行等七部委发布《关于防范代币发行融资风险的公告》之后，国内比特币价格一度最低跌到 17000 元以下，国内比特币交易市场于 9 月 30 日停止交易，比特币国际定价权从中国易主。之后国际市场成为主角，没有了中国交易市场的比特币仍然在升值。11 月 17 日，国外 Bitfinex 平台报价显示，比特币价格最高突破 8040 美元，再创历史新高。

我们现在看看比特币的性质。它是交换媒介吗？是，所以它是某种程度的货币。货币的唯一本质就是它是否是一般性交换媒介。如果普遍性强，就是货币，如果普遍性不大强，就是弱货币。比特币的数量有限，2015 年就已经为 10 万多家商家作为交换媒介和支付工具所接受。它的普遍使用度已经很高。而且在一些地方（比如逃避外汇管制），它是最好的交易媒介和支付手段。如果各国政府不打压，其普遍使用度则会更高，所以它应该算是货币。

比特币是不是贵金属？也算，它属于"虚拟黄金"。它挖出来的原理跟现实世界上淘金是一样的，它是虚拟挖掘，黄金是实体挖掘。它类似于雅浦岛的石头币，都是"虚拟黄金"。它是不是商品货币？是，不在于它具有商品的使用价值，而在于它作为"虚拟黄金"的巨大交换价值。它是支付手段吗？是。它是价值尺度吗？是。它是价值储藏手段吗？是。它是世界货币吗？也是。我们可以根据上文的分析结论推定。

比特币是否可用于个人、家户或者企业的经济计算？可以。因为它是货币，同时也有借助比特币或者其他数字货币表示的财货的价格。比特币的价格波动这么大，怎么办？如果是贬值严重的货币，或者升值很大的货币，交易双方可以指定具体哪一天的币值，你可以说用某一天的比特币价格来进行经济计算，同时你自己或者交易伙伴可以寻找与它挂钩别的币值波动较小的其他数字货币，甚至一组价值相对稳定的"一揽子商品"，以进一步精细化经济计算。基于这样的经济计算，消费者、储蓄者和投资者均能形成稳定的经济预期。

## 五、如何"驯服"比特币？

中国国内比特币交易所从 2013 年开始到 2017 年年初，占据了全球比特币交易近八成的市场份额，基本上掌控了比特币的定价权，但是无论比特币算不算货币，这种无主权区块链"数字货币"无疑扰动了中国的货币秩序。在中国"驱逐"比特币之后，日本、韩国、美国强势崛起，俄罗斯也批准了针对俄罗斯境内的数字资产活动的新法律结构，还雄心勃勃地制定了一个计划，利用数字资产这项技术来创建一个包括俄罗斯、亚美尼亚、白俄罗斯、哈萨克斯坦、吉尔吉斯斯坦在内的欧亚经济联盟内部的"单一支付空间"。据报道，世界最大的期货交易所、衍生品交易市场芝加哥商品交易所集团（GME）计划在今年（2017）第四季度推出比特币期货交易，其集团主席兼首席执行官在 11 月 13 日接受 CNBC 采访时暗示在 12 月份第二周产品将会上市。电商巨头亚马逊注册了三个加密货币相关的域名。比特币的影响似乎还在扩大。其实，芝加哥期货交易所发行比特币"商品期货"的做法意味着美国将加快掌控比特币定价权。按照惯例，如果上线比特币期货，那么其后会是比特币期权和比特币交易所交易基金（ETF）。而且，芝加哥商品期货交易所已经发布重磅声明，预计即将推出交易基金。如果真的这样，正式的比特币全球交易中心将在芝加哥安家，比特币也就因此被"驯服"归降，结束其"流寇"生涯。这也意味着，比特币的"野蛮"冲劲也将被收服。因此，中国完全可以在美国正式收服比特币之后，重新肯定比特币的商品地位，重新发挥其全球比特币矿机生产和挖矿中心的作用，建立对这种区块链数字货币对外交易的透明通道，确立比特币交易的监管框架，既维护国内货币秩序，又与全球区块链数字货币发展趋势保持同步，而且也能部分冲销美国借助"美元＋比特币"主导全球货币秩序的冲劲。

# 第 13 章　数字货币正在成为大国竞争的角逐场①

　　目前，各国中央银行发行的不承诺兑付其他财货的法币，与人类历史上出现过的作为诚实货币的商品货币有着较大的差别。在目前，中央银行货币制度属于一种"路径锁定"，而一些市场主体开发的、去中心化的加密数字货币对中央银行货币形成了挑战。一些主要国家的中央银行也从中看到了中央银行货币的未来在于中央银行数字货币。在这种背景下，一些主要国家的中央银行已经在开发中央银行数字货币。在未来，中央银行数字货币与跨国界的比特币等数字货币会长期并存。这种格局会深刻影响人类的财富创造和财富保有。

　　我国政府近年来加快扩大测试中央银行数字货币（CBDC），也就是数字人民币。另一方面，我国政府从 2017 年 9 月 4 日起就明令禁止私人加密数字货币作为货币在市场上的发行融资和流通使用。2022 年国家发改委限制耗费大量电力组织比特币采矿。值得注意的是，美国联邦政府正在研究推出中央银行数字货币。由于美联储主要由私人商业银行构成，一旦推出中央银行数字货币，其对区块链的依赖程度和去中心化程度可能高于数字人民币，从而对我国的中

---

① 本章作者为冯兴元与庄希威。

央银行数字货币领先地位形成挑战。此外，美国允许 USDT（泰达币）这样的代币兼稳定币发行和存续，也允许 Diem（即为之前由脸书发起的 libra）发行，但是要求其减少匿名性，从而导致许多参与其中的大银行和大企业推出项目，也导致脸书将 Diem 项目转给第三方。随着元宇宙技术及其应用的不断发展，而元宇宙又大量依托通证，各国政府将难以控制各种通证的流行。也就是说，难以控制以通证形式出现的数字货币，以及其他与之形成交换关系的数字货币。因此，可以判断，数字货币正在成为大国竞争的角逐场，值得我们特别关注。

## 一、全球范围内两种数字货币发展趋势并存

纵观全球，在数字货币领域，现在有两种趋势反向并存：一种是良币驱逐劣币，另一种是劣币驱逐良币。比如说比特币、以太币和 USDT 是良币驱逐劣币趋势的代表，其他市场上大多数的小品种货币实际上没有体现为良币，是另一种趋势的代表。比特币是一种良币，其发行通过虚拟挖矿实现，不基于任何资产准备。其挖矿和交易的规则和程序均公开透明。有些人认为比特币是失败的，这一观点是错误的。比特币的价格虽然波动很大，但是远远高于其发掘成本。这说明投资者对比特币的主观价值评估很高。比特币与作为一般交换媒介的一般货币要求还有距离，这与它的数量有限（也就是稀缺性大）和很多国家的打压有关。但是它是成功的，而且很重要。比如俄乌战事，据说一些支持乌克兰的人士用比特币和其他数字货币捐款。又据说俄罗斯受到金融制裁，很多人在西方币圈交易所的数字货币被冻结，但很多人直接掌握自己的数字货币的密钥，

未委托交易所保管和交易，这就不被冻结，数字货币会因此成为俄罗斯人换取物资和外汇的重要手段。

良币中有些是稳定币，比如 USDT 币（代币）。USDT 是 Tether 公司推出的一种加密货币，其发行需要以等价的美元资产或其他货币资产储备为基础，其价格盯住美元，即 1USDT ＝ 1 美元。需要把等价的美元资产或其他货币资产储备起来，要让大家看到这些储备资产的价值，如果大家看不到，那么就会被怀疑是否是在欺诈，这样的一套逻辑也适用于我们国内过去的和现在可能存在的稳定币发行和运作。Tether 公司在用户持有 USDT 的时段，1 美元储备资产所发生的利钱归该公司所有，而且该公司在收入美元储备资产时，也会收一定的手续费。一些还没有被证明是良币的非稳定币容易被人操纵，往往会出现价格的急剧波动，比如狗狗币。狗狗币发明初衷是想揭开虚拟币的骗局，随着逐渐流行却成了投机工具。狗狗币在被马斯克 2021 年 2 月连发 3 条推特全力支持后，价格大幅上升，一度 6 个月的涨幅超过 260 倍，但 2021 年 5 月马斯克承认狗狗币是一场"骗局"后，次日狗狗币暴跌 39%。

## 二、数字货币的发展：风险与正当性问题

数字货币的发行、运作风险很大，涉及到以下风险：一是法规风险，包括国家风险，比如上述俄罗斯人的一些数字货币被冻结，又如我国禁止私人数字货币在境内的开发与交易；二是市场风险，比如比特币价格波动大；三是操作风险或管理风险，比如管理者可能自己会监守自盗，又如有些比特币在交易所被黑客攻击盗走；四是信用风险，比如因发行者或者销售商信用问题对投资人导致的风

险，这些信用问题包括虚假宣传、做庄、价格操纵、内幕交易等等；五是流动性风险，比如说比特币如果在交易所被窃，交易所持有的比特币数量不足，取币者取不到比特币，可能导致交易所倒闭；六是技术风险，比如黑客攻击交易平台盗取比特币，又如加密数字货币可能遭受量子计算的攻击。

美国和中国政府现在把比特币和其他私人加密数字货币当成虚拟商品。这个商品定性与在历史上货币最初就是一种商品这一事实相符。最早的货币本来就是作为特殊商品出现在商品流通当中的，比如贝壳、黄金等。亚当·斯密在《国富论》中把货币的源头追溯到作为（一般）交换媒介的特殊商品，即商品货币。奥地利学派同样最早追溯到商品货币，视之为一种特殊财货。美国和中国政府视比特币为虚拟商品，是正确的。

上面说的私人加密数字货币中的良币，包括比特币、以太币和USDT，都是通过跟其他已经流通的货币或者财货交换才进入流通过程中的，由于总体上规则和程序是公平公开公正的，没有欺诈，符合休谟的三大正义原则：持有的稳定、基于同意的让渡、遵守承诺。在进入流通领域之后，这些数字货币的转让（包括定价）也服从基于同意的让渡原则。整套发行和流通的规则和流程公平公开公正，而且不存在欺诈，这是这些数字货币成为良币的必要条件。这些数字货币的价格要接受市场的考验。由于数字货币是虚拟商品，只有交换价值（包括大家批评的炒作价值），但整个运作仍然是正义的。看数字货币，要区分两种类型：一种是基于一定的资产作为准备而发行，比如 USDT；另一种是不基于一定的资产作为准备而发行，只是基于区块链的整套规则和流程是可信的，是独立于对人或者机构的信任（也就是所谓"去信任"），如比特币和以太币。基于一定的资产作为准备而发行数字货币，比如上述 USDT，被称为"稳定币"。提供资产准备属于一种信用增强手段。由于数年来很多小币种发行不成功，市场上也鱼目混珠，难以区别。时间一长，币圈转向更多发行"稳定币"，那是合理的走向。当然，并非所有的数字货币要求是"稳定币"。

有人认为数字货币不要与商品货币相比较，只要看其信用。两者其实是一个硬币的两个面。数字货币作为虚拟商品，是特殊商品或财货，一般没有使用价值（相反，黄金作为货币，还可以有打造为首饰的用途而具有使用价值），但有交换价值，并非没有价值。这是因为价值对于每个人都是不一样的，是主观的，体现为对个人的有用特性和有用程度。不过，区别于其他数字货币，比特币作为世界上第一种加密数字货币，可能有着某种使用价值：比如一些人把比特币作为某种"自由意志"的标志。目前存在一些基于比特币的区块链智能合约开发项目，这就会为比特币增加一种使用价值。比特币和其他数字货币现在在乌克兰和俄罗斯据说都很有用。几年前津巴布韦内乱时也是如此。这方面主要体现的是交换价值。

所谓信用，还是要看整套发行和运作的规则和程序是否公平公正公开。每个人买入数字货币时，他根据自己对该数字货币能够换回多少其他的货币或者财货这种主观评价来评估该数字货币对他的价值和预期的市场价格。而且，我们看所有各种各样的货币，其实都是要看整套发行和运作的规则和程序是否公平公正公开，获得的货币能够换回多少其他的货币或者财货，法规政策风险如何，以此评估该货币对它的价值和预期的"市场价格"。基于区块链的数字货币本身虽然是去信任的，但是最初的发行方和二级市场交易者也需要在每个环节体现诚信，这样才能提升数字货币的信用程度。而且，如果一些数字货币存在诚信问题，对投资者失信，这可能导致未被公认为良币的那些散币的市场出现系统性风险，投资者会对其他散币也不信任。

现在西方国家流行的纸币作为中央银行法币，不接受兑现某种实现约定的其他货币或者资产，其实不大符合休谟正义三原则中的第三大原则：遵守承诺的原则。纸币是中央银行负债发行，往往购入财政部门发行的国债，中间有个银行部门做中介，说难听是"托"。说是背后有国家税收等作为国家信用的支撑，但是通货膨胀越来越厉害。政府负债越来越多，纸币发行也越来越多，各国政府也没有承诺 1 美元或者 1 欧元的法币能够换回某个固定数量的商品组合或者某种固定数量的其他货币组合。举这个例子，就是要强调，货币的价值和信用，一定会体现在它能够换回多少商品或者货币，或者是否依托足额的资产准备而发行，整个发行和流转过程是不是符合规则和程序，是不是没有欺诈。

## 三、区块链项目与数字货币的关联

我国政府愿意支持区块链项目的发展，为什么呢？区块链主要有四种共识机制：首先是工作量证明。比特币和以太币 1.0 就采取工作量证明机制，但是存在供电量大的问题。以太币 2.0 为此已经转向权益证明机制。当初比特币的设计者没想到这一点，也没想到比特币会这么热，人类这么"贪"，会集中投机比特币，动用这么多的资源挖矿。当然现在不会设计一个像比特币一样那么耗电挖矿的数字货币。还有权益证明机制、股权证明机制以及验证池机制。诺贝尔经济学奖得主布坎南强调"同意的计算"（这也是他的一部书的标题），实际上就涉及共识机制。共识机制的嵌入，把民主的理念和机制引入区块链。很多真正与促进实体经济或金融服务提供相适应的，而非单纯用于数字货币投机的区块链项目，是有益于经济发展和效率提升的，能获得政府支持。大的供应链项目，可以搞区块链，如果运作好了、工作量大了，每个节点参与者的股份价值就增加了，这是一个好事。股权证明机制涉及实体经济或金融服务提供项目的股份，这种股份虽然也有类似于代币的特点，但是政府是应该能接受的。

## 四、数字货币正在成为大国竞争的角逐场

政府也要为发展数字货币提供某种通道，为什么呢？数字货币竞争在未来会成为大国竞争的重要"战场"。数字货币已经成为很多国家的国家战略，只不过很多国家还在研究和测试当中。中国央行在发展数字人民币（也就是中央银行数字货币），现在走在世界的前列。从 2014 起开始研究数字人民币方案，截至 2021 年 6 月 30 日，数字人民币试点场景已超 132 万个，累计交易笔数 7075 万余笔、金额约 345 亿元。

2022 年 3 月 9 日，美国总统拜登签署行政令，要求政府部门评估创建中央银行数字货币的利弊，这是美国政府首次着手"全面"评估创建央行数字货币的可能。美国央行数字货币大概率是基于区块链技术的（因为美联储体系的架构和成员结构非常适合于推出这类数字货币）。如果美国加快这一进程，我国就需要升级我们正在测试和推广的数字人民币。不同于一般的私人数字货币，数字人民币采取中心化管理、双层运营，发行层面采用集权发行机制，包括

《中国数字人民币的研发进展白皮书》在内的权威渠道，均未明确数字人民币使用了区块链技术。不过，人民银行数字货币研究所所长穆长春答记者问时表示，数字人民币部分借鉴了区块链技术，在数字人民币支付体系的发行层，基于联盟链技术构建了统一分布式账本。白皮书提到"数字人民币的技术路线选择是一个长期演进、持续迭代、动态升级的过程，以市场需求为导向定期开展评估，持续进行优化改进"。可以合理推测，区块链技术至少是数字人民币重要的可选技术方案之一，在前期设计中被充分考虑。目前的区块链技术没有植入到数字人民币本身，相当于"区块链技术 + 数字人民币"，即数字人民币仍然是中心化的数字货币，但采取区块链技术和多节点网络发行，类似于很多当前的区块链项目，可以使用一般法定货币，也可以使用其他特定货币。在对于私人数字加密货币的态度方面，2017 年 9 月，我国央行下发关于防范代币发行融资风险的公告，正式定性 ICO（首次代币发行）是未经批准非法融资行为，任何组织和个人不得参与，同时把为虚拟货币提供交易、兑换、定价、信息中介等服务也列为禁止项。2021 年 5 月至 6 月之间，我国密集出台政策，限制加密数字货币的交易且禁止加密数字货币矿场的运营。这些做法可能会导致我国失去此前在私人加密数字货币发展方面的优势。

与美国相比，我国对私人数字加密货币创新的支持已经落在后头。美国政府接受稳定币和代币形式的私人数字货币的发行，接受各种私人数字货币作为数字资产的交易，包括比特币期货。美国除了允许 USDT 的流通和 Diem 的开发，还允许比特币期权期货的发展。2022 年 3 月，拜登签署行政令要求政府机构评估建立中央银行数字货币的好处和风险，并鼓励美联储继续研究和开发中央银行数字货币的工作。若下一步美国推出中央银行数字货币（按照美联储的性质，其实是系统重要性的多个私人商业银行共同推出的数字货币），对我国的数字货币国家战略地位会形成较大的挑战。

事实上，至少有几种数字货币我国是可以支持的，可以通过特许的方式来支持，比如代币和稳定币，还有已经被接受为良币的极少数货币，比如比特币和以太币。

首先的代币。发行和流通代币的时候是需要代表某种其他货币，其流通实际上是依托用某种其他货币买进代币、把代币拉入流通领域，符合休谟正义三原则，即符合持有的稳定原则、基于同意的让渡原则和信守承诺。政府在代币发行中可以提供一个授能环境，提供一些指引和规范。只要代币数量不是特别巨大，它就只是代理性的，全面打压取缔它不符合大国竞争的战略要求。代币的发行，与法币的强制性发行和注入流通领域不一样，是可以容许的。当然可以通过某种特许制来加以限制。代币是发行的时候人们用其他货币或者商品买进去流通，这决定了它是一种一般货币之外的流通媒介（很多东西都是流通工具，比如借条、票据、支票甚至黄金首饰等等）。代币代表某种一般货币，这种代理性质是明示的，符合持有的稳定原则。

代币基于规则和程序发行，在交易环节也是公开透明不欺诈，这也是符合第二正义原则的。按照原来发布的代币发行说明书来公开透明地发行和交易代币，不欺诈，则体现了信守承诺，符合第三正义原则。若私人加密数字货币是遵照公平公开公正的程序，通过其他货币或者财货与之交换而被拉进到流通当中，在后来的交易环节中也公开透明不欺诈，就符合正义原则，那就不能当做欺诈案件来处理。

其次是稳定币。稳定币要有抵押的资产（如果这些资产是其他一般货币，那么稳定币就是代币），也就是用于发行稳定币的准备资产，稳定币发行数量与资产准备相匹配，资产准备由第三方保管，资产准备状况需要透明、安全、足额。稳定币的发行和交易需要透明、安全。在美国，除了 USDT 之外，还有 Diem。Facebook 原来也联手大型公司和银行力推稳定币 libra，后来改名为 Diem，由于美国监管部门要求 Diem 的交易必须可追溯，导致了很多重要合作伙伴退出项目，这个项目在 2022 年年初转给了第三方，现在第三方还准备上市，继续发行 Diem。

再次就是少数已经证明成功的良币，比如比特币和以太币。其发行和运作符合休谟正义三原则。政府不放心的话，可以将其交易限制在一定的范围内。这些数字货币以及上面的代币和稳定币，其实都是通过一般货币或者某种流通中的资产被拉入到流通领域的。从这种角度看，将其视为数字资产确实更为准确。

元宇宙技术及其应用在不断发展，而元宇宙又大量依托通证，各国政府将难以控制各种通证的流行。其中部分通证就有着某种程度的数字货币或者股份或者权益证书的性质。也就是说，难以控制以通证形式出现的数字货币或者类数字货币，以及其他与之形成交换关系的数字货币。

所以，我国的中央银行数字货币的发行要推开基于全区块链的、去中心化的试点（可以选择中央银行、多家国有商业银行和少数其他系统重要性银行），以保持数字人民币的先发优势地位。同时，对一些私人数字加密货币要有更多的容忍。要重塑国家数字货币发展战略，可能一个比较好的方式就是多家特许，不一定是完全放开。在多家特许制下，运作不良的数字货币容易被市场自行淘汰，就是优胜劣汰，但不影响国家的货币与金融安全。至于投资者参与其中，就要保护投资者的合法权益，整个运作需要规则和程序上的公平公开公正，做到第三方可核实。比如，抵押资产的数量，抵押资产的第三方保管和增值保值程序等等，都要透明可查核。

总之，我国可以加快基于区块链的数字人民币的开发步伐，通过私人加密数字货币发行多家许可制（强调机构资质）来保持我国在数字货币的领先地位，以应对数字货币角逐场中的大国竞争。这里，"私人"可以从更广义的角度去理解，其含义包括各种所有制的商业银行和商业机构。

# 第 14 章　德国的管家银行制度

金融是经济体系的血脉。经济发展与财富创造离不开金融体系的助力。德国的管家银行（Hausbank，主开户行）制度立基于关系型融资原则，强调银企之间相互信任、相互支持，信息对称、关系紧密，长期携手、合作共赢。管家银行可以一手提供全部或者大多数金融服务产品，甚至还可以参股企业客户，或对企业客户提供有针对性的企业发展咨询。管家银行制度由此对于德国中小企业融资做出了重要的贡献，对中国银行业的发展有着较大的借鉴意义，有必要在此做一介绍。

## 一、德国的管家银行制度概况

德国属于以银行为主的金融体系。其管家银行制度有着悠长的历史传统，它作为一种非正式制度即银行文化对德国中小企业融资发挥着重要的作用。根据维基百科的介绍，"管家银行"属于银行客户自己的主开户行，它持久地为客户处理其绝大部分金融交易。[①] 管

---

① "Hausbank", Wikipedia, https://de. wikipedia. org/wiki/Hausbank. 浏览于 2017 年 7 月 30 日。

家银行可以直接持有客户公司的很多股份，为那些把其股份交付银行托管的投资者代理投票，因而享有与此对应的附加权力。[1] 它也可以利用自己掌握的对客户和行业的信息优势，对客户提供有针对性的发展咨询。

很多德国中小企业都会把一家银行作为自己的管家银行。根据德国投资者营销股份公司的 2016 年报告《未来的银行》[2]，德国的储蓄银行（属于地方公有银行）近 85% 的客户在该行开设了主要账户；在合作银行系统，大约 76% 的客户在该行开设了主要账户。这说明在储蓄银行和合作银行中，客户将银行作为管家银行的比例很高。这一指标在不同商业银行中的比例相差很大，比如德意志银行有大约 70% 的客户把该银行作为管家银行，发展历史较短的塔尔哥银行（Targobank）则只有大约 42% 的客户属于此类情况。对于一些直销银行，比如 ING-DiBa 互联网银行，作为现有体制的挑战者和"野蛮入侵者"，管家银行职能并不是其重点，但是为了照顾到德国客户与银行打交道的惯例，也提供管家银行服务，只是客户中将这些直销银行用作管家银行的比例较低，在该互联网银行中大约为 20%。

选择一家银行而不是另外一家银行作为管家银行的原因不外乎以下几项：一是该银行一直就是客户使用的开户银行；二是银行在客户周边有网点；三是银行的服务能力强；四是银行服务收费低。

由于德国推行全能银行（Allfinanz）体制，银行可以从事保险和证券业务，投资银行业务，甚至参股企业，德国的"管家银行"可一手向中小企业和个人客户提供各种金融服务，对满足中小企业

---

[1] "Hausbank" The Law Dictionary http://thelawdictionary. org/hausbank/浏览于 2017 年 7 月 30 日。

[2] Investors Marketing. Banken der Zukunft. Privatkundenstudie, 2016.

和个人客户金融服务需求有着重要的意义。

## 二、管家银行的特点

德国的中小企业及自然人通常与一家特定的银行即管家银行维护密切的业务关系，而大型公司只有在银行的现金管理和支付交易中还沿用经典的管家银行理念。

管家银行的运作有着如下特点：

一是体现关系型融资特点。管家银行在推行关系型融资原则方面具有天然的优势，而且也倚重关系型金融。根据青木昌彦的定义，关系型融资是"一种类型的融资，在其中金融机构为了在未来能获取租金，可被期望在一系列难以合约化的状态下向企业提供潜在的额外融资"①。这里最明显的是保持长期忠诚关系，解决信息不对称问题，降低交易成本。

二是与上述关系型融资特点相关联，银行与客户的关系存在着持久性。银行与客户之间关系的持久性，就其定义而言，就是管家银行的一大属性。客户与一个特定的信贷机构之间巩固和维持一种长期合作关系，这是有其道理的。每个银行客户有着个人偏好（与特定银行顾问的信任关系）、空间的偏好（银行在居住地附近）、涉及实物的偏好（为此，银行可以客户所拥有的实物作为对客户的信贷担保品）。这些偏好可以促进企业对银行的忠诚度：即便银行的评

---

① Aoki, Masahiko, and Serdar Dinc. "Relational Financing as an Institution and Its Viability Under Competition." Www-Siepr. Stanford. Edu. Accessed August 9, 2017. http://www-siepr. stanford. edu/workp/swp97011. pdf

级恶化，也能维持客户关系。[①]

三是客户对银行保持着很高的忠诚度。这里事关银行客户的一种持久的行为，该客户一再并且在很大程度上排他性地接受一个特定银行的服务。[②] 解除与一家银行的业务关系和建立新的银行业务关系，会给客户很多的麻烦，所以只有银行发生严重的服务问题，才会触发这一举措。[③]

四是银企之间体现一种合作共赢的合作伙伴关系。企业对管家银行的忠诚，管家银行对企业的持续支持，这种长期平等合作关系既促进互利，又带来双赢。

### 三、管家银行制度的作用与适用性

管家银行制度对于中小企业和个人客户融资有着重要的作用。一是银企之间建立了长期、稳定、紧密的信任关系，相互提供支持，银行存在提供长期融资服务正向激励。二是银企之间建立长期的、信息对称的、多次合作博弈的持续融资关系，管家银行相对于非管家银行对客户拥有信息优势，可以提供更为量身定制的金融服务。三是管家银行可全面结合其管家银行和"全能银行"双重优势，向客户提供后者所需求的多数甚至全部金融服务。四是即便企业出现

---

① Wittman, Christoph Moritz, Investmentbanking und Nachfolgeberatung der Sparkassen, 2010, S.50f.

② Joachim Süchting, Die Bankloyalität als Grundlage zum Verständnis der Absatzbeziehungen von Kreditinstituten, in: Kredit und Kapital, Heft 3/192, S.269 - 300。

③ Hermann Meyer zu Selhausen, Quantitative Marketing-Modelle in der Kreditbank, 1976, S.34。

经营不善问题，银行仍然可以较好评估企业的发展前景，克服短期困难，重新安排债务，以期在长远获益。银行也可以通过债转股而持有企业股份。对于企业而言，管家银行的这种作用有些像提供了一种流动性保险的作用，即稳定融资的作用。[1] 五是管家银行可以在企业发展战略方面对企业提供一些重要的咨询意见，有助于企业良性发展。

德国的管家银行制度能够与其全能金融较好搭配发力。全能金融制度使得银行可以向客户提供各种交叉销售（cross-selling）。交叉出售是指金融机构在出售某种金融产品时，向客户附带供给其他金融产品或劳务，以加强发掘和利用客户关系。[2] 比如，管家银行设有客户的汇划账户，就有可能通过交叉销售向客户提供存折和各种用途的贷款服务，甚至提供更高值的产品，比如财产和投资咨询，以及房屋建筑融资。而且，交叉销售运作得愈好，客户便愈加相信企业。而客户愈加相信企业，交叉销售便愈加容易[3]。

而且，管家银行可以利用其掌握的较为充分的客户信息，针对不同的客户提供不同的金融服务，而且可以在客户的生命周期内不同时段提供有针对的金融服务。这种针对整个生命周期的一连串期内和跨期金融服务，如果不是管家银行和全能银行，就很难提供。

根据维基百科的介绍，对于不同规模的企业，管家银行制度的适用性不一样。中小企业更需要管家银行，而较大的企业则不然。

---

[1] Elsas, Ralf. Die Bedeutung der Hausbank. Eine ökonomische Analyse. Wiesbaden: Deutscher Universitäts-Verlag, 2001.

[2] Stracke, Guido und Dirk Geitner. Finanzdienstleistungen: Handbuch über den Markt und die Anbieter1. Fachmedien Recht und Wirtschaft in Deutscher Fachverlag GmbH, Januar 1992, 30—38。

[3] Stracke 等,1992。

银行与中小企业之间维持较长期合作，可使得银行更熟悉该企业的经济与法律状况和企业家个人的情况，银行可持有企业重要的财产作为信贷抵押担保品，还可以出于防范风险的原因而更好地评估其企业信贷的机遇和风险。[1] 因此，在一般情况下，熟悉特定中小企业的银行，相较于一家不熟悉该企业的银行来说，会更愿意提供贷款，或者以更好的条件提供贷款。[2] 银行还可以针对有着较长期合作关系的中小企业本身的需要，一手提供多种金融服务。此外，银行往往可以向中小企业提供更好的建议，比如，利率变化风险对冲、汇率变化风险对冲，等等。但是，由于中小企业可能对一个特定的银行，甚至对该银行的一个特定的员工产生太大的依赖性，中小企业往往也需要与至少一家其他的银行保持合作。[3] 这样可以防范一家银行利用其垄断定价优势。

## 四、总体评述与对中国的意蕴

德国的管家银行制度受到了全球化、减少金融管制以及互联网金融兴起的冲击。管家银行和客户之间的一些关系纽带出现断裂。现在德国的传统银行纷纷对客户提高收费，银行和客户之间的关系裂痕越来越大。越来越多的客户愿意改变其主开户行。很多客户对其作为管家银行的传统银行提高账户收费越来越不满[4]，而互联网银

---

① "Hausbank"，Wikipedia，同上。

② "Hausbank"，Wikipedia，同上。

③ "Hausbank"，Wikipedia，同上。

④ Seibel, Karsten. Kundenflucht wird für Banken zum ernsten Problem, DieWelt17. 4. 2017. https://www. welt. de/finanzen/verbraucher/article163752754/Kundenflucht-wird-fuer-Banken-zum-ernsten-Problem. html. Recherchiert am10. 8. 2017.

行的特点就是收费低，因为它们没有分支机构，人员配备少，固定费用低，属于轻资产、高技术的金融科技机构。但是，也正是因为这些特点，互联网银行也很难做到传统银行这种贴近客户、长期关护、基于关系型融资的管家银行角色。因此，虽然这种互联网银行的冲击搅动了德国银行业，但在较长时间内，管家银行制度仍然发挥着较大的作用。

从逻辑上看，管家银行与全能银行职能合二为一，基于关系型融资原则，能够较好地发挥银行满足中小企业和个人客户的金融服务需求，较好地提供信贷服务，同时还可以提供附加金融服务。较大企业的融资渠道多，融资方面不依赖于单家银行。一些信贷机构可以基于等臂距原则（指在银企之间相互关系独立、地位平等情形下提供融资）向其提供金融服务。

中小企业如果没有管家银行制度作为其依托，就只能与多家银行保持业务联系，防止自己只依赖一家银行，对银行也没有保持忠诚可言。银行借贷也不会考虑长期紧密双赢关系，相比之下，银行只是遵循等臂距原则提供信贷支持或者其他金融服务支持，长期贷款的可得性就差。法国的情况就是如此。法国银行对中小企业服务的模式被称为"fournisseur"（供货商）模式，与之相伴随的就是更多的信贷配给、信息不对称、监控等问题。[1]

中国银行系统与中小企业的关系模式就类似于法国的"供货商"模式。这种模式的弊端很多。这些有关客户状况的分散知识没有被有效利用。

---

[1] Quack, Sigfrid and Swen Hildebrandt. Hausbank or Fournisseur? Bank Services for Small and Medium Sized ?Enterprises in Germany and France. Discussion Paper FS | 95 - 102, Wissenschaftszentrum Berlin für Sozialforschung, 1995.

管家银行与全能银行相结合的重要性其实也适用于其他国家，包括中国。关键在于是否存在这种管家银行和全能银行的制度和文化。尽管中国也在朝着全能银行模式转化，但是中国目前很难看到管家银行模式的影子。一些银行家不妨对部分企业推行这种模式，与这些企业建立管家银行关系，形成长期紧密的合作伙伴关系，对这些企业提供较长期的贷款额度、其他金融服务以及企业战略咨询。一些地方的政府也可以鼓励更多本地银行与企业形成管家银行关系模式，促成在本地涌现一种管家银行模式和文化。

　　即便中国难以引入管家银行模式，也可以引入一些管家银行的做法。比如，银行对信用较好的民营企业和农户广泛引入信用额度管理法，取代原来的短期贷款法和先还贷再续贷的要求。这种续贷条件不符合市场经济的基本要求，应该让信贷机构自行负责自己的信贷政策，而不是由政府部门来统一管理。现在对贫困农户发放存贷两用卡，往往为农户提供了一个信用额度。这种方法应该用到信用较好的民营企业和农户。为了减少信贷机构面对的信用风险，信贷机构可以采取风险定价的方式，通过进一步提高利率来控制风险，同时这些民营企业和农户可以广泛形成共同担保基金，把基金存放在其往来银行，从往来银行按照5—10倍的金额获得贷款。

# 第 15 章　利息是如何产生和决定的？

中国的高质量发展离不开金融部门的助力。金融机构支付存款利息吸引存款，再以收取贷款利息的方式发放贷款，以此为中国的经济发展与财富创造输送资金血液。没有利息作为回报激励机制，现代经济发展是不可想象的。

但是，古希腊哲学家柏拉图认为，放贷收取利息无异于盗窃，不但不合乎道德，也是非法。亚里士多德也认为，收取利息不仅不恰当而且还违背了自然法则。他在《政治学》一书中认为，收取利息的做法极其让人厌恶，这种厌恶是完全正当的，因为获利直接来自货币本身，而非货币所换取的某物品的产出品。他详细分析了希腊语中的"高利贷"一词"tokos"，其词意为"子嗣"。他从中看到一种逻辑：正如每个动物都会生出跟其相似的后代一样，人们似乎认为"利息也是货币生出来的货币"。他断定，"这尤其有悖自然"。《古兰经》明确禁止收取贷款利息（Riba），伊斯兰沙利亚法不区分利息和高利贷，均为"Riba"，一概禁止。中世纪的天主教会法禁止"usury"，但是这里这一术语和"Riba"一样，实际上也指涉任何带有利息的放贷，也就是涉及超出任何本金金额的贷款偿还行为。倒是古代中国允许收利息，不过往往设置利率上限，但该上限仍然是非常宽松的。比如，唐《杂令》和《宋刑统》均规定借贷利率不得超过月息六分。

如何理解利息现象的来源和利息的本质？不同经济学家会有不同的解释。奥地利学派经济学家庞巴维克对利息的来源提供了原创性的货币时间价值理论解释，由此对利息理论做出了原创性的贡献。其亲传弟子米塞斯则对利息的本质作了精辟的阐述。本文将介绍这些奥地利学派经济学家对利息现象来源和利息本质的解释，并补充分析实际生活中的利息决定。

## 一、货币的时间价值

这里需要回答一个问题：为什么资金出借者愿意融出富余资金以获得利息回报呢？庞巴维克的解释是，这是因为个人对货币存在时间偏好或者时差偏好，货币存在时间价值。根据他提出的货币时间价值理论或货币时差偏好理论，比起等待未来才能得到的货币，我们更喜欢现在的货币。相对于在一年之后拥有 100 元的货币，一个人更偏好拥有当前的 100 元货币。这样，一个人对 100 元货币的现在价值会做更高的主观评价，而对同样 100 元货币的未来价值会做更低的主观评价。也就是说，对于一个人来说，当前拥有的 100 元货币比未来收到的同样 100 元的货币具有更大的价值。与此相应，货币的时间价值就来自于个人主观评价的货币现值和未来值之间的差别，来自于个人相对于未来更偏好当前拥有同等金额的货币。

时间价值不仅体现在货币中，也体现在所有其他财货中。比起等待未来才能得到的财货，我们更喜欢现在的财货。德国有句谚语："一鸟在手，胜于双鸟在林"。就是这个道理。这种效应就是后来行为经济学家塞勒提出的"禀赋效应"：一个人拥有的东西属于此人的一部分禀赋，与一个人即将拥有的那些东西相比，他更看重自己已经拥有的东西。

货币的时间价值可视为货币价值的时间贴水。资金出借者融出资金，收取利息，其最初的、最纯粹的原因就是收取货币价值的时间贴水，也就是对货币时间价值差额的补偿。

教科书中关于货币的时间价值描述是通过终值和现值进行分析的。今天可用的一定金额的钱被视为"现值"，相应的，在未来可收回或可支付的一定金额就被视为"终值"，那么现值和终值之间的差额就是"利息"，它包含在终值之中。按照教科书上的说法，影响该差额水平的因素有两个：一是利率，二是期限。利率越高，期限越长，差额越大。

## 二、元利息

根据奥地利学派经济学家米塞斯的观点，可把资金融出方收取的纯粹货币时间价值差额补偿称为"元利息"。可以说，如果人类没有上述这种货币时差偏好，"元利息"就不会出现，实际生活中可观察到的利息现象也不会出现。米塞斯认为利息是一个同质的现象，利息没有不同的来源，耐用品的利息和消费信贷的利息与其他利息一样，都是对现在财货的评价高于对未来财货的评价的结果。在市场经济中，利息就表现于未来货币相对于现在货币的折现，这一折现就被米塞斯称之为"元利息"。比如货币的时间价值，在当下和未来是有差异的。当下的价值高于未来的。信贷现象就是因货币的时间价值而产生。每个人对货币的时间价值评估不一样，货币的时间价值构成了贷款中的元利息部分。没有货币的时间价值就不会出现信贷现象。当然实际利息里边还有其他的因素考虑。

米塞斯认为，元利息不是资本在市场上由于供需双方相互作用而决定的资本价格，是由于货币的时间偏好导致的未来货币的评价与现在货币的评价的比率。应该说是元利息决定了利息现象的存在，决定了把多少货币用于立即的消费，多少货币用于未来。这一观点与当下主流的西方经济学现代利率理论不一致。

## 三、实际生活中的利息决定因素

实际生活中可观察到的利息至少包括三个部分："元利息"部分、风险溢价部分和价格溢价部分。其中风险溢价涉及融出方对还款风险的主观评估，因而要求相应的风险补偿。而价格溢价部分反映了融出方对用来偿还债务的货币或者其他财货（比如抵押物）的未来预期价值变化的评估，这里尤其包括融出方会对通货膨胀问题导致单位货币的购买力损失因素提出溢价补偿。在现代社会，政府往往会增发法定货币，从而往往导致较严重的通货膨胀，融出方提出相应补偿也是正常现象。此外，如果是企业家负债，企业家认为他的资金回报率亦即生产率预期较高，他就会提供愿意接受较高的利率。

在实际生活中可观察到的利息，其实不一定只包括上述三个利息因素。如果金融市场是卖方市场，比如在农村地区，一些贫困者或者资金链紧张的小微企业已经山穷水尽，借不到急需的资金，资金融出方可能是一个民间放贷人，他可能高出上述三个利息因素所决定的利息水平放出资金。在这种情形下，资金融出方的时间偏好是稳定的，他发放资金给所有人员或者企业的资金时间偏好是一样的，而贫困者或者资金链紧张的小微企业作为资金融入方即需求方的时间偏好非常高。资方融出方可以利用资金融入方的时间偏好高这一窘境提高利率。当整个利率水平很高，比如借出 10 万元钱，要 1 角利（每月利息占本金的 10%），容易被指责为发放"高利贷"。当然，我们需要看到，"高利贷"首先是一种金融服务的事实。它体现一种特殊的供求特点。"高利贷"所收取的利息是一种市场利息。一个人要借"高利贷"时，一般是急需用钱。他所面临的情况往往是，不借就"死"；借到了，看看能否"活"。比如，一个贫困家庭的子女得了急病需自费就医，借到"高利贷"就比借不到钱要好，可能就是这种情况；再比如，企业在银行信贷到期，额度重新审批也已经通过，只需要将原有信贷资金按期归还银行就还能在短时间内重新贷出来（一般需要一到两周时间）。若企业当前现金流紧张，它也会倾向于使用"高利贷"，也称为"过桥资金"。这种"过桥资金"在金融市场上普遍存在，主要是由于资金使用时间可控，只占若干日，资金融入方对总利息支出有承受能力，或者说由于使用"高利贷"而产生的利息支出低于其暂停现有业务生产去筹集资金所产生的损失，如果没有这笔资金，企业将面临银行断贷的风险。不过，企业借入"过桥资金"，往往是听取了银行会续贷的承诺。万一银行只是做了虚假承诺、骗取企业还本付息，在拿到企业用"过桥资金"偿付的本息之后不再续贷，那么企业借入的短期"高利贷"很可能会长期化。

"高利贷"现象在学术圈争议很大，很多学者对"高利贷"持谴责和厌恶态度。但其作为一种"有比无好"的金融服务，在上面两个例子中体现出了其存在的合理性。只是正如亚当·斯密所言，支持为利息率设置上限："在允许收取利息的国家，法律为了防止重利盘剥，常常规定能够收取而不受惩罚的最高利息率。这种利息率应当略高于最低的市场价格，即能提供最可靠保证的人为使用货币所支付的通常价格。"我国目前关于最高利息率的相关规定主要依照以下规定：2015 年《最高人民法院关于审理民间借贷案件适用法律若干问题的规定》中确定的司法保护利率上限，利率≤24%，受法律保护的；24%＜利率≤36%当事人自愿履行完毕的，法院不予干涉；利率＞36%的部分无效，即"两线三区"。2020 年 8 月最高人民法院根据社会发展的客观需要对上述规定进行了修正，确定 4 倍 LPR（即 4 倍一年期贷款市场报价利率）为新的司法保护利率上限，利率在 4 倍 LPR 以内的受法律保护，超过 4 倍 LPR 的部分不受法律保护，即"一线两区"。同时还有规定"利息不得预先在本金中扣除，预扣利息的，按照实际出借数额计算出借本金，任何以收取砍头息、履约保证金等形式预扣出借款项的，均会视为未足额出借"。因此 2019 年中央广播电视总台 3·15 晚会曝光的"714 高炮"事件是不合法的。"714 高炮"指那些期限为 7 天或 14 天的高利息网络贷款，其包含高额的"砍头息"及"逾期费用"。714 高炮基本上 90%都是以 7 天期为主。利息方面年化利率基本上都超过了 1500%。2019 年 3 月 15 日，中央广播电视总台 3·15 晚会曝光了"714 高炮"要钱更要命等事件，引起了社会各界的普遍关注。

## 四、结语

综上所述，由货币的时间价值决定的元利息决定了利息现象的存在。而资金的生产率则是实际利率中的一个影响因素，而且在许多利率现象中甚至还不是一个第二重要的因素。遗憾的是，以费雪为代表的现代利率理论，把资金的生产率当作利率决定的最重要因素，而把货币的时间价值因素即元利息因素，视为次要的影响因素，这种理论是本末倒置的，应予纠正。

# 第四部分

# 思想的力量

# 第 16 章　方法论个体主义 vs 方法论集体主义

　　方法论个体主义（也称"个体主义方法论"）与方法论集体主义（也称"集体主义方法论"或"整体主义方法论"）是两种对立的经济分析方法论。门格尔在《国民经济学原理》一书序言中提出了要运用后来被称为"方法论个体主义"（methodological individualism）的研究分析方法："我们在下文中努力使经济中的复杂现象还原成为可以进行最为简单而可确定地观察的各种可理解的基本组分（Elemente），并对这些基本组分根据其性质确立其衡量标准，然后再根据这种衡量标准探究，复杂的经济现象是如何从这些基本组分中合乎规律地化生而出的。"

　　根据方法论个体主义，对经济现象的理解和解释，应该回到个人的行动以及个人之间的互动层面。应该通过分析个人的行动和个人之间的互动去理解社会经济现象。无论我们试图解释什么社会经济现象，都应当表明，它们如何产生自个人的行动和相互作用，这些个人无论是单独行动还是共同行事，都只是基于他们对其周围世界的理解去追求他们眼中的利益或目标。这里的基本要素或者组分包括个人、需要、财货、价值、价格、时间、货币、资本、利率等等。显然，方法论个体主义对于我们观察和分析财富创造和企业家的作用至关重要。方法论个体主义是融入到现代经济学中的，是现代微观经济学的一大基石。凯恩斯主义宏观经济学总体上属于方法论集体主义视角，难以用来分析财富创造和企业家的作用。不过，方法论个体主义也不否认经济与社会结构的作用，承认个人是社会中的个人，企业家是一个经济体中的企业家。

## 一、方法论个体主义的要旨

奥地利学派经济学家一般都接受方法论个体主义。根据这种方法论，个人及其有目的的行动是重要的。对社会现象的理解和解释，应该回到个人的行动以及个人之间的互动层面（从而涉及个人以及个人间的联系）。应该通过分析个人的行动和个人之间的互动去理解社会现象，包括经济、社会和政治领域的各种现象。无论我们试图解释什么社会现象，都应当表明，它们如何产生自个人的行动和相互作用，这些个人无论是单独行动还是共同行事，都只是基于他们对其周围世界的理解去追求他们眼中的利益或目标。

方法论个体主义可以用来理解和解释个人的行动，个人之间的互动，由此产生的社会现象，以及与此相关的后果。它的分析对象可以是个人，个人间的联系，也可以是"集体"，也就是个人的集合。其中个人可以包括孤岛上的鲁宾逊，社会中的个人，你我他。其中"集体"包括个人的社会，可以涵括你们、我们与他们，可以涵括团体、组织、行业协会、政党、国家、国家联合体、超国家组织、国际组织等等，还涵括所谓"集体"本身。

这里，需要将这些集体概念和个人概念区分开来。需要注意，在所有这些集体概念之后都是一定数量的具体的个人在发挥作用。只有个人才能行动，集体无法行动。个人有自己的头脑、嘴巴和手脚。集体不是一个人，没有单一的头脑、嘴巴和手脚。讲集体在采取行动，是将集体作为一种拟人化的概念，或者是为了便于交流，用这个概念来指代其中那部分"行动着的个人"。但是，这种"拟人化"或者"指代"均有其局限性。如果把这种"拟人化"或者"指代"理解为集体会真正地行动，那是一种有时可能造成严重后果的理解错误。比如，一个阶层的单个人或者部分人的行动可能被错误地理解为整个阶层的"行动"，由此发动一整个阶层对另一整个阶层进行斗争。又如，根据一则新闻报道，美国指责某国试射导弹，但实际上并不是美国在指责，而是美国的一些领导人代表美国这样一个由特定数量和结构的人口组成的特定国家提出指责。美国自身不是一个具体的人，不能够说话。说美国在指责，只是一种简便的指代说法。再如，日本首相安倍发表一些右翼言论，与日本"发表"这些言论是两回事。安倍作为一个人能发表言论，日本不是一个人，它作为"全体日本人民"则不能发表言论。日本政府也不能发言，只有其中的一些政府领导或者官员能够发言。

## 二、方法论集体主义的局限性

米塞斯在《人的行动》一书中对方法论集体主义的逻辑问题作了很好的总结。他认为，谁都不会否认：人必然总是社会总体的一分子，不可能想象有一个脱离别人而不与社会发生关联的个人会存在；人的理智只有在社会关联的架构中才会产生；人的思想也依赖语言来表达一些概念和观念，而语言就是一种社会现象。米塞斯分析道，有鉴于这些事实，方法论集体主义认为："从逻辑上和时间上讲，整体都是先于部分或分子的，因而对于个人的研究、须后于对社会的研究。对于人类问题作科学的研究,唯一适当的方法,就是全体主义(universalism)或集体主义。"这种全体主义或者集体主义的方法也就是方法论集体主义。

米塞斯也承认:"在人的行动方面,社会的存在是真实的,这是不容争辩的。谁也不敢否认国、邦、城市、政党、宗教团体,是些决定人事进程的事实因素。"但是,米塞斯笔锋一转,指出了方法论个体主义的任务:"方法论的个体主义,决不争论这些整体(collective whole)的意义,而是把这些整体的形成、消灭、变迁和运用加以描述,加以分析。这种描述和分析是方法论个体主义的主要任务;而这种工作要做得满意,也只有个体主义的方法,才是适当的方法"。

米塞斯写道:"一切行动都是由一些个人作出来的。一个集体之有所作为,总是经由一个人或多个人作些有关于这个集体的行动而表现出来的。一个行动的性质,决定于行动的个人和受此行动影响的多个人对于这一行动所赋予的意义。某一行动之为个人行动,另一行动之为国的行动或市的行动,是靠这个意义来识别的。……一群武装的人们占领一个地区,而不说这个占领是现场的那些军官和士兵干的,而归咎于他们的国,这也是一些有关的人们所赋予的意义。"他进而写道:"如果我们仔细追究个人各种行动的意义,我们总会知道关于集体所作所为的种种。因为在各个成员的行动以外,绝没有一个集体存在。集体生活是生活在组成这个集体的一些个人的行动中。我们想象不出不靠某些个人的行动而有所作为的集体。所以要认识整个的集体,就得从分析个人行动着手。"

新古典经济学中的微观经济学部分,采取了"方法论个体主义"的视角,但是其宏观经济学部分,则采取了"方法论集体主义"的视角。后者强调个人行动和社会现象两者的社会性质，从观察总体、整体或者集体的视角来解释个人行动和社会现象，忽视不同个人的行为、价值与利益的差异性及其重要性。"方法论集体主义"的视角往往与一些国家的威权政府行为合拍。这种视角用得失当，不结合方法论个体主义的分析方法，就容易成为侵犯私人产权的帮凶。比如，宏观经济政策决策者的做法可以与赶车人的做法相比较：赶车人的目标是让马车跑得快，不断挥鞭子，至于车上掉下多少人，车前撞死多少人，对他来说都是小事。宏观经济政策的目的是保持经济增长和实现充分就业，其做法是无视对无数个体产权的平等保护，这与赶车故事道理一样。

有一些学者从系统论角度出发，认为群体演化过程中会出现一种只有群体演化才会出现、性质不同于个人行动的"涌现"现象，进而坚持应该对这个方面采取"方法论集体主义"的视角。另外，也有学者认为哈耶克在《致命的自负》书中从系统论和文化演化视角分析传统、习俗、道德、文明以及扩展秩序，指责他犯了"方法论集体主义"的错误。"涌现"现象比如包括演化而来的、特定的文化、习俗、传统，甚至制度，也包括市场秩序。显然，我们需要承认"涌现"现象的存在。这种"涌现"现象往往出现在像参与者作为系统的组成成分数量较大的情况下。如果数量较少，可能出现不了"涌现"。诚然，市场秩序作为涌现秩序的性质就不同于个人行动。市场秩序本身没有目的，个人行动存在目的性。市场秩序中存在很多的正式制度或规则（如法律）和非正式制度或规则（如涉及市场的习惯、惯例、伦理及文化等），很多个人在市场秩序中往往不了解这些具体的制度或者规则，但通过接受现行市场秩序及其价格信号来遵循这些制度或者规则。市场秩序不是单个人的理性所能及的，不是单个人人为设计而成。所谓的"社会结构"似乎是一种给定的、刚性的东西，人的行动似乎就是嵌入在"社会结构"当中，被动受制于"社会结构"的约束。这样一种看法似乎要求我们采取"方法论整体主义"的视角。但这里存在一个误区。"社会结构"往往是无数人体现某种惯例或者文化的某种行动维持在一定发生频率上的不断重构。比如，古时候一个地区出现一种市场伦理，也就是哈耶克所说的"新道德"，是因为这个地区有一定数量的人出于和平获得他人的财货的需要而与别人交换，增进了自己和交易伙伴的福祉，这种偶然得到的好处不仅导致原来的参与者继续参加市场交换，而且导致更多的人接受和参与市场交换。这样，这个地区有一定数量的人的行动体现了市场伦理，他们每天这种市场伦理取向的行动的发生频率会有所变化，但是这种发生频率会维持在一定的程度之上，由此形成和维续了一种"新道德"和市场秩序。瑞典社会学家伯恩斯就把文化定义为群体内体现某种惯例的、维持某种发生频率的某种行动的不断重构。其实，哈耶克的文化演化观也是这么定义文化的。这一定义打破了系统论的方法论整体主义视角。哈耶克和伯恩斯其实是从方法论的个体主义视角来看文化演化和市场系统演化的。通过分析个人的行动和个人之间的互动去理解社会现象，可以解释涌现现象如何产生自个人的行为和相互作用，也可以解释涌现现象怎么就不同于群体内参与者较少时的情况（其实，方法论的整体主义似乎解释不了涌现现象的性质及其出现过程）。甚至可以进行哈耶克所建议的"模式预测"：预测如果维持一些特定的个人行为方式，确立一些特定的制度与规则，就能够出现这种涌现秩序；反过来也可预测：如果不维持一些特定的个人行为方式，不确立特定的制度与规则，就不能够出现这种涌现秩序。

很显然，方法论个体主义是亚当·斯密的"看不见的手"理论的基础。市场作为"看不见的手"这种"涌现"现象，也需要从个人和个人之间的互动视角去观察和理解。与此相应，搞计划经济最体现方法论整体主义。

## 三、方法论个体主义的意蕴

上文讲述了"方法论个体主义"的要旨和方法论集体主义的局限性。"方法论个体主义"有着多重意蕴。掌握这种分析视角，对于我们理解真实世界经济学的种种社会现象，洞察这些社会现象之后的实质非常重要。

"方法论个体主义"的意蕴之一是，对任何集体概念均应该采取解构和祛魅的态度，原则上不存在高于个体的集体，也不存在个人利益之外的公共利益或者集体利益。按照诺贝尔经济学奖得主布坎南的话，如果涉及到利益分析，那么可以说只存在个人利益，不存在任何个人利益之外的利益，包括公共利益。换句话说，所谓的公共利益，也只不过是一些个人利益的叠加。与此相应，权利也一样：只有个人拥有权利，没有集体的"权利"。无论个人属于哪个集体或者群体，任何权利保护最终落实在对个人的权利保护。

意蕴之二是，无论我们把一个地方的政府看作为追求自利的"自利性政府"，还是追求利他目标的"仁慈性政府"，无论这个地方的政府治理属于"仁政"或者"非仁政"，都不要把政府视为铁板一块，而是将其视为规定了一定运作目标的一群官员的组合，同时要认识到这些官员跟社会中的其他成员一样，都有着自利一面的人性。这样就会看到，这个地方的政府不仅可能做善事，也可能做恶事。

这是因为是这个地方的一些具体的官员在做事情，这个地方的政府作为一个集体其实做不了事情。说政府做事，那是一种出于便利表达，是指代那些具体做事的政府官员。也就是说，一个地方的政府既可能因为其部分官员的好心做好事，也可能因为其好心做坏事；既可能因为部分官员的坏心做坏事，也可能因为其坏心歪打正着做好事。

意蕴之三是，也需要以同样的逻辑看企业。企业是规定了共同经营目标的一群利益相关者的集合。企业自身不会行动，能够采取行动的是其中具体的人，尤其是其中的企业家。企业家通过企业追求其自我利益。在公平公开公正的竞争环境中，企业家在以诚立本的基础上所实现利润越大，其对整个社会的贡献越大。这是因为他需要通过为客户/消费者创造价值，才能为自己创造价值。为客户创造最大价值的最佳证明就是客户/消费者用货币作为经济市场上的"选票"来选择购买企业家的产品。

# 第 17 章　门格尔的主观价值论

　　现代经济学，无论是宏观经济学还是微观经济学，都是立基于主观价值论。在财富创造过程中，企业家的主观价值评估包括对其产品和所使用生产要素的主观价值评估占据着中心地位。根据门格尔的观点，企业家对其产品的预期价值（即对自身需要满足的重要性）决定了其所投入生产要素对自身的主观价值。企业家基于其警觉力和预判力，根据其产品对其自身的预期价值制定生产经营计划，根据该计划组织和使用必要数量的劳动力、土地和资本。这些生产要素对于企业家的重要性，取决于企业家对其的主观评价。生产要素虽然有着客观有用性（也就是古典经济学所指的客观使用价值，它在市场上所交换到的产品或者货币数量则属于其客观交换价值），但这种有用性只有符合企业家的生产经营计划要求，才对企业家有重要性，也就是对他有主观价值。比如，一位经济学硕士如果被雇佣为流水线作业工人，他对企业家的客观有用性在于他的流水线作业能力，其价值大小是企业家借助生产经营计划所主观评估的，取决于企业家对产品的总体主观评价，即产品的预期价值。该位经济学硕士在大学所学所形成的其他客观有用性（如演讲能力和写作能力）没有进入该计划，因而对于企业家没有任何重要性。总之，虽然一种生产要素或者产品有其客观有用性即客观使用价值，而且有着与一定数量的产品或者货币交换所体现的客观交换价值（两者在两个维度上体现客观价值，但客观价值不是两者之和，因为当生产要素或产品被使用，意味着不被用于交换），但其对于企业家的主观价值即重要性，取决于企业家对产品的预期价值评估。生产要素的回报也是由企业家按照自己的生产经营计划对该要素的主观价值评估而确定的。

下文讲讲门格尔的主观价值论与亚当·斯密的客观价值论的异同、门格尔的主观价值论与古典经济学的生产费用价值论的异同，以及生产要素回报的决定因素。

## 一、门格尔的主观价值论 vs 斯密的客观价值论

门格尔指出，某种财货对某经济行为人所具有的价值，等于该经济行为人依靠通过支配它而实现的需要满足的重要性。因此，门格尔才强调价值尺度的主观性质。

另外，如果我们谈某种财货的价值，总是指某种财货的一个部分量，而不是该种财货的总量。谈总量是没有意义的。因为人类总是支配某种财货的一个部分量，才将这种可支配的某个部分量的财货与其某种需要满足相互联系起来。比如说，如果你比较全部的水的价值和全部的钻石对于你的价值，那么你得出的结论就是全部水的价值肯定要远远高于全部钻石的价值，因为我们不能没有水而生存，但我们可以没有钻石还照样活着。不过，这种全部数量的水和全部数量的钻石的价值比较是没有意义的。因为我们每个人不可能支配所有的水，只能支配一个部分量的水，也只能支配一个部分量的钻石。一个人可以比较其可支配的一个部分量的水和一个部分量

的钻石的价值大小，比如说你可以比较你可支配的 5 桶自来水和 10 克拉钻石的价值的大小。

经济学之父亚当·斯密在《国富论》中特别提到由约翰·劳最早提出的"钻石与水的价值悖论"。斯密指出："使用价值最大的东西通常很少或没有交换价值；相反，那些在交换中具有最大价值的东西通常很少或没有使用价值。"他举例道："没什么东西比水更有用，但能用它交换到的货物却非常有限，人们用很少的东西就可以换到水。与此相反，钻石没有什么用处，但可以用它换来大量的货品。"

这里，斯密同样不是在全部水与全部钻石之间作比较，而是两种财货的可支配部分量之间的比较。值得注意的是，斯密是从客观价值论的角度来看"使用价值"和"交换价值"的。客观价值论认为，价值是内在于物的，是客观存在的，而产品的价值是由生产的过程和所需的费用决定的。斯密所指的"使用价值"就是使用（而非交换）一物的有用程度，也就是门格尔意义上的"有用性"，它是指使用一物（而非交换该物）的部分量对人类的需要满足具有一种因果关系。斯密意义的"交换价值"也是客观的，是指一个人将一物用于交换所能换回的购买力或财货，等于市场价格，表示由于通过交换一物而占有另一物而取得的对他种货物的购买力。比如，一人从水量充沛的大江里取出的 1 桶水，可以饮用，也可以洗手冲厕，也可以浇花，因此有用，存在有用性，就是具有斯密意义上的"使用价值"。但是卖不出钱，斯密意义上的"交换价值"即可换入的购买力为 0。如果该人取用家里自来水管中的自来水，其有用性即斯密意义上的"使用价值"没变，但"交换价值"很低，一般没人买他接取的自来水。

如果一个普通人拥有 10 克拉钻石，它可能对此人没有直接用处，也就是没有斯密意义上的"使用价值"。但是，该人一般会知道钻石很贵，有很大的斯密意义上的"交换价值"，也就是能交换到很大购买力的一笔钱或者很多的财货。而一些新婚夫妇需要钻石戒指来象征两人一辈子相守相爱，那么钻戒对于他们有着有用性。钻石很贵，与其高度稀缺有关。水不要钱或者很便宜，与水不稀缺或者稀缺程度很低有关。这里钻石的可支配量远远要低于其需要量，它属于非常稀缺的经济财货。水量充沛的大江里的水，其可支配量远远大于其需要量，因而是非经济财货，也叫免费财货。自来水管里的自来水，虽然可支配量低于需要量，属于经济财富，但稀缺程度很低。这里，我们还要回顾一下门格尔有关经济财货和非经济财货的定义。经济财货就是可支配量小于需要量的财货。非经济财货就是可支配量大于需要量的财货。

门格尔的主观价值论与斯密的完全相反。门格尔总是区分一物的有用性和价值。他把价值总是视为一个人支配一种财货（比如，他有独一无二的一个自制竹筒杯）或一种财货的具体部分量（比如 1 桶水）对于其需要满足的重要性。而且该人还必须意识到，支配这种财货与其需要满足存在一种因果关系。门格尔也从主观的视角去看使用价值和交换价值。无论是财货的使用价值，还是交换价值，都是财货在满足人类需要时对经济主体所具有的重要性。财货的使用价值，涉及财货是在直接用途上对经济行为人具有我们称其为财货价值的重要性。交换价值，涉及财货是在间接用途上对经济行为人具有我们称其为财货价值的重要性。在一个财货对其所有者兼有使用价值与交换价值的任何情况下，这个财货的经济价值不是使用价值与交换价值之和。这一点很重要。一个财货被直接使用了，就不能用于交换；用于交换了，就不能直接使用。所以，不能把一个财货的使用价值和交换价值加起来，得到一个总体价值。对于一个不会欣赏和使用和田玉的人，一块和田玉对他没有使用价值，但其交换价值则很大，那么和田玉对于他的经济价值，就是其交换价值。

按照门格尔的理论，当你从一条水量充沛的大江里取用一个部分量的水，比如1桶水，这1桶水虽然有用，但是对你没有价值，因为你的饮水需要的满足不取决于这1桶水，你完全可以放弃这1桶水而从河里任意取用另外1桶水来满足你的饮水需要。大江里的水不稀缺，可支配量远远大于需要量，属于非经济财货。当你从家里自来水管取用一个部分量的水，比如1桶水，这1桶水虽然有用，但是对你没有多大的价值。这是因为，在这1桶水中，按照你对需要满足的优先顺序，先有三分之一用来满足了你的饮水需要，然后有三分之一用来满足洗手冲厕的需要，最后还有三分之一用来满足浇花的需要。这三分之一桶用来满足饮水需要的水，其重要性也就是其价值，等于原来满足浇花需要的水给你的需要满足带来的重要性，也就是这一桶水所能总体上满足的三种需要满足中最不重要的需要满足的重要性。试想一下，如果你一开始就不小心泼掉了三分之一桶水，你会继续先把剩下的三分之一用于饮水，再把剩下的三分之一用于洗手冲厕，但是不得不放弃拿三分之一的水浇花这一选项——浇花需要是原来三种可保障的需要满足中最不重要的需要满足。总体上说，自来水管里的自来水，虽然属于经济财货，其可支配量小于需要量，但其稀缺程度很低，其使用价值很小，其交换价值也很小。

我们再按照门格尔的理论去看看钻石的价值。钻石属于经济财货，其可支配量远远低于其需要量。一个普通人支配着十克拉钻石，这对于他往往没有使用价值，或者只有很小的使用价值。也就是说，直接使用它（而不是交换它）所能实现的需要满足为零（这意味着其重要性也为零），或者所能实现的需要满足的重要性很小。另外会有一部分人，比如新婚夫妇，对钻石戒指可能情有独钟。对于他们，钻石有很高的使用价值。另外一方面，无论对于上述普通人还是新婚夫妇，钻石的交换价值均很大。通过交换，这个普通人可以获得自己所需的一大笔的钱或者一大堆的财货，从而有助于间接实现该人的需要满足，而这种间接实现该人的需要满足对人带来的重要性，就是钻石对该人的交换价值。这里我们就更明了了门格尔的交换价值论也是主观价值论。

很显然，门格尔的主观价值论由此完美解决了"水与钻石的价值悖论"。

## 二、门格尔的主观价值论 vs 生产费用价值论

生产费用价值论的实质也是客观价值论。门格尔明确反对生产费用价值论。他认为，为生产某种财货究竟需要多少劳动量及其他高级财货，与这种财货的价值大小都没有必然的和直接的联系。一种非经济财货（如原始森林中的木材），为生产它哪怕使用了大量的劳动或其他经济财货，它仍然对人类不具有任何价值。他举例说，无论一颗钻石是偶然发现的，还是耗费几千个工作日从钻石矿坑里挖掘出来的，这对钻石的价值无关紧要，正如在实际生活中，无论何人都不会去问财货是怎样被生产出来的，而是在评定其价值的时候，无论何人都只着眼于该财货对他所提供的、假如不支配它就不得不缺失的助力。这里的助力，包括钻石能够带来的使用价值或者

交换价值。即使对一些普通人不能带来使用价值，但是可以带来交换价值。这些使用价值或交换价值都指称需要满足对当事人带来的重要性，前者强调直接使用带来直接的需要满足，后者强调通过交换所能实现的间接的需要满足。

门格尔指出，在生产中耗费了许多劳动的财货，往往没有什么价值；而没有耗费什么劳动的财货，则往往有很大的价值。此外，还存在耗费劳动量虽有多少的不同，而其价值却是相等的情形。比如，在 20 世纪 80 年代末，一些国有电器厂耗费大量人力物力财力，生产出笨重低质的磁带收录机，但是销售不出去。消费者从其他机型（比如，日本进口的爱华袖珍磁带收录机）上得到更大的满足，获得其使用价值。后者的交换价值也大，畅销无阻，而前者则滞销。一颗辛辛苦苦在矿区开挖出来的 10 克拉钻石与一颗某人幸运地在河床上捡到的 10 克拉钻石，其劳动耗费量相差甚巨，但其价值可能相等。从烟台运来的红富士苹果与北京生产的红富士苹果耗费劳动量不一样，但是价值可能一样。

门格尔强调，各种生产要素的耗费量不是决定所生产财货价值的因素。他写道：

> 由此可知，生产一种财货所耗费的劳动量或其他生产资料量，绝不是该财货价值的决定性的要素。我们只要比较一下一个产品的价值和生产它所用的劳动与生产资料的价值，我们就可以明白，该种产品的生产——它是一种属于过去时的人类活动——是否合乎目的和经济，或在多大程度上是合乎目的和经济的。但总而言之，生产一种财货产品所耗费的财货量，对于该财货产品本身的价值，绝对没有必然的和直接的决定性影响。

根据门格尔的观点，财货再生产所需的劳动量或其他生产资料量也不是财货价值的决定性因素。他写道：

> 认为财货再生产所需的劳动量或其他生产资料量是财货价值的决定性因素的看法，也是站不住脚的。我们知道，有很多财货是不能再生产的（例如，古董、古代大师的画作等）。因此，对于许多国民经济现象，我们可以观察到价值，但不能观察到再生产的可能性。这样，与再生产相关的因素根本不能成为价值的决定原则。经验表明，许多财货产品（不再流行的服装与老旧的机器等）的再生产所需的生产资料，其价值往往比该财货产品本身的价值还大；当然，比该财货本身价值为小的也有不少。这样，我们就可以知道，生产一种财货所使用的劳动量或其他财货量，对于该财货的再生产虽然必要，但却不是该财货价值的决定性因素。

比如，上述国内生产没有销路的磁带录音机的企业，其生产的磁带录音机的价值不是再生产这种磁带录音机的生产要素耗费量所决定的。爱华磁带录音机的价值也不是再生产这种磁带录音机的生产要素耗费量所决定的。

门格尔进而指出，财货价值的决定性因素，却是我们支配这种财货所能得到的需要满足的重要性。这样一个价值决定原理才适用于一切价值现象，并且在经济领域内没有例外。门格尔认为，所有财货的价格，是其所具有价值的结果；价格的大小，在任何情况下都取决于其价值的大小。地租、利息与工资，既然也是一种价格，自然也同为这个价格形成的一般原理所制约。

门格尔指出，生产要素（属于高级财货）的价值不决定产品的价值，反而是产品的预期价值决定了要素的价值。按此，劳动力的价值，也就是劳动力对于企业家生产产品的重要性，不决定产品的价值，反过来而受制于一个产品的预期价值。比如，一个企业雇用了一个员工，对于企业家而言，员工的价值是企业家主观评价的结果，是员工用来生产一种产品（比如，一种甜点）对于企业家的主观价值或者重要性的大小。企业家在主观评价产品如甜点的预期价值的基础上，才决定是否生产甜点、生产多少、投入多少人财物。企业家为了组织生产，其对甜点的主观评价，不是对当前甜点的主观评价，而是对于该产品在未来某个时候的预期价值的评估。企业家会根据他判定的预期价格评估未来甜点产品对他的预期价值，他会结合预期价格和不同产量方案来评估不同的预期价格-计划产量的组合对于满足他的盈利需要的意义大小，也就是预期价值大小，选择对其预期价值最大的预期价格与产量组合（这里应该考虑成本后的预期价值），在此基础上决定对各种生产要素的选择。生产要素，包括劳动力，其对于企业家的重要性或价值大小，取决于企业家组织生产的需要。如果生产甜点，你有博士学位、硕士学位都是没有用的。企业家只需要你生产甜点的实用技能。这里，门格尔的主观价值论与以前的古典经济学中的生产费用价值论完全不同。

交换是有目的的行动。门格尔和米塞斯都强调，如果交换是自愿的，那么交换的前提必然是双方对交换所涉及经济财货（稀缺的产品、服务、要素和资源等）的价值评估排序不一致。一方所有的某经济财货的一定量（比如，五只苹果），较另一人所有的另一经济财货的一定量（比如，一小袋大米），对前者自己的评估价值为小。

而另一人的情形则完全相反。只有这样，才会发生交换。两者预期交换后各自的状况均有所改善，否则交换不会发生。因此，交换总是双赢而非等价的。交换双方对用于交换的两种一定数量的经济财货，其评估价值的大小对于双方而言正好相反。价值评估一致的地方是双方都认为这种情形下的交换对于自己都是有利的。物物交换如此，拿货币交换经济财货也是如此。达成交换时，用于交换的两种经济财货（可以是货币）之间的数量比率就是交换价格。交换双方各自基于价值评估可接受的两种财货数量比率存在一定的、不同的区间。在自愿交换条件下，实际交换价格必然落在双方可接受的不同交换比率区间的叠加区间之内。实际交换价格表现为一价，即一个价格，而可接受的交换价格事实上是多个价格。

## 三、生产要素的回报：经济科学立场 vs 伦理角度的争论

门格尔认为，在这门经济科学中有一个最奇特的争论，即无论如何就是要从道德的立场来论辩地租或利息是正当或"不道德"的问题。他强调，我们的科学只应研究为什么并在何种条件之下，土地利用与资本利用才对于我们是一种财货，才呈现着经济性质，才获得价值，才最后出现于财货交换之中，也就是借此换取到一定数量的其他经济财货（其交换比率即价格）。至于这些事实的法律性质或道德性质如何的问题，则是应该位于我们这门经济科学的领域之外的。土地利用及资本利用之所以具有价格，都是因为它们具有价值，但它们的价值却不是任意获得的，而是它们的经济性质的必然结果。因此，它们的价格（地租与利息），就是使它们成为经济财货的经济事实状态的必然产物。随着一国法律的进步和公德心的提高，

它们的价格的支付，还将得到更安全的保障。

门格尔还指出，在一定期间支配着土地和资本所得的收入，比在同期间最为全力辛劳工作的劳动者所得的收入为多这一现象，对于博爱主义者说来，也许觉得是可悲。但这种多得收入的理由，却不是不道德的，而是由于土地与资本的利用，在上述例子中为较劳动力更重要的人类需要满足所依存的缘故。因此，在劳动者的生产率未大力提高时，那些想把社会所支配的消费品多分配一些给劳动者的人，不是以劳动服务对社会提供的价值作为标准而给予劳动者以报酬，而只是想以消费品与生活劳苦的平均分配作为准则而给予劳动者以报酬。但若要在这个基础上来解决问题，就要以推行我们现在社会关系的根本变革为前提。

根据门格尔的观点，劳动服务的价格亦如土地利用的价格，是不能将其归结为生产费用所支付的价格的。一些学者错误地认为：就是最一般的劳动，也必须能养活其本人及其家庭，否则就不可能对社会持续提供劳动服务；但劳动又不可在劳动者的生存资料水准以上提供更多的收入给劳动者，否则劳动者的数量就会出现增大，从而其劳动服务的价格又将回压到以前的水平。因此，他们认为，一般劳动价格所遵循的原理，就是上述意义上的最低生存费用。至于其他劳动服务的较高价格，则应归因于投资，尤其是特殊才能之类的酬报。

门格尔反驳了上述学者的错误观点。他认为：存在着对经济行为人不但完全无用而且有害、从而绝不是一种财货的具体劳动服务（比如，哥伦比亚的警察帮助毒贩贩毒的具体劳动服务大概就是如此——这个例子不是出自门格尔）；同时，也存在其他具体的劳动服务，它们虽然具有财货性质但无经济性质与价值，从而与前者相同，也根本不具有任何价格（属于这种劳动服务的，有因某种理由在社会上大量可支配的，从而具有非经济性质的一切劳动服务，例如那些担任着无薪职务的劳动服务等）。所以，门格尔写道：劳动力本身，并非在任何情形下都是财货或经济财货，都必定有价值。他甚至指出，根本不能针对每一种劳动服务，获得一个价格，哪怕至少某个确定的价格。

根据门格尔的观点，有许多劳动服务不能交换到劳动者所必需的生存资料，而另一方面，却有其他劳动服务，能够很容易地获得 10 倍、20 倍甚至百倍于一人生存所必需的财货数量。可见，一个人的劳动服务与其生存资料的实际发生的交换，只是一种偶然情形的结果，在该情形下，该人的劳动服务只能遵循一般价格形成原理以这样一种价格而不能以其他的价格进行交换。所以，劳动者的生存资料或最低生存费用，既不是劳动服务价格的直接原因，也不是这种价格的决定原理。实际上，具体劳动服务的价格，也与其他一切财货的价格一样，都受其价值的规绳。而其价值，又为我们没有支配着这种劳动力时所不得不缺少的需要满足的重要性所决定。但由于劳动服务毕竟是种高级财货，它的价值便首先为如下这一原理所决定：对于经济行为人，在补足性高级财货的价值不变的条件下，产出物的预期价值越大，高级财货的价值就越大；在产出物的预期价值不变的条件下，补足的高级财货价值越小，高级财货的价值就越大。

同理，门格尔认为，实际上资本利用所获得的价格，与其余一切财货的价格一样，只是它们的经济性质与其价值的结果。而其价值的决定原理，则与一般财货价值的决定原理是没有什么两样的。

# 第 18 章　安·兰德其人其思想

安·兰德（Ayn Rand）是著名的客观主义哲学家。她认为，她的哲学反映事物的本质，遵守亚里士多德的逻辑三大基本规律，即不矛盾律、排中律和同一律，因而是客观主义的。实际上，她的哲学是主观主义哲学，因为其基础是主观价值论。安·兰德的小说《阿特拉斯耸耸肩》分为三个部分，其标题分别为"不矛盾""排中"和"同一"，分别对应不矛盾律、排中律和同一律。很多人因为阅读了该小说而成为著名企业家、金融家或经济学家。特朗普和格林斯潘都是安·兰德的拥趸。安·兰德赞颂财富创造者，贬抑财富分配者。她认为，财富是人类智识的产物，是其创造力的产物。了解安·兰德其人其思想，有助于激发人们的创造力和企业家精神，增进一国的财富创造。

## 一、安·兰德其人

安·兰德（Ayn Rand）的个人职业选择及作为小说家和哲学家的事业成功，与其此前的志趣和教育有关。兰德 8 岁开始练习写剧本，10 岁开始练习写小说，中学时已经对政治感兴趣，喜欢与自己的一位女友辩论政治，支持共和主义思想。在高中的时候，兰德自认为是无神论者，并且把理性珍视为最高的美德。十月革命之后，兰德进入彼得格勒国立大学，攻读社会教育学系历史专业。在那时候接触了亚里士多德和柏拉图的哲学思想。大学期间她在文学上的主要阅读对象是弗里德里希·席勒、费奥多尔·陀思妥耶夫斯基和爱德蒙·罗斯坦德（Edmond Rostand）。她也接触了尼采的哲学理念，极为欣赏他在《查拉图斯特拉如是说》一书里所表达的，对信奉利己主义、并反对利他主义的独立个人的英雄式崇拜。但后来她接触了更多尼采的作品，发现他的哲学中心思想是"强权即真理"，便相当厌恶他的哲学观。1924 年兰德大学毕业，又在列宁格勒国立屏幕艺术技术学院学习了一年的剧本写作。这些志趣和经历其实构成了兰德后来发展的与众不同的初始条件和路径。

1925 年秋天，兰德离开苏联，到美国探望亲戚，其后滞留美国。其最好的归属地本来就非美国莫属。她来到美国崇尚个人主义的环境，如鱼得水。正如兰德的法律和知识遗产继承人佩柯夫·纳伦德所言，在本质上看，美国是由利己主义者所创建。他认为，"开国之父们预想的这片大陆是自私自利和追求利润的——也就是一个自力更生者、个人、自我、'我'的国家"①。

兰德的成名是从写小说开始，后来才转向哲学研究，她创立了客观主义哲学，发动了客观主义运动。1943 年，她因发表小说《源泉》（The Fountainhead）而一举成名。此前发表的两部小说则并不大成功。《源泉》一书至今仍以每年超过 10 万册的数量再版，目前已经销售了 650 多万册。印在《源泉》最初扉页上的主题语为："Man's ego is the fountainhead of human progress"。也就是说：

---

① 伦纳德·佩柯夫："商人为什么需要哲学"，载安·兰德等著，吕建高译：《商人为什么需要哲学》，北京：华夏出版社，2007b 年，第 4 页。

"人的自我是人类进步的源泉"。1957 年兰德出版了她著名的小说《阿特拉斯耸耸肩》（Atlas Shrugged）。该书是她最负盛名的杰作。该小说被誉为对美国影响最大的 10 本书之一，累计销售大约 875 万册。1991 年，一项为国会图书馆和每月图书俱乐部举办的调查项目对该俱乐部 5000 名成员就最影响其一生的图书问题进行了调查，其结果是《阿特拉斯耸耸肩》的影响力仅次于《圣经》，两者的影响力远远超过排名在后的其他图书。

出版《阿特拉斯耸耸肩》之后，兰德转向严肃思想方面的写作，开始发表其客观主义哲学文章和文集。其核心思想其实已见于《源泉》和《阿特拉斯耸耸肩》。这些小说刻画了一些个人英雄主义人物，而其客观主义哲学思想往往体现在小说主人公的对话中。兰德在其哲学著作中，会不时引用小说《阿特拉斯耸耸肩》里的个人英雄主义人物高尔特发表的精彩观点，而这些观点忠实反映了兰德自己的观点。

安·兰德与米塞斯、罗斯巴德和黑兹利特等奥地利学派经济学家均有过交往。他们均主张自由放任资本主义，而她把自由放任资本主义视作为"基于承认个人权利的体系"[1]。兰德在政治上将动用武力视为不道德，反对集体主义与国家主义，也反对无政府主义。这里也要看到兰德与罗斯巴德的分歧。罗斯巴德属于无政府主义者，兰德则不是。著名自由主义思想家、1974 年诺贝尔经济学奖得主哈耶克也同为奥地利学派重量级人物，虽然被很多世人视为古典自由主义思想的捍卫者，但在某种程度上被米塞斯、罗斯巴德和兰德视

---

[1] Gotthelf 2000, Gotthelf, Allan（2000）. On Ayn Rand. Wadsworth Philosophers Series. Belmont, California: Wadsworth Publishing. ISBN 0 - 534 - 57625 - 7. OCLC 43668181. pp. 91 - 92; Peikoff 1991, Gotthelf, Allan（2000）. On Ayn Rand. Wadsworth Philosophers Series. Belmont, California: Wadsworth Publishing. ISBN 0 - 534 - 57625 - 7. OCLC 43668181. pp. 379 - 380.

为"干预主义者"，因而享受到差别待遇，为兰德所痛恨。

兰德注定是个不平凡的人，她反对平庸化，崇尚英雄主义人物。托克维尔早在 1830 年代就强调身份的平等化不可阻挡："身份平等的逐渐发展，是势所必至，天意使然的。这种发展是普遍和持久的，它时刻都能摆脱人力的阻碍，所有的人都在促使它前进，这也是它具有的主要特征。"① 而与平等化相伴随而至的是平庸化。安·兰德崇尚英雄主义，坚持己见，抵制整个世界朝着集体主义和平庸（mediocrity）化发展的倾向。这一点体现在安·兰德的小说《源泉》当中。布兰登（Branden）在 20 世纪 40 年代初次给安·兰德写的情书当中，就提到这一点。确实，在整个世界，身份的平等化是不可阻挡的，但是平庸化却不一定是好事。

安·兰德推崇理性，认为人的最高美德便是理性；她不顾传统舆论的偏见，力倡个人主义，认为不能使个人利益得到最大伸张的社会，就不是理想社会。她所提倡的客观主义哲学自 20 世纪 50 年代起风靡美国校园，影响了几代美国人，她本人也成为美国青年崇拜的偶像。兰德一生著述百余种，根据她的生平拍摄的记录和故事片《安·兰德：生命的意义》（Ayn Rand：A Sense of Life）曾获奥斯卡奖提名。1982 年，安·兰德去世后，美国创立了许多兰德书友会和专门研究安·兰德思想的机构。

## 二、安·兰德的客观主义哲学思想

兰德的客观主义哲学主要思想见于《自私的美德》（The Virtue

---

① 托克维尔：《论美国的民主》，董果良译，北京：商务印书馆，2014 年，第 8 页。

of Selfishness）一书中。① "理性自私"（rational selfishness）是个核心的概念。她认为，个人的生命属于个人的终极价值，个人自己的幸福是个人的最高目标。个人应该运用自己的理性去追求自己的幸福，去追求一种人作为人的生存（man's survival qua man）。只有运用自己的理性，才能获取知识；有了知识就要实现多产（productive）；实现了多产后还要从事与他人的交换（trade），② 由此实现自尊（self-esteem）和人作为人的生存。与此相反，利他主义（altruism）、自我牺牲（self-sacrifice）、暴力、欺诈，以及基于各种奇想（whims）的行为，均是不理性的，不能自圆其说。不过，兰德把互利视作为"理性自私"的组成部分。

"自私"这个概念是被广泛误解、往往被妖魔化的词语。在《自私的德性》一书中，安·兰德曾经在"导言"中开门见山回答一些人有关为什么要用"自私"两字的提问："为了让你们害怕这个词"③。她引用词典而为"自私"这一概念的本义正本清源："辞典对'自私'一词的定义是：只关心自己的利益"④。对于安·兰德，伦理既不是一种神秘的想象，也不是一种社会习惯，也不是一种可有可无的主观奢侈品⑤，而且，伦理是人的生存的客观必要性，并非拜超自然力量所赐，或者拜邻居所赐，或者拜你的奇想所赐，而是拜生命和本质所赐。⑥

---

① Rand, Ayn: The Virtue of Selfishness. A New Concept of Egoism. With Additional Articles by Nathaniel Brancen. New York: Penguin Books Ltd. , 1961.

② 兰德，2007a，第 15，21 页。

③ 安·兰德："导言"，载安·兰德等：《自私的德性》，北京：华夏出版社，2007a，第 1 页。

④ 安·兰德："导言"，同上，2007a，第 1 页。

⑤ 见《自私的美德》英文版扉页。具体参阅 Rand, 1961.

⑥ 安·兰德，2007a，第 12 页。这里的译文与书中中译文略有不同。

安·兰德反对从"上帝"和"社会"去寻找"善"的依据。她认为，公开的神秘主义把随意的、无法解释的"上帝的旨意"当作善的标准，而新神秘主义用"社会之善"取代了"上帝的旨意"，从而进入循环论证式的定义："善之标准就是对社会之善"[1]。她把生命与人的价值相联系。她借用小说《阿特拉斯耸耸肩》里高尔特的话表达了自己的观点："只有'生命'的概念才能让'价值'的概念成为可能。只有对生命体才有善恶可言。"[2] 她认为，只有生命体才能拥有或者创造目标，才有自发的、有目的的行动[3]，包括人在内的有机体的生命就是其价值的标准：延长生命即为善，威胁生命即为恶。[4] 只有终极目标，只有自身的目的，才使得价值的存在成为可能。[5] 因此，安·兰德提出客观主义伦理学的价值标准，这是人判断何为善恶的标准，是人的生命或者说是人作为人而生存所必需之物。[6]

安·兰德认为，知觉（perception）和意识（consciousness），尤其理智（reason）是人的生存的基本方式。[7] 既然如此，适合于理性生命的存在就是善，而否定、反对或者毁灭理性生命的就是恶。[8]人是通过"愉快或痛苦"的生理知觉第一次意识到形式最简单的"善与恶"。[9] 他的生存却依靠有关的知识，而且只有凭借意志来运用其意识，只有思考过程，才能提供这种知识。这种思考过程不是自

---

[1] 安·兰德，2007a：第 4 页。
[2] 转载自安·兰德，2007a：第 5 页。
[3] 兰德，2007a：第 5 页。
[4] 兰德，2007a：第 6 页。
[5] 兰德，2007a：第 6 页。
[6] 兰德，2007a：第 12 页。
[7] 兰德，2007a：第 7、10 页。
[8] 兰德，2007a：第 12—13 页。
[9] 兰德，2007a：第 7 页。

动的，不是"本能"（instincitve）的，不是不情愿（involuntary）的，也不是不犯错的（infallible）。与此相应，人必须促使责任感产生，保持责任感，并为行动的后果承担责任。他必须发现怎样辨认对错、怎样纠正错误，他必须发现怎样验证他的概念、结论和知识。他必须发现思考的规则、逻辑的规律，以指导其思维。人需要或欲求的每一件东西都必须靠他自己通过学习、发现和生产来获取，通过他自己的选择、努力和思考来获取。[1]

按照安·兰德的进一步论证，适合理性生命的生存方式需要两个要素：思考和生产性的工作（productive work）。选择不思考者，需要依托他人去思考或发现其需要模仿的动作，但不知道其模仿何者，后果如何，最终容易走向灭亡。[2]

兰德反对武力或欺诈。她认为，依赖武力或欺诈这种非理智方式来生存者，也许能够暂时实现其目标，但必以毁灭为代价：毁灭他们的受害者以及他们自己。兰德认为，只需要举出任何罪犯和独裁者作为证据，就可以证明这一点。[3]

兰德反对利他主义（altruism）。她认为，利他主义逃避了对道德价值规范的定义，因而就失去了道德指引。利他主义声称，为他人的利益而采取任何行动都是善，为自己的利益而采取任何行动都是恶。这样，谁是行动的受益者就成为道德价值的唯一标准。只要受益者是除自己之外的任何人，任何事都可接受。[4] 其结果是，道德是个人自己的敌人。除了损失，个人自己从中一无所获。个人能期

---

[1] 兰德，2007a：第 11 页。
[2] 兰德，2007a：第 13 页。
[3] 兰德，2007a：第 13 页。
[4] 兰德，2007a：第 2 页。

望得到的一切就是：自己造成的损失，自己造成的痛苦，以及一种不可理喻的责任带来的令人虚弱的阴沉气氛。他个人的、私密的、"自私的"生活以及诸如此类的东西，要么被视为罪恶，要么顶多被视为与道德无关。① 兰德认为，如果关心自己的利益是罪恶，那么这就意味着人渴求生存的欲望是罪恶，由此人的生活也是罪恶。她进而断言，再没有比这更邪恶的信条了。② 按照她的观点，利他主义不允许人自重、自立，不允许人靠自己的努力而非牺牲自己或他人来支撑生活，只允许人成为献祭的动物和从献祭中获利的投机者，也就是成为受害者和寄生虫；利他主义不允许人类彼此仁爱共存（benevolent co-existence），不允许公正概念的存在。③

兰德反对自我牺牲（self-sacrifice）。兰德指出："客观主义伦理学认为，人类的善并不要求人们自我牺牲，它也不是通过一些人为另一些人的牺牲而达到的。它认为人类的合理利益并不会相互冲突。如果人们不去欲望不该得的东西，既不自我牺牲也不接受他人的牺牲，并彼此以商人相待，那么他们的利益就不会彼此冲突。"④ 她认为："对所有人类关系而言，无论是个人的还是社会的、私人的还是公共的，交易［换］的原则是唯一的理性主义伦理原则。这是正义的原则。"⑤ 这个逻辑链是完整的、世俗的、自我中心的。她信仰自己的理性，而不是信仰（faith）和宗教。她主张理性自私和自私伦理，拒绝利他主义，但她并不反对互利，而是把互利作为理性自私

---

① 兰德，2007a：第 3 页。
② 兰德，2007a：第 3 页。
③ 兰德，2007a：第 3 页。
④ 兰德，爱因：《新个体主义伦理观——爱因·兰德文选》，秦裕译，上海：三联书店上海分店出版，1993 年，第 30 页。
⑤ 兰德：同上，1993，第 30 页。

的内在内容。兰德反对为他人而牺牲，也反对他人为自己而牺牲。她认为这种牺牲有损于人的自尊（self-esteem）。

　　兰德认为，客观主义伦理学的三个重要价值是理智（Reason）、意图（Purpose）和自尊（Self-esteem）。这三种价值一起构成通向终极价值（亦即生命）的途径，并使终极价值得以实现。与这三个价值相对应的美德是：理性（Rationality）、多产性（Productiveness）和自豪（Pride）。① 而幸福是一种意识状态，这种意识来自于个人价值的实现。如果一个人看重生产性工作，他的幸福就根据他在一生中的贡献中取得的成就来衡量。② 所有非理性的情感状态都不能恰当地定义为幸福或者愉快：那种状态只是把他从长期的恐惧中暂时解脱出来。③ 兰德在《阿特拉斯耸耸肩》中借助高尔特的话道出自己的信念："幸福就是一种无矛盾的愉快状态——这种愉快不会让人遭受惩罚或感到内疚，这种愉快不会与你的任何价值冲突，也不会导致你的自我毁灭……只有理性的人才有可能获得幸福，因为他只想实现理性目标，只追求理性价值，只有在理性行为中才能找到乐趣"。④ 这种"矛盾律"（也称不矛盾律）就源自亚里士多德的哲学观。在逻辑中，矛盾律把断言命题 Q 和它的否定命题非 Q 二者同时在"同一方面"为真的任何命题 P 断定为假。亚里士多德《形而上学》里的观点为："不可能认为同一事物在同一角度既属于又不属于同一事物"。⑤《阿特拉斯耸耸肩》就是利用亚里士多德逻辑学三

---

① 兰德，2007a：第 15 页。这里的译文部分不同于原中译文。

② 兰德，2007a：第 18 页。

③ 兰德，2007a：第 18 页。

④ Ayn Rand and Leonard Peikoff: Atlas Shrugged. New York: Plume, 1999. 转引自兰德，2007a：第 18—19 页。

⑤ Aristotle: Metaphysiscs, Metaph IV 3 1005b, 350 BC.

定律为这本厚厚小说的三大部分命名：矛盾律、排中律（非此即彼），以及同一律（A 是 A）。[1] 从中也可以看到亚里士多德哲学对兰德思想的重大影响，也可以感悟为什么兰德把自己的哲学观视作为"客观主义哲学"，把自己的认识论称为"客观主义认识论"：它符合矛盾律（不矛盾）、排中律和同一律的逻辑要求，是客观的、明确的。

理解了兰德的上述客观主义哲学观，就不难理解她为什么支持自由放任资本主义，赞颂财富的创造者，而非财富的分配者。兰德认为，财富是人类智识的产物，是其创造力的产物。[2] 安·兰德区分两类人：财富创造者与财富分配者。财富创造者是发现者，他将其发现转换成物质产品。在一个劳动分工复杂的工业社会里，可能就是一个人或两个人的合伙：科学家，他们发现了新知识；实业家（也就是商人），他们发现了如何使用那种知识，如何将物质资源和人类劳动整合进企业，以生产适于销售的产品。[3] 财富占有者是完全不同类型之人。从实质上看，他不具有创造性——他的根本目的就是得到一份由他人创造而自己不劳而获的财富份额。他寻求变得富有，但不是通过征服自然，而是通过操纵人；不是通过智识努力，而是通过社交策略。他不生产，他在重新分配：他只是将已经存在的财富从主人的口袋转移到自己的口袋。[4] 财富创造者的本质特征是独立判断，而财富占有者的本质特征是社会依赖。[5] 财富创造者是发明者和革新者，他的性格中最明显缺失的品质是顺从，财富占有者

---

① Rand 等，1999；郑文辉："论亚里士多德形式逻辑基本规律的学说"，《中山大学学报：社会科学版》，1993 年，第 3 期：第 53—60 页。
② 兰德："创造财富的品质"，载安·兰德等著：同上，2007b，第 19 页。
③ 兰德："创造财富的品质"，同上，2007b，第 19 页。
④ 兰德："创造财富的品质"，同上，2007b，第 19 页。
⑤ 安·兰德："创造财富的品质"，同上，2007b，第 20 页。

则否。① 财富创造者的生活、思想和行为都是长期规划的。而财富占
有者的生活和行为是短期规划的。② 财富创造者承担作出自己的判断
的责任，甘冒适当的风险，③ 有承当，完全意识到"世界的工作必须
要去完成"，知道世界的幸存有赖于他们不懈的努力。④ 这让人想到
安·兰德的小说《阿特拉斯耸耸肩》当中的阿特拉斯巨神用肩膀扛
起地球的形象。⑤

## 三、安·兰德视最有害的敌人在其同道之中

安·兰德和哈耶克同为 20 世纪顶级思想家，均崇尚个人自由，
而且都是无神论者，但是在很多观念上存在分歧。兰德在 1946 年 8
月 21 日给罗斯·维尔德·雷恩（Roase Wilder Lane）的一封回信
中回复了雷恩提出的"那些几乎和我们在一起的人，是否比 100％的
敌人更为有害"这样一个问题。兰德的具体答复是："那些在某些方
面同意我们的观点，但同时宣扬相冲突思想的人，绝对比 100％的敌
人更为有害。"她补充道："比如米塞斯作为一个几乎和我们在一起
的人，我尚可忍受……要举例说明我们最有害的敌人，当推哈耶克。
那人是真正的毒药。"⑥

在罗伯特·梅修（Robert Mayhew）所编辑《兰德边注》中，

---

① 安·兰德："创造财富的品质"，同上，2007b，第 20 页。
② 安·兰德："创造财富的品质"，同上，2007b，第 22 页。
③ 安·兰德："创造财富的品质"，同上，2007b，第 21 页。
④ 安·兰德："创造财富的品质"，同上，2007b，第 25 页。
⑤ Ayn Rand and Leonard Peikoff: Atlas Shrugged. New York: Plume, 1999.
⑥ Mayhew, Robert（ed.）, Ayn Rand's Marginalia: Her Critical Comments on the Writings of over 20 Authors, New Milford, Conn,: Second Renaissance Books, 1996, p.145.

收录了兰德对其阅读哈耶克《通往奴役之路》时所做的大约 93 个边注。其中，多个边注包含对哈耶克的侮骂，比如 "The damn fool"（该死的蠢货）——当然，兰德这些边注本来就是自娱自乐，并不是为了后来出版而写。哈耶克《通往奴役之路》第一章扼要提到 "不仅是 19 世纪和 18 世纪的自由主义，而且连我们从伊拉斯谟和蒙田，从西塞罗和塔西伦、伯里克利和修昔底德那里继承来的基本的个人主义，都在逐渐被放弃"[①]，批评了一些鼓动家所鼓动的 "新自由"。这种 "所允诺的新自由却是摆脱了必然性的自由，是从环境的强制中的解放，这些环境不可避免地限制了我们所有人的选择余地"[②]。"在人们能真正获得自由之前，必须打破 '物质匮乏的专制'，解除 '经济制度的束缚'"。很显然，这种意义上的自由 "不过是权力或财富的代名词"。[③] 哈耶克讲的 "19 世纪和 18 世纪的自由主义"，指的是在英国发展出来的古典自由主义。兰德在哈耶克《通往奴役之路》一书第二章之后空白处写道："19 世纪自由主义错误地把自由、人的权利等等与 '为人民而战' '为被压迫者' '为贫困者' 等等思想相联系。这些使得 19 世纪自由主义成为一种利他主义运动。但是利他主义是集体主义。这是为什么集体主义接管（took over）了自由主义者"。[④] 这里，兰德指的 "19 世纪自由主义" 是自由主义思潮的总体面貌，包括了哈耶克所指古典自由主义和 "新自由" 两大运动。这与哈耶克对古典自由主义和 "新自由" 的区分并没有矛盾。

在很多方面，安·兰德与哈耶克对不上眼。首先是概念定义上

---

① 弗里德里希·奥古斯特·冯·哈耶克著，王明毅、冯兴元等译：《通往奴隶之路》，修订版，北京：中国社会科学出版社，2013 年，第 41 页。
② 哈耶克，2013：第 52 页。
③ 哈耶克，2013：第 52 页。
④ Mayhew(ed.),1996:148.

的侧重点和看法不同。在《通往奴役之路》序言当中，哈耶克指出："尽管这是一部政治性的书，但我像任何人一样可以肯定，书中所申明的信念，并非取决于我的个人利益"。[1] 哈耶克的意思应该是：撰写此书，"不仅本着个人的利益，而且本着这里很多个人的共同利益"。安·兰德在边注里指出："为什么一个人应当为'个人利益'而道歉?"[2] 哈耶克在其后写道："对那些依据流行的时尚在每一个政治主张的申明中寻找利益动机的人来说，或许可以容我附带说一声，我有各种合适的理由不必写作或出版这部书。"[3] 安·兰德在边注里提出了尖锐的批评："这是一个例子，说明了对利益动机的否认导致了对所有利益动机的否认，因此也导致了对个人权利的否认。"[4] 其次是经济体制的理想模式存在不同的认同。哈耶克在书中反对自由放任资本主义，兰德则支持。比如，哈耶克认为："重要的是不要把对这种计划的反对意见与教条的自由放任态度混淆起来。"[5] 兰德边注道："上帝啊该死的糟透的蠢货"。[6] 哈耶克认为，"计划与竞争只有在为竞争而计划而不是运用计划反对竞争的时候，才能够结合起来"。[7] 兰德在边注道："这意味着'计划'可以起作用。该死的蠢货迷失在兜售社会主义的辞藻。他自己放弃不了'计划'"。[8] 此外，哈耶克支持"一种是有限度的保障，它是大家都能够获得的，因而，

---

① 哈耶克，2013：第 28 页。
② Mayhew(ed.),1996:145.
③ Mayhew(ed.),1996:145.
④ Mayhew(ed.),1996:145.
⑤ 哈耶克，2013：第 62 页。
⑥ Mayhew(ed.),1996:149.
⑦ 哈耶克，2013：第 67 页。
⑧ Mayhew(ed.),1996:151.

不是什么特权，而是人们可以期望的正当目标"。① 而且，这种保障属于"防止严重的物质匮乏的保障，即确保每个人维持生计的某种最低需要"。② 他认为，"经济保障，像杜撰的'经济自由'一样而且往往是更有理由被人看成是真正自由所不可或缺的一个条件。在一定意义上，这是既正确而又重要的。在那些没有信心靠自己的奋斗找到前途的人们当中，很难找到独立的精神或坚强的个性"。③ 兰德则对经济保障一概拒绝。她边注道："见鬼，他在说什么？如果一个人不能依靠自己的努力维持生计，谁必须给他'安全'，而且为什么必须给？"④

在《兰德边注》一书中，兰德显露出非常直率的批评和论争风格。在对黑兹利特《伟大理想》一书的评点则比较柔和，⑤ 没有骂他为"蠢货"。只是开骂了"胡说"，或者直言"不对"。⑥《兰德边注》收入了对米塞斯《人的行为》和《官僚主义》两书的评点。⑦ 兰德对米塞斯是非常给面子的。其边注不乏赞同。在对《人的行为》中基本没有开骂，只是指出一些地方"不对""含混""自相矛盾"等。对两处观点，兰德貌似以"上帝啊，该死的是如此啊"开骂，其实更像是赞同。⑧ 兰德对《官僚主义》的点评不多，但是对之开骂，比

---

① 哈耶克，2013：第 138 页。
② 哈耶克，2013：第 139 页。
③ 哈耶克，2013：第 138 页。
④ Mayhew(ed.),1996:154.
⑤ 参阅 Hazlitt, Henry, The Great Idea, New York: Appleton-Century-Crofts, Inc., 1954。
⑥ Mayhew(ed.),1996:161 及其后。
⑦ Mises, Ludwig von, Human Action, New Haven, Conn.: Yale University Press, 1949; Mises, Ludwig von, Bureaucracy, New Heaven: Yale University Press, 1994.
⑧ Mayhew(ed.),1996:105 及其后。

如"该死的蠢货"。①

《兰德边注》一共收入了28本书的边注，全书一共230页。不过，罗斯巴德曾经与兰德非常交好，《边注》一书中居然没有收入罗斯巴德的任何著作。

从兰德阅读米塞斯《人的行为》这种厚书以及哈耶克《通往奴役之路》这种对她而言掺和了补药与毒药成分的小册子来看，兰德在书海漫游的范围确实很广阔。兰德爱憎分明，眼里容不下半粒沙子，她读哈耶克的书，对他开骂，也算是看得起他。至于哈耶克，他一般并不大去引述同人的著述。据说他的经济学同道、1986年诺贝尔经济学奖得主詹姆斯·布坎南对哈耶克很少引用自己的著作就有所抱怨。

《兰德边注》成书于1996年，哈耶克去世于1992年，无缘拜读此书，自然也谈不上评论此书对自己的评点。

---

① Mayhew(ed.),1996:142 及其后。

# 第 19 章　从小群体到大社会：规则的转换与儒家伦理问题

德国哲学家雅斯贝尔斯在《历史的起源与目标》一书中首次提出"轴心时代"的概念。轴心时代是指公元前 800 年至前 200 年之间，尤其是公元前 600 年至前 300 年间这段时期。雅斯贝尔斯认为，各大文明都出现了伟大的精神导师，他们的思想原则塑造了不同的文化传统，并一直影响着人类的生活方式和对世界的认知。在该时期，中国出现了孔子、孟子、老子，印度出现了释迦牟尼，以色列出现了犹太先知，古希腊出现了苏格拉底、柏拉图、亚里士多德。这在人类历史上属于一个很神奇的现象。

儒道释作为伟大的中华文明中的"大传统"，其代表人物均产生自轴心时代。其中，儒与道属于中国的本土文化，释则源自印度，但到了中国则经历了本土化的过程。我们每一个中国人，多多少少都带着中国"大传统"的烙印。我们甚至把结合了儒家精神和商业精神的商人称为"儒商"。比如娃哈哈集团创始人宗庆后，就是一个典型的儒商。相比之下，虽然马云是中国企业界的一大风云人物，但我们不会称其为儒商。儒商品格大概需要包括仁爱、智慧、敬业、守信、责任、以礼待人、温文尔雅和宽容等。这些品格在宗庆后身上均可以看到。马云作为具有世界影响力的中国成功企业家，必然具备很多优秀品格，也做了不少善业，但是总体感觉是国际化、开放、敢冲敢干的标签很明显。

反过来看，仁爱、智慧、敬业、守信、责任、以礼待人、温文尔雅和宽容这些品格，不能单一溯源到儒家伦理的影响。我们也可以从其他文明中找到这些品格要求。比如，亚当·斯密的《道德情操论》一书里就花费了不少笔墨来阐明人类共有的"通情心"（sympathy，或译"同情心"、"共情"等）。这种人性涉及自爱、仁爱、孟子所言"恻隐之心"等。

儒家伦理本来是出自小群体或熟人社会的一套伦理规则，然后推开到一国，甚至天下。儒家的伟大理想是"修身，齐家，治国，平天下"和"天下大同"。儒家的伦理标准为"三纲五常"。在《乡土中国》一书中，费孝通区分了"礼治社会"和"法治社会"。传统儒家社会属于熟人社会，被称为"礼治社会"，而不再依赖熟人社会传统的市场社会被称为"法治社会"。传统儒家社会中的市场交换依托熟人网络。而在现代市场社会，随着市场秩序的不断扩展，市场交换需要遵循市场伦理所要求的产权、交换、竞争与责任原则。而与市场伦理一致的市场规则，甚至立基于人性自利的预设。当然，人性当中本来就有自利和非自利的两面。但是，根据米塞斯的观点，人的每一个行动可能本着不同的动机，但其最终目标都是增进自身的幸福，减少不适。也就是说，人的每一个行动从其最终目标意义上看都是自利的。此外，传统儒家思想把自利视为"恶"，但从市场伦理角度看，在诚信和责任基础上追求自利，不属于"恶"。遵循市场伦理和市场规则，是现代世界之所以经济繁荣、财富创造激增的重要成因。

儒家传统的正面价值不容置疑。但儒家伦理当中也会存在一些与市场伦理存在紧张关系的因素。这也是下文浅论的主题。对待任何传统价值观，伯克在一次演讲中的观点是值得借鉴的：

"当我们进行一切变革时，我们绝不全然守旧，也不全然图新——要有足够的旧东西以保存先人的原则和政策，保存议会的法律和惯例，不致传统的链条因之断裂；同时，要从人民大众中吸取清新空气，要有足够的新东西激发我们的活力，使我们的品性能真正地呈现出来"。

## 一、想象的共同体与紧密共同体

本尼迪克特·安德森在 1983 年出版了《想象的共同体——民族主义的起源与散布》。哈拉利在《人类简史》里谈到了一些"想象的共同体"。他认为，在人类历史中，市场和国家要增强共同情感，靠的就是塑造"想象的共同体"（imagined communities，或译"想象的社群"）。这种"想象的共同体"可以纳入的人数可能达到数百万之巨，而且专为国家或商业需求量身打造。哈拉利提出"可能达到数百万之巨"，还是少算的。想一想美国、俄罗斯或者英国的人口体量，就能理解这一点。此外，除了现代国家或者商业网络之外，民族和教会往往也是"想象的共同体"。

根据哈拉利的定义，所谓"想象的共同体"，指的是虽然成员并不真正彼此认识，却想象大家都是同一伙的。这样的共同体概念历史悠久，并不是到了现代才乍然出现。数千年来，王国、帝国和教会早就担任了这种"想象共同体"的角色。例如，在古代中国，数千万人都认为全国就是一家人，而皇帝就是君父。《诗经·小雅·北山之什·北山》云：普天之下，莫非王土，率土之滨，莫非王臣。"

在中世纪，数百万虔诚的穆斯林也想象着整个伊斯兰社会就是一个家庭，彼此都是兄弟姐妹。然而，纵观历史，这种想象共同体的力量有限，比不上每个人身边几十个熟人所结合成的密切共同体。密切共同体能够满足成员的情感需求，而且对每个人的生存和福祉都至关重要。然而，密切共同体在过去两个世纪间迅速衰微，开始由想象共同体填补这种情感上的空缺。

## 二、小群体或熟人社会的秩序与儒家伦理

小群体和熟人社会可视为密切共同体。在浙东的村庄，老百姓如果要出售自家栽种的蔬菜，一般要到村庄之外的集市去卖，而不是在村庄之内叫卖。如果在村庄内部叫卖，他们会难为情，开不了口。在平时，如果家里做了什么量大好吃的，一般会给邻居端送一份。这是为什么呢？是因为他们一方面还有体现小群体本能情结，这种小群体属于熟人社会。

夫妻和家庭就是最小的熟人社会。洛克在《政府论》提到夫妻社会①，那就是最小的熟人社会。小群体或者熟人社会的说法，随着地理面积的扩大和成员数量的增加而不适用。从夫妻社会，到父母子女朝夕相处的核心家庭，到家族，宗族，氏族，到国家，再到整个世界或天下，熟悉程度越来越低，形成一种"差序格局"，匿名程度越来越增加。其实，一个人在与其他人交往过程中，真正能够相互保持熟稔和亲切程度的人数是有限的。罗宾·邓巴是牛津大学研究认知与进化的人类学家。他的研究显示，人的大脑新皮质大小有

---

① 洛克：《政府论》（下卷），北京：商务印书馆 1964 年。

限，提供的认知能力只能使一个人维持与大约 150 人的稳定人际关系。也就是说，一个人的好友圈子不会超过 150 人，对于超过这个数量的人，一个人顶多能记住这些人的相貌和名字，但对对方的了解却极为有限，也无法通过自身努力来促进双方关系。社会学家卡梅伦·马龙通过统计研究发现，Facebook 社区用户的平均好友人数是 130 人。人们可能拥有 1500 名社交网站"好友"，但只能在现实生活中维持约 150 人的"内部圈子"。深交一个新友，往往需要以疏远另一个老友为代价。

我们今天要讲儒家思想及其现代性问题。儒家思想本来出自小群体或熟人社会，反映哈耶克所说的小群体"自然道德"。人性存在一个方面，那就是对小群体"自然道德"有着很大的依赖，小群体的"自然道德"包括利他，团结互助，休戚与共，不分你我。最早人类的小群体，生活在初民社会。在初民社会，一个部落，必须面对来自大自然的各种风险，面对与其他部落发生冲突、争逐和战争的风险，要求存在这种"自然道德"，按照统一的指令行事，以求实现统一的具体目标。但是，匿名社会完全不一样，需要超越初民社会的小群体本能情结。小群体的本能秩序，体现得最充分的就是亚里士多德讲的秩序。他认为，能够形成群体秩序的最远边界在于一位传令兵的号角声所能抵达的地方。亚里士多德所指的实际上就是一种小群体的原始秩序。

### 三、匿名社会或大社会的扩展秩序

哈耶克在《致命的自负》第一章中指出，一些逐渐演化出来的人类行为规则，特别是有关私有财产、诚信、契约、交换、贸易、竞争、收获和私生活的规则，这些规则不是源于本能，而是经由传统、教育和模仿代代相传，其主要内容则是一些划定了个人决定的可调整范围的禁令（"不得如何"）。人类通过发展出和学会遵守一些往往禁止他按本能行事的规则（这种做法先是在狭小的部落里，然后又扩展到更大的范围），从而不再依靠对事物的共同感受，由此建立了文明（也就是市场文明）。这些规则实际上构成了一种与作为人类合作扩展秩序的市场秩序一致的新道德。哈耶克甚至愿意用"道德"一词来定义它，它制止或限制了"自然道德"，即使得小群体依赖于该群体内部的合作本能，其代价则是阻止或堵塞了小群体的扩展。

哈耶克指出，文化的演化以及它所创造的文明，虽然为人类带来了分化、个体化、越来越多的财富和巨大的扩张，但是其逐渐产生的过程并非一帆风顺。我们并没有摆脱我们从人人相识的小群体那儿得到的本能遗产，这些本能也没有"调整"得完全适应相对较新的、作为扩展秩序的市场秩序，或不因为这一秩序而变得无害。比如20世纪一些国家，出于"理性的僭妄"，大搞计划经济，就威胁到这一扩展秩序，甚至人类的文明。这种做法实际上就是人的"小群体"本能在作怪。

根据哈耶克的观点，组成扩展秩序结构的，不但有个体，还有许多常常相互重叠的次级秩序。在这些次级秩序中，古老的本能反应，如休戚与共和利他主义，在促成自愿合作方面继续保持着一定的重要性，尽管它们本身并不能给更加扩展的秩序创造基础。比如，家庭或者很多自愿性群体大概就构成这种次级秩序。哈耶克认为，为了能够遵守不同的规则，同时生活在不同类型的秩序中，我们必须不断地调整我们的生活、我们的思想和我们的感情。如果我们顺从我们的本能和情感欲望经常对我们所提出的要求，把例如小部落或小群体或家庭这种微观组织中的那种一成不变的、不加限制的规则，用于宏观组织，如我们更为广大的文明系统，就会毁了我们的文明。但是，假如我们总是把扩展秩序中的规则用于那些较为亲密的小群体，我们也会使这些群体陷入四分五裂。

## 四、小群体秩序与扩展秩序之间的张力关系

根据哈耶克的观点，不断地服从像对待自己的邻人那样对待一切人这种要求，会使扩展秩序的发展受到阻碍。因为如今生活在这种扩展秩序里的人取得利益，并不是因为他们互以邻居相待，而是因为他们在相互交往中采用了扩展秩序的规则，譬如有关分立财产和契约的规则，代替了那些团结互助和利他主义的规则。人人待人如待己的秩序，会是一种相对而言只能让很少人有所收获的秩序。而且为了形成超越个人的合作模式或系统，要求每个人改变他们对他人的"出于天性的"或"本能的"反应，而这是件受到强烈抵抗的事情。这种与天生本能，即曼德维尔所说的"私心之恶"的冲突，可以变为"公益"；人们为了使扩展秩序得到发展，必须限制某些"善良的"本能。

有关"邻人"是谁，哈耶克有自己的解释。有人曾问过哈耶克："你如何看待'爱你的邻人如同你自己'这样的戒律？"哈耶克对此作出的回答反映了他的伦理观："我的看法是，比起从前来，我们恐怕必须将邻人的概念的范围加以限制。事实上，圣经中的这句话所说的邻人就是名副其实的邻人——那些我们养活的人，我们对其具体情况极为了解的人。但一旦到了我们是为那些我们根本就不认识

的人劳作的现时代，这种戒律就不大适应了⋯⋯这些（宗教）规则是为指导小群体中彼此熟知的人们之间的行为而发展出来的。一旦我们脱离了这种原始群落状态，我们就必须抛弃这些与生俱来的道德规范，除了我们与最亲密的几个人的关系——即我们所说的'核心家庭'——之外，在处理人际关系时，恐怕都应该遵守我所说的'商业性伦理规范'"①。

哈耶克的要旨在于，指导小群体的基于本能的规则，不同于指导匿名社会运作的市场规则。只有遵守那些不受个人感情影响的市场规则，人们反而更有可能做到真正彼此相爱，增加彼此的幸福。亚当·斯密提出的"看不见的手"原理，就是很明显的例子。"看不见的手"原理是指，在市场中，每个人追求自利，反而在无形中增加了整个社会的福祉，就像被一只看不见的手引导着。斯密这样写道②：

> 因此，由于每一个人企图尽可能地使用他的资本去支持本国工业，从而引导那种工业使它的产品可能有最大的价值时，每一个人必然要为使社会的每年收入尽可能大而劳动。的确，他一般既无心要去促进公共利益，也不知道他对之正在促进多少。他宁愿支持本国工业而不支持外国工业，只是想要确保他自己的安全；他控制着自己的产业去使其产品能具有最大的价值，他这样做只是为了他自己的利益，也像在许多其他场合一

---

① Friedrich Hayek：A Conversation with Friedrich A. von Hayek：Science and Socialism（Washington，D. C.：American Enterprise Institute，1979），17 - 18.

② Smith，Adam. Inquiry into the nature and causes of the wealth of nations. London：Printed for W. Strahan；and T. Cadell，Volume I，1776，P. 456.

样，他这样做只是被一只看不见的手引导着，去促进一个并不是出自他本心的目的。

哈耶克认为，遵守这种市场规则有时会排斥我们做一些当下就看得见的好事，有时甚至似乎是要我们违反自己的本能而行事。

### 五、儒家秩序与扩展秩序的对立

我们接下来看看儒家思想在何等程度上与扩展秩序和现代文明兼容，在何等程度上阻碍了这两者。

儒家思想产生自农耕社会中的熟人社会。其理想是入世的，当然，不是加入世贸意义上的入世，这一理想合起来可用九个字表示："修身，齐家，治国，平天下"。儒家强调"三纲五常"。所谓"三纲"，指的是"君为臣纲，父为子纲，夫为妻纲"。所谓"五常"，则是指"仁、义、礼、智、信"。我记得在一个小场合，经济学家吴敬琏对一位当代儒家代表人物大致说了这样一番话："如果儒家宣扬'五常'，那还可以接受；但是儒家还宣传'三纲'，那就过了。"儒家思想里当然有着很多精彩的内容。但是按道理，任何人间的教义或者学说总是难免有些瑕疵。一些新儒家认为孔子的话句句都是对的，认为儒家的这些核心思想也都是对的。他们的习惯做法是，用一些历代儒家和当代儒家发明的牵强附会的解释，来为一些明显不合时宜的儒家观点辩护而自圆其说。比如，把"三纲"曲解为其核心思想是各种职位上的人各就其位、尽其职责，又把《论语》"唯女子与小人难养也"中的"女子"和"小人"做五花八门的迂回解释（比如，把"养"理解为修身养性）。

儒家思想源自小群体和熟人社会。儒家强调的"礼"，里面包含很多习惯法和自然法的内容。这些"礼"作为伦理规范，比较适用于这种小社会。但是，其中的一部分"礼"，是可能会吃人的。毕竟要"治国"和"平天下"，需要"长牙齿"。比如，《论语》里面强调守孝三年。在传统社会，一个人不遵守此项孝道，必然声名狼藉，官位不保，难以安身立命。又如，"三纲"可以视为"礼"的组成部分，仍然可以吃人。皇帝如要杀人，则"君要臣死，不得不死"。据说"礼下庶人"，大致兴于南宋时代。类似于"礼"或者"律"的东西在民间社会也是存在的，比如宗法。民间社会搞宗族自治，宗法也是"长牙齿"的，比如很多村庄古时候有个传统，就是"浸猪笼"：如果村庄内出现男女通奸，宗族可以将两者脱光绑在一起，浸到村内池塘里处死。

古代儒家的"义利观"与现代市场经济观并不完全兼容。儒家强调"以义和利"，也就是用"义"来协调"利"。这里的"义"，指"正义"和"道义"，商人追求自利的行为，是被这样认定和解释的"义"所框定。孔子也曾经说道："君子喻于义，小人喻于利。"这里把人两分成"君子"和"小人"，把"义"和"利"对立。按理说商人以通过经商追求自利为其本职，按照简单套用孔子的划分法，这种商人属于"小人"范畴。不过，在现代社会，即便商人言利，也容易被视为合乎"义"的，只要商人以诚立本，通过自己的经营活动去挣钱谋利，他就是"君子"，而这种谋利本身就体现"义"。

儒家里面还有一个功利主义分支，称为永嘉学派，其代表人物是叶适。按照叶适的观点，如果以诚立本，放开追求自利，其结果就是正义的。这种主张因此被称为"以利和义"观，意指个体各自以诚立本，其对自利追求之和合即为"义"。这种观点恰好与正统儒家的"以义和利"观相对立。而且叶适特别强调"不以义抑利",恰恰就是为了不使得在位的君臣和主流儒家拿自己认定或解释的"义"来压制"利"。

"以利和义"观中,追求利润是放开的,而在"以义和利"观中,利润其实是受限的。前者虽然源自南宋时期的一个学派的观点,但符合现代精神,有利于市场经济的发展;后者来自古代轴心时代,但总体上包括前现代因素,只有对其进行重新诠释,才能确保其符合现代性要求,从而有利于市场经济的发展。

正统儒家主张"小政府",反对"大专制",但强调礼治的等级秩序,其实是主张"小专制"。与此相应,儒家在古代,自然不会想到"大民主",但确实也主张"小民主",比如禅让制、科举制等。儒家的主流主要鼓励"小产权""小安富"。孔子在对待财富上,也对"大富足"感到不满。孔子对颜回学问道德接近于完善而在生活上常常贫困而深为遗憾,同时对子贡不听命运安排而作为"套利企业家"去经商致富反而感到不满。孟子主张"通功易事",也就是米塞斯和哈耶克所崇尚的"交换秩序",但是孟子理想的农耕社会是井田制,有一定规模的小农小富秩序。儒家上述"以义和利"观和"小安富"观,体现了古代儒家的"小市场"理念。

此外,儒家强调"和",即和合、和谐。这种"和"可能与遵守"三纲"和等级秩序相联系。而现代市场秩序强调竞争,强调平等自主个体之间的基于规则之"争",只是在接受同样的竞争规则上才体现"和"。

有人讲,中国百姓为什么在历史上一直不特别追求个人基本权利,这恰恰是因为那时候在一般年头受到官府压制不会太狠。中国儒家总体上有着小政府、小专制、小产权、小民主、小安富、小市场甚至低税的主张。无论是儒家、道家，还是斯密这样的经济学家，均支持低税模式。孔子讲"苛政猛于虎也"，孟子则讲"井田制"。道家的鼻祖老子讲"民之饥，以其上食税之多"，其意思是说，老百姓肚子饥饿，是因为政府征税太多。

儒家说的"五常"，在市场秩序当中倒也是需要的，比如企业里面就需要管理，可以有科层等级。但是儒家这个"礼"不同于市场经济所要求的"礼"，儒家这个"义"也非市场经济所要求的"义"。到了人类进入市场社会，"礼"和"义"的内涵有必要有所扬弃。

黑格尔曾经评论过孔子及《论语》。他认为孔子只是个道德家，而非伦理学家，其伦理观也没有超越西塞罗。儒家伦理有其时代的局限性，不能建立和发展不断扩张的开放性市场秩序，也不能为发展现代市场文明提供足够的规范支持。如果儒家思想要运用于现代治理，需要去掉其中一些不与市场秩序和现代市场文明兼容的内容。比如，颠倒其"义利观"，剔除其等级观，拔去其"礼"和"义"中的獠牙。正如哈耶克所说，一些旧的习惯、传统和道德因素可能被新的习惯、传统和道德因素所取代，这些市场伦理因素需要在群体内和群体之间扩散和胜出，市场秩序由此得到扩展，现代市场文明也得以扩展。这些现代市场文明至少既包括市场体制、市场伦理和现代政府治理制度，也包括与之相关的人类财富创造成果。现代社会的一些基本价值也不是儒家伦理自身就有的，比如，个体的自主和平等、法治、个人私域保护、个人基本权利保护、个人与政治权利保护等等。儒家伦理如果真的要用于"治国"和"平天下"，看来需要一种规则转换。就目前而言，尽量把儒家伦理和其他伦理资源中的各种积极因素利用起来，支持实现私人产权保护和法治，健全市场体制，可能是条正路。

# 第五部分

# 创造财富与共同富裕之路

# 第 20 章　警惕"福利国家"，弘扬市场伦理

目前，欧美国家越来越走向福利国家。福利国家并非一种国家类型，而是一个社会中国家与社会关系的一种总体状态。在微观层面，指的是政府通过一系列密集型干预和再分配措施，保障和增进全体国民的基本福利，并将其视为政府的职能。

福利国家型的国家，通过大量社会保障政策和社会服务开支来设定最低的住房、医疗、工资和教育标准，并利用高税收手段缩小贫富差距，最大限度地保证所有国民能够享有最低标准的收入、营养、健康、住房、教育和就业机会等基本权益。

福利国家政策属于双刃剑。福利国家政策保障了国民的基本福利，甚至在教育等方面对国民提供了赋能。但它可能使得个人过度依赖于再分配，甚至失去个人奋斗的精神。过度的福利国家政策则有可能损害企业家的财富创造积极性，而它本身就是建立在足够财富创造基础之上的。

汤姆·G. 帕尔默编选的《福利国家之后》这部书是我们所能看到的对欧美福利国家政策最为强有力的和中肯的批评。这种批评植根于逻辑论证和实证数据。全书充满着洞见。所谓大道至简，其实这些洞见本来就应该是常识，因而要需要变成常识。

## 一、个人基本权利是最大的福利

在世界上，一个人的自由权利可能是其可以享受的最大的福利。至于它的来源，不同的人有着不同的解释。基督教徒把这种福利归于上帝的赐福。在基督教运动中，保罗新观认为上帝面前众生平等，由此从基督教教义中发现了人类自由及其潜力，挑战了此前存在的众生不平等的错误认知。[①] 保罗新观开始冲击地位不平等的传统，不啻为一场道德革命。据说这一过程历时数世纪。到了十二三世纪，罗马教廷主持建立了以道德平等为基础的教会法体系。由此，个人在其后逐渐取代了家庭、部落或种姓，成为社会组织的基本单位。[②] 现代自由主义之父约翰·洛克的杰作《政府论》（上、下）就基于对上帝的信念，论证了人类一开头就存在一种自然状态，在其中人人平等地享有其自然权利，包括个人的生命权、人身权和财产权。[③] 所谓自然正义（natural justice），就体现在行使和维护这些自然权利。

根据洛克的理论，所谓的政治社会和政府，都不过是个人为了更好地保护自己在自然状态本身就拥有的自然权利而达成的制度安排。因此，作为代理人的政府的权力来自于作为委托人的个人的授权，而最终权力掌握在个人手里。在这里，政府的运作需要以个人的同意为基础。而且，个人对政府的授权不会超过个人本身拥有的基本权利。如果政府的行为超越了个人的授权，未经个人的同意，

---

① 西登托普，拉里（2014）："自由主义的宗教渊源"，FT 中文网，2014 年 4 月 4 日，http://www.ftchinese.com/story/001055594。
② 西登托普：同上。
③ Locke, John (1689). Two Treatises of Government. printed in London for Awnsham Churchill.

必须有法院能够接受个人的诉讼，由其做出公正的判决。否则，个人就面对政府对他的宣战，就退回到了自然状态。此时，不仅个人自己有权应战，而且所有其他人均有权参战。

有关自由即"福利"的另外一个例子，可见上述洛克《政府论》里的阐述。洛克认为自然状态中的个人共同组建政治社会和政府的目的是为了实现"public good"，即"共同善"。商务版《政府论》（下篇）将其翻译成"公共福利"。[①] 这里，"共同善"或者"公共福利"的核心内容就是通过政治社会的社会契约和政府来更好保护洛克提及的广义"财产权"，它包括生命权、人身权和我们一般意义上的狭义财产权。

## 二、把公共利益视为个人利益的叠加部分

洛克从理论上系统性地论证了个人的平等和自主的地位，就像为一个黑屋打开了一扇窗子，既让人看到了灿烂的阳光，又让人呼吸到了新鲜的空气。越来越多的国家走向个人基本权利本位，享受着这方面的先发优势。至于个人的基本权利是否存在神圣的源头，其中部分国家的宪法里给予肯定，另外一部分国家的宪法里则不肯定。其他越来越多的国家，因为有了先前这些国家的制度参照，也在逐步接受个人基本权利本位，而且按道理可以少走弯路，享受这方面的后发优势。至于个人基本权利本位是否存在神圣的源头，无论是哪类国家，普通民众也并不太关心。无论如何，个人是否存在宗教信仰，已经不会阻挡整个世界朝着接受个人基本权利本位的方向发展的大势。

---

① 洛克，约翰（1986）：《政府论》（下册），商务印书馆，北京。

个人基本权利本位与一个社会需要奉行公共利益并不相悖。这是因为可以把公共利益看作为个人利益的叠加部分，来自于个人的同意。也就是说，如此定义的公共利益实际上是个人利益的一部分。

但是，政府的运作很可能会违背个人的同意：政府越是接近亚当·斯密所指的"守夜人"国家的角色，① 个人同意的可能性越大；越是走向"掠夺之手"的角色，② 个人同意的可能性就越小。"守夜人"国家重视充分利用市场这只"看不见的手"的作用，③ 尊重以赛亚·伯林所谓的"消极自由"；"掠夺之手"往往来自政府，而掠夺本身往往是政府和民众追求各种"积极自由"的结果。④ "消极自由"是一种不让别人妨碍自己的选择为要旨的自由，而"积极自由"是个人有干什么的自由。"消极自由"意味着：当个人处于非强制或不受限制的状态时，个人就是自由的。"积极自由"则经常意味着，要求主动控制和干涉某人某事，决定某人应该去做某件事、成为某种人。"积极自由"的这种性质容易导致其被滥用，尤其是被掌握公权的政府滥用。对于"消极自由"的赞成者，"积极自由"往往意味过多的国家干预，而这又常常会削弱个人的积极性，侵犯个人的基本权利。

诚然，在政治生活中，权力的滥用不是例外现象，而是普遍的现象：这不是有无的问题，而是多少的问题、轻重的问题。美国政府债台高筑问题就与两大政党为了赢得竞选而不断增加对选民的福

---

① Smith, A. (1776). An Inquiry into the Nature and Causes of the Wealth of Nations. Oxford University Press, Oxford.

② Frye, T. &Shleifer, A. (1996). The invisible hand and the grabbing hand. Working Paper 5856, National Bureau of Economic Research.

③ Smith (1776)。

④ Berlin, I. (1958) "Two Concepts of Liberty." In Isaiah Berlin (1969). Four Essays on Liberty. Oxford: Oxford University Press.

利承诺有关。也就是存在"多数暴政"的问题。1980 年，针对当时美国政府债台高筑问题，里根总统在其首任总统就职演说中指出："政府不是解决问题的方案，政府本身就是问题。"

## 三、要避免"相互抢劫"的福利盛宴

在自由和福利的关系上，目前国内学界流行一种要求节制自由的"好好先生"方案：崇尚自由者应该节制自己对维护自由的要求，主张福利者也要压抑自己对福利的要求，这样节制一点自由，增进一点福利，社会就万事大吉。虽然这里的"自由"仍然指涉基本权利，"福利"则是指英文用词"welfare"，特指"给予的权益"，英文用词为"entitlements"，即政府组织提供的大量转移支付和再分配。

上述"好好先生"方案，无论是在国内，还是在国外，与其说是一种解决方案，毋宁说是制造问题。这是因为，它只是在两种立场之间选中间立场，缺乏一套原则作为其支撑。随着时间的进展，由于两种立场所代表的力量可能存在此消彼长、此起彼伏的关系，两种立场本身会不断变化，中间立场也会不断变化。长此以往，就失去了是非观。从长期看，由于现代国家一般难以做好对政府的限权，不到一定的时候，这种方案其实很容易成为一种跨时动态的个人基本权利总体上不断退缩方案，上一个阶段实现的福利（即给予的权益）要求同时构成下一阶段提出进一步福利要求的基础：在第一阶段，崇尚个人自由者迫于主张福利者对福利的要求，被迫节制了对维护其个人自由的部分要求，主张福利者也压抑了其对福利的部分要求，暂时达成一种"均衡"；在接下来的第二阶段，主张福利者会提出进一步的要求，崇尚个人自由者又被迫做部分让步，主张福利者的福利又进了一步。依此类推。主张福利者步步紧逼，崇尚个人自由者则节节败退，除非这种福利国家化到了不堪重负之时。在这里，现代民主国家的党派竞选和多数表决制起到了推波助澜的作用：党派竞选中，各党派为了获取更多的选票而对选民做出越来越多的福利政策承诺。在多数通过原则下，承诺越多，当选的概率越大。在中国，各种福利国家因素或者苗头也大量存在。无论是国内还是国外，福利作为"给予的权益"，往往构成一种只进不退的"棘轮效应"。政府为了获取民众的支持，福利承诺倾向于不断加码。其结果往往是政府债台高筑、骑虎难下。

诺贝尔经济学奖得主哈耶克在其 1944 年出版的著名小册子《通往奴役之路》中把这样一种个人自由空间被迫步步压缩的路径称为"通往奴役之路"。[①] 他当时指的是 19 世纪欧洲形形色色的集体主义做法所引致的下坡路。这些集体主义做法包括各种计划经济、干预主义、福利国家、民族社会主义的做法。哈耶克的断言迄今为止仍然总体上有效。而且，这些种种集体主义做法的思想源头不仅仅始于 19 世纪，而是更早。

在政府政策层面，种种集体主义的进路则体现为哈耶克所严重关注的一种不断上升的对经济的干预螺旋效应：政府的干预政策会导致扩大干预范围和干预力度的必要性，从而导致进一步的政府干预。

在当前西方发达国家，很多人已经分不清楚什么是"right"，什么是"entitlement"，也就是分不清楚"权利"和他者"给予的权

---

① Hayek, F. A.（1944）. The Road to Serfdom. Routledge & Sons, London.

益"。正如《福利国家之后》一书的作者之一大卫·凯利所言，他们把政府提供的福利看作为"福利权"。在这些国家，上述博弈过程很难消停，往往要到福利国家发展到臃肿不堪，甚至发生重大危机，很多人才开始反思。

巴斯夏认为国家不应该成为"压迫"（oppression）和"相互抢劫"（reciprocal plunder）的工具。① 这是很有道理的。福利国家发展到一定臃肿程度，人们就会发现，无论是否愿意，人人分享国家提供的大量福利，又要程度不同地负担这些相应的开支。正如帕尔默所言，很多纳税人本来可以减少纳税，而不是通过缴纳更多的税金、同时参与"相互抢劫"。这些参与"相互抢劫"的纳税人，指望借此捞回本钱，达到止损的目的。

尽管这个世界有句"天道酬勤"的古训，但是福利国家却往往不是一个奖勤罚懒的社会，反而是个罚勤奖懒的社会。正如本书作者之一帕尔默在《福利国家的悲剧》一文所展示的那样，社会福利制度结果就变成了"公地"资源，导致所有人无论是富是穷，是自愿还是被迫，都趋于从中尽力攫取、过度利用，从而酿成"公地悲剧"。② 长此以往，个人的自由权利被侵犯，个人责任原则荒废，社会活力倾向于消弭，懒汉情结泛滥，依赖心理盛行。而与福利国家不同，一个自由的社会，本来要求每个个人在享受个人自由权利的同时为自己的行为承担责任。这意味着个人是责任人，政府是责任政府。在这样一个社会，由于更好地保障了财产权利，人们从自身利益出发，更

---

① Fredéric Bastiat（1995）. Selected Essays on Political Economy, trans. Seymour Cain, ed. George B. de Huszar, introduction by F. A. Hayek. Irvington-on-Hudson: Foundation for Economic Education, Chapter 5: The State. 本书的主编汤姆·G·帕尔默（Tom G. Palmer）指出福利国家是这种"相互抢劫"的制度化。

② Harding, G.（1968）. "The Tragedy of Commons", Science, 162: pp.1243 – 1248.

易订立和利用各种各样的契约，更能充分利用市场制度，更可降低交易成本，更有机会迈向一个自由与繁荣的国度。

## 四、要用自然正义框定"社会正义"

无论在哪个国家，在公共政策问题上，同意原则的遵循很难不存在问题。正因为如此，社会成员对同意原则的遵循与否要有着一个心理承受度，他们之间需要在个人利益上实现某种共和，同时要注意保护少数的权利。我们的个人基本权利经常会遭遇法律和政策的限制。对法律与政策达成一致同意一般是不可能的，一致同意的制度交易成本太高，一致同意意味着一票否决权：只要有一人反对，法律和政策就无法通过。[①] 而法律和政策的通过，对社会中的所有人具有强制力。所以我们真正能够追求的，可能是强制的最小化，而很难实现完全毫无强制。正因为如此，哈耶克把自由定义为一种人的状态，在其中，社会中一些人对另一些人所施以的强制被减少到尽可能小的程度。[②]

在当前这些福利国家，初看起来至少存在两大类对峙的群体：一类是"财富创造者"群体，另一类是"财富抢劫者"群体。"财富抢劫者"通过议会多数表决机制要求"财富创造者"与其心平气和地、各有节制地"分配"财富。按照"财富抢劫者"的逻辑，只有他们"分配"到了财富，才体现"社会正义"。目前欧美学术界的一个时髦用语就是罗尔斯《正义论》意义上强调结果平等的"社会正

---

[①] 布坎南，塔洛克（2000）：《同意的计算：立宪民主的逻辑基础》，中国社会科学出版社。
[②] 哈耶克，弗里德里希·奥古斯特（1998）：《自由宪章》，中国社会科学出版社。

义"（social justice）或者"分配正义"（distributive justice）。① 问题是，如果不能伸张保护广义财产权意义上的、本来就在自然状态存在的自然正义（natural justice），还要什么"分配正义"？ 仔细看下来，正如上文所述，在当前这些福利国家，就连"财富创造者"也参与到"财富抢劫者"的行列，希望通过参与"相互抢劫"来止损。其结果是，人们固化了"财富抢劫"的"权利"观，而失去财富创造的激励。

罗尔斯意义上的"社会正义"或者"分配正义"，其一大要旨是差别原则。根据该项原则，"对社会和经济不平等的安排，应能使这种不平等既符合处于最不利地位者的最大利益，又按照公平的机会均等的条件，使之与向所有人开放的地位和职务联系在一起"。② 罗尔斯的差别原则是根据存在不确定性条件下的最大最小值标准（maximin criterion，意指最大化最小值的标准）推导出来的。但是，布坎南对罗尔斯的批评是有道理的。布坎南 1998 年在德国慕尼黑与财政学家马斯格雷夫为期一周的辩论会上，承认自己属于罗尔斯的思想体系，认为至少罗尔斯试图解决人们如何认识公平的问题，而不是试图灌输和声称我认为公平是什么或者其他人认为公平是什么的研究思路是正确的，认定罗尔斯作为公平的程序正义在目标上是正确的——可以通过正义程序的结果来定义正义。③ 但是，布坎南指出：④ 罗尔斯不该推导出一个具体的结果。程序并非必然产生差别原则。差别原则作为一种公平程序的可能结果是完全合理的，但是

---

① Rawls, J. (1999). A Theory of Justice, revised ed., Cambridge: Belknap.
② Rawls (1999).
③ 布坎南、马斯格雷夫：同上，2000。
④ 布坎南、马斯格雷夫：同上，2000。

其他结果也可能产生：人们心目中的公平是什么在一定程度上是经验问题。在同年，布坎南在接受汪丁丁教授采访时认为，最好的处理办法是将他的"差别原则"当做一种特殊的可能结果（即与其他各种可能性并列，而不是被当做从正义程序推导出来的普遍原则）。[①]

按照罗尔斯的"最大最小值"标准，差别原则要使得社会和经济不平等的安排符合"处于最不利地位者的最大利益"，这既不适用于发达国家，也不适用于发展中国家。这是因为罗尔斯在整个推导过程中没有引入成本分析：首先，满足"处于最不利地位者的最大利益"的差别原则对整个社会造成巨大的甚至难以为继的福利负担；其次，它最容易给懒人不工作提供最大的正向激励，诱使或者怂恿懒人不工作的败德行为，从而鼓励更多的人放弃其道德整合性，加入到败德队伍之列。可以说，差别原则可以导致发达国家财政负担重不堪负，导致发展中国家即便财政负担重不堪负也难达差别原则所要求标准。

## 五、欧美福利国家：一条"通往奴役之路"

"福利国家"（welfare state）的概念主要强调由政府来主导甚至包揽对社会成员"福利"的保障，其途径是对所有社会成员提供和维持教育、卫生或者养老和收入保障等社会支持系统。可能最为有名的就是所谓"北欧模式"，而北欧国家中最为有名的是瑞典。瑞典的做法是从摇篮到坟墓，政府提供全套社会保障。虽然谁都喜欢获得福利待遇，但是天上掉不下免费的馅饼。福利国家问题的症结在

---

① 载高小勇、汪丁丁主编：《专访诺贝尔经济学奖得主》，朝华出版社，2005年。

于侵犯个人的基本自由，背离同意和责任原则，大搞社会福利分配，从而坐实帕尔默所言的"相互抢劫"的制度化问题。[1]

洛克认为，财产权作为经济自由的核心内容，优先于政治权利。哈耶克秉承了洛克的基本权利观。他在《通往奴役之路》中指出："离开了经济事务中的自由，就绝不会存在……那种个人的和政治的自由"，而且，"没有经济自由的政治自由是没有意义的"。[2] 因此，需要警惕福利国家政策对个人财产权的侵蚀，这种侵蚀最终会导致个人政治权利的受损。

福利国家的政府维持福利政策的运作，需要通过制造大量的"财政幻觉"来向每个人提供福利，这种幻觉使得纳税人觉得所承受的负担比实际上的负担要轻，受益比提供给他们的公共产品与服务的价值要大，从而混淆每个人对自己所承担成本的敏感性，以求最大限度地减少纳税人对于任何给定的税收水平的反抗。

福利国家的种种做法，若要勉强维续下去，政府除了要控制再分配领域之外，还要尽量控制财富生产本身。哈耶克在《通往奴役之路》的第七章开头，他引的一句题记是希莱尔·贝洛克的话："控制了财富的生产，就是控制了人的生活本身。"[3]

欧美国家的福利国家做法五花八门，《福利国家之后》一书列举如下。

第一，政府提供住房福利。美国政府通过其拥有的"两房"公司干预住房市场，放松对住房市场和相关金融市场的监管，制造一

---

① Palmer, Tom G. : "The Tragedy of the Welfare State", in: Tom G. Palmer (ed.): After the Welfare State, Ottawa: Jameson Books, Inc. ,2012, pp.5 – 14.
② Hayek, F. A. The Road to Serfdom. Routledge & Sons, London, 1944.
③ Hayek (1944).

种低利率环境，支持不符合房贷资格者获得低息住房贷款和廉价住房。由此，政府放松了对住房市场纪律和市场原则的遵守，把住房市场政策与住房福利政策混同。美国"次贷危机"就与此密不可分。

根据《福利国家之后》一书作者之一齐汉·诺伯格的介绍，小布什总统当时的目的是建立一个"所有权社会"，倡导公民们通过获得住房所有权来控制自己的生活和财富，以此推进公民的独立意识和责任感。但美国政府当时并没有依托交换住房私有产权的自由市场来达到这一目的，而是通过政府干预的手段，使得本来不符合房贷资格者却可以通过美国政府的房利美和房地美即"两房"来拥有低息住房贷款和购置廉价住房所有权，而且这样做相对于通过市场合约关系来说更加有利。"两房"在 2004 年左右放出了他们将购买任何贷款的消息，这是怂恿银行和其他机构开始发放次贷和准优级贷款这两类"垃圾贷款"的主要原因。在 2003 年，"垃圾贷款"占据了美国抵押贷款 8% 的份额，但是在 2006 年的三季度进一步变成了 22%。"两房"在 2005 年至 2007 年间有 40% 的抵押贷款是次贷或准优级。

根据诺伯格的文章，房利美和房地美对于住房市场的联合财务风险是巨大的。在 2007 年末，其负债和他们担保发行的抵押担保证券的总和与美国国债数量相等。对于每 100 美元他们担保或者通过证券借出的钱，他们只有 1.2 美元的权益。2008 年 8 月，两房所拥有的"垃圾贷款"和基于"垃圾贷款"的证券总值超过一万亿美元。

第二，政府为了维持福利政策而债台高筑。根据《福利国家之后》一书作者之一麦克·坦纳的分析，福利国家本质是庞氏骗局。如果将国债细化到个人身上的话，每一位德国在职人员身负 42000 欧元（折合 52565 美元）的国债。每一个英国家庭承受着惊人的

90000 英镑（折合 140332 美元）的国债。每一个法国人都负担着 24000 欧元（折合 30037 美元）的国债。此外，在当前的计算方法下，国家养老金系统和社保体制的无资金准备负债（也就是社保空转额）不计入国债总额，这使得这些国家债台高筑的情况被严重低估。欧洲国家平均的无资金准备的负债占据了 GDP 的 285%。

　　根据坦纳的报告，在某些国家，这些隐性负债在未来将是一个难以想象的天文数字。以希腊为例，假如它承担起未来的一切无资金准备债务，希腊的债务总量就将超过其 GDP 的 875%，接近年生产总值的 9 倍。如果将当前法国承诺分发的养老金考虑在国债内，法国的债务总量就会大涨到当年 GDP 的 549%。而德国若是完全负担起无资金准备债务，其债务总量将会飞升至 GDP 的 418%。美国的负债总额也同样不容乐观，如今已超过 15.3 万亿美元，占 GDP 的 102%。美国福利体系仍在快速扩张，其中很大一块就是美国奥巴马总统的医保方案。美国联邦政府目前的开支超过 GDP 的 24%，而到 2050 年，这一数字预计会增长到 42%。如果加上美国各个州和地方政府的开支，各级政府的总开支将会超过 GDP 的 59%，这比目前任何一个欧洲国家都要高。

　　第三，推行强制性的法定养老制度。很多欧美国家采取"现收现付"的养老金制度。"现收现付"制不实行个人账户积累制度，而在全国范围内实行统收统支、现收现支。养老金领取者不断要求增加国家的养老金支付，甚至认为这只是在偿还他们所缴纳的金额。根据坦纳的分析，美国政府告诉美国人，他们的社保税被"投资"到了一个"信托基金"。但事实上，这不过是联邦政府用明日税收支付明日福利而开出的欠条。政府实际上往往需要增加负债来维持养老金制度，由此加重了未来一代人的负担。根据坦纳的文章，政府运作养老金项目的作法，是收取在职职工的钱用于支付给退休者。然而，在老龄化社会里，这样的办法越来越行不通。"现收现付"的模式有着与"庞氏骗局"别无二致的资本结构。随着进入老龄化社会，退休领钱的队伍愈发壮大，支撑养老金的在职人口随之减少，系统就会岌岌可危。

第四，推行强制性的义务医保体系。坦纳的文章表明，即便保守估计，根据奥巴马医保法案中对老年人医保开支的预测，未来社保和医保造成的无资金准备负债，将导致美国欠下 72 万亿美元的债务。但更现实的数据则表明，届时美国政府承担的负担至少将达到 137 万亿。所以，即使是做最好打算，这样计算的美国国债总数也将超过 GDP 的 480%。而在最坏打算下，美国收支间的鸿沟将达到 GDP 的 911%。

此外，对人员流动和经济过程的各种过度或者不当干预也是重要的福利国家政策因素。严格限制移民的政策不利于美国的经济发展，移民是美国创新动力的重要源泉。劳动力市场的过度管制不利于创造就业，也不利于维护就业，反而会减少对劳动力的雇佣。最低工资制就是一个实例。2014 年 4 月 30 日，美国共和党在参议院阻止了民主党主导的提高最低工资法案。该法案旨在把美国的联邦法定最低工资水平从每小时 7.25 美元提高到 10.10 美元。提高最低工资的结果必然是雇主对工作岗位的成本和收益做新的计算，往往会考虑削减低端的现职岗位，节制雇佣新的雇员，引入机器设备来替代部分劳动岗位。民主党的这一民粹主义举措实际上会牺牲很多工人的利益，但是最适合去获得不知就里的大众的支持。

## 六、福利国家的一些替代：互助组织与"智利模式"

一个人格完整者，是责任人的概念，要为自己的行为和生活负责。政府也是责任政府，其运作总体上需要征得个人的同意和授权。正如帕尔默在《俾斯麦的遗产》一文中提到的，福利国家强调政府有法定义务为个人的社会福利负责，尤其是政府包办医疗、教育、退休和收入保障等等。其结果是政府强制从经济中攫取大量资源，破坏个人的基本权利、同意和责任。由此，个人不成其为责任人，政府不成其为责任政府。

《福利国家之后》一书的作者之一、历史和政治学家大卫·格林在《互助组织的演变》一文中详细展现了"私人慈善"和"自愿保险"在欧美历史上的广泛存在及其作用。大量民间自组织的慈善组织和带有自愿保险职能的"互助组织"，为当时的各阶层提供了重要的社会保障功能。中国在古代也有广泛的私人慈善活动，到了民国时，私人慈善和社会自治发挥了越来越大的社会救助和保障作用。而中国乡土社会中一直存在的人情，就有着类似于民间互助保险的功效：你所付出的人情，在你需要的时候可以回收，而且一般大致考虑到了剔除通货膨胀的因素。

历史学家大卫·贝托（David Beito）的文章记录了美国人利用结社自由创造出的巨大互助组织网络。在大萧条之前，互助组织可能是除教会以外，美国最主要的社会福利提供者。当时，互助组织的会员数量占到了全国成年男性人口的三成左右，而且尤其受移民和非裔美国人欢迎。与政府福利计划和私人慈善的施舍性质不同，互助组织提供的福利是以捐赠者与受助者之间的互惠为基础的。到

20 世纪 20 年代，美国的各种兄弟会与其他互助组织陷入了前所未有的困境，并再也没能复苏。根据贝托的分析，引发这次衰退的原因，可能包括福利国家的崛起、各州限制性的保险法案，以及来自私立保险公司的竞争。

福利国家用"政府责任"替代了"私人慈善"，用政府组织的强制社会保险替代了欧美国家过去在民间自发组织的自愿保险。正如格林一文所显示的那样，自力更生和私人慈善并非像我们通常所说的那样是福利国家仅有的替代选项："私人合作建立的互助组织能够维护社会的团结，为参与人提供紧急援助、医疗和其他方面的福利，并提供一个传播道德价值的框架"。坦纳在文章也指出：政府要放弃这种"现收现付"的养老制度，放手个人通过投资在产业中来养老；全世界的公民和政府都应该开始让强迫性的、家长作风的、充满操纵却又缺乏延续性的福利国家，朝着有效、公平、高效并可持续的民间解决方案过渡。

显然，人类发展到当代，已经积累了大量的组织资源和制度资源。需要复兴各种互助组织来组织自愿的保险和救助。与此同时，可以结合以私人商业保险机构，后者在互助组织之外也可以发挥重要的私人商业保险功能。至于政府，可以发挥辅助性的支持作用，而不是包揽社会保障。

无论是国内国外，"现收现付"的养老制度也应该及早抛弃。替代"现收现付"方式的成功模式目前业已存在。比如，智利养老保险模式值得研究和借鉴。"智利模式"比较强调遵循保护个人基本权利的原则和个人责任原则。智利在社会医疗保险或者社会养老保险中推行个人公积金制度。它于 1981 年开始实施以个人账户和由私人养老基金管理公司代替政府管理养老金为主要特征的养老保险制度。

该制度采取完全的基金制，个人的缴费全部进入个人账户，退休后养老金待遇也完全取决于个人养老账户的积累额和投资收益。由于实施了商业性的基金管理模式，智利的养老金的投资收益率在改革后的最初 10 年年平均收益率达到 13%。[①] 据统计，经过 20 年的发展，智利的 8 家养老基金管理公司的投资水平不断提高，从 1981 年到 2000 年，平均收益率在 11% 左右。到 2000 年底，智利养老基金管理公司经营的养老基金的总额已经达到 358.76 亿美元，其中35.73% 投资于智利政府和央行发行的各种债券，18.72% 投资于定期储蓄，14.35% 投资于商业抵押票据，17.57% 投资于企业发行的股票和债券，10.89% 用于国外金融市场的投资。此外，还有部分投资用于金融机构发行的股票和债券等。[②]

## 七、市场理念与企业家伦理：观念创造现代世界的繁荣

本书附录收入《市场的德性》一书中的三篇文章，包括客观主义哲学家大卫·凯利的《安·兰德与自由企业制度：道德革命》、诺贝尔文学奖得主马里奥·巴尔加斯·略萨的《自由的文化》以及诺贝尔经济学奖得主弗农·史密斯《通过全球化改善人类处境》。这些文章为我们展现了有关市场理念和企业家伦理的洞见。市场经济基于每个人的基本权利保护、同意和责任。市场经济实现个人收入的初次分配，这种分配体现绩效原则：在充分竞争的市场，劳动力、土地和资本的边际回报，就是其边际贡献。因此，市场经济体现了

---

① "瑞典、俄罗斯和智利三国养老保险方案比较"，载全景网，2004 年 5 月 13 日。
② 宋洁云："智利的新型养老模式"，《中国党政干部论坛》，2012 年 1 月 19 日。

实现经济效率的最好的"装置"，同时它也是"社会"的，不是"反社会"的。如果社会上存在一部分人员由于自己的原因无法参加收入创造，那么可以从其家人或者从他人的自愿慈善获得一些收入再分配。而政府组织的收入再分配反而要靠后，只发挥辅助性的作用。这属于一种有运作能力的、合乎人的尊严的自然秩序。从这一点来看，把慈善业提供的再分配作为三次分配，那是错误的。慈善业应该至少与政府一样属于二次分配。甚至，按照这里的自然秩序，慈善业属于二次分配，政府涉足的再分配需要限定在三次分配。

也许有人会以为，《福利国家之后》和《市场的德性》两书与国人无甚关系。他们进而认为，中国还不是福利国家，批判福利国家为时过早。但这是一种误解。很多福利国家因素在中国早已存在，"人民公社"运动中大办"公共食堂"就是一例。各种社会保险均在铺开，其中多数是强制性的社会保险。《劳动合同法》已经在 2007 年通过，最低工资制也已推行，地方政府社保资金空转额巨大，地方债台高筑，社会福利性住房建设规模空前。

著名经济学家与经济史家迪尔德丽·麦克洛斯基就指出，是观念和修辞的改变才造就了现代世界的繁荣。[①] 伴随着观念和修辞的改变，企业家的人格、地位得到尊重，企业家的资本自由得到尊重，由此激发了企业家精神和企业家创新。这里，正如弗农·史密斯在其《通过全球化改善人类处境》一文中所说的那样，市场和交易发挥了至关重要的作用。他指出，正是市场和交易这两种事物使我们能够从事各种工作，使知识有了专业分工。知识的专业分工，正是

---

① McCloskey, D. N. （2010）. Bourgeois Dignity: Why Economics Can't Explain the Modern World. Chicago: University of Chicago Press.

一切财富创造的秘诀，是人类处境持续改善的唯一动力来源。这就是全球化的本质。其结论就是要拥抱全球化。这里我们可以看到史密斯知识结构中带有诺贝尔经济学奖得主、"知识贵族"哈耶克思想的烙印：哈耶克早在 1937 年就强调"知识分工"（division of knowledge）的重要性。[①]

很多国人对贸易、市场或者"做生意"有鄙视或者误解，这是可以理解的。儒家把社会成员分为"士、农、工、商"四等，商人被排在末尾。亚里士多德认为，商贩之得意味着贸易对方之损。他由此把商业视为"零和博弈"。这些鄙视商业和商人的观念，后来影响了苏联的国民经济核算体系：该体系只把生产计入社会产品总值，而不计入贸易或者服务的价值。亚里士多德反对货币投资以求以钱生钱的任何行为，但是，现代经济学很容易解释为什么以钱生钱是正当的。比如，根据庞巴维克的研究，利息可以用货币的时间价值来解释。[②] 庞巴维克把利润、利息、地租等各种收入都归结为人在不同时期内对物品效用的主观评价不同的结果。他认为，产生利息的交易仍是一种商品的交换，存在所有权的转移。庞巴维克把所有物品分为两类：直接满足欲望的现在物品；满足将来欲望的将来物品。他认为，两者存在价值上的差别，这种差别是一切资本利息的来源。这里，庞巴维克是广义定义利息的。他把利息分为三种形态：一为借贷利息，即利息的一般形态；二为企业利润，即利息的特殊形态；三为耐久物品的利息，即租金。实际上，全球化就是对上述三种利息形式的广泛接受，其背后就是大量的创新和贸易的拓展，结果是

---

① Hayek, F. A. (1937). Economics and Knowledge. Economica, 4(13): pp. 33-54.
② Böhm-Bawerk, E. (1889). Positive Theory of Capital, translated by W. Smart. New York: Stechert.

无论是富人还是穷人，均成为其受益者。

为了长远保障每个人的根本利益，我们需要警惕"福利国家"，弘扬市场伦理。为此，需要遵循一些基本的原则，比如，保护个人基本权利的原则、辅助性原则（principle of subsidiarity）、法定授权原则（principal of conferral），以及法治原则。[①] 根据辅助性原则，个人和市场能够承担的事务，政府不予以越俎代庖；下级政府能够承担的事务，上级政府也不能如此行事。法定授权原则是指政府根据公民的依法授权和明确列举的权能履行其职责。如果能够遵循好上述原则，差不多就遵奉了哈耶克所提倡的"法律下的自由"（freedom under law）原则。[②]

上述原则的拥护者，要像《福利国家之后》和《市场的德性》两书那样，尽量直接提出反对福利国家的具体理由，弘扬市场伦理的理念，把这些理据和理念变成人人皆知的常识。此外，上述原则的拥护者还要提出自己的、可被广泛接受的替代性社会政策方案，也就是说，这些理据和理念要接上"地气"，方能发挥其应有的作用。目前以此角度研究和提出社会政策方案的经济学家仍然属于凤毛麟角。但是，并不是说不存在这样的方案，比如，上述智利模式就符合哈耶克"法治下的自由"理念。这并不是说智利模式就完美无缺，但是它可给世界各国提供具体参照。

---

① 上述四项原则均见于《欧洲宪法》草案。见冯兴元等（2005）：《立宪的意涵：欧洲宪法研究》，北京大学出版社。
② Hayek, F. A.（1973）Law, Legislation and Liberty: Rules and Order（1）. Chicago: The University of Chicago Press.

# 第 21 章　社会市场经济：德国的经验与意蕴

　　战后德国经济体制以社会市场经济而著称，而德国实现"经济奇迹"与该体制密切相关。欧洲债务危机爆发以来，德国经济在欧洲几乎一枝独秀，更显社会市场经济的魅力。2011 年，德国 GDP 增长率达到 3%，国家赤字占 GDP 的比例降至 1%，三年来首次达到欧元稳定公约所规定的赤字上限标准。

　　对于社会市场经济，赞誉者有之，诋毁者有之。比如，德国著名宪政经济学家和国民经济学家、瓦尔特—欧肯研究所原所长范伯格（Viktor Vanberg）教授就批评社会市场经济还不够理想，是结果取向的。他认为，秩序自由主义传统中的弗莱堡学派（Freiburger Schule）才是程序取向的。[1] 也就是说，前者过多强调了结果平等、再分配和福利，后者则严守规则和程序，以推行绩效竞争为目标取向，并辅之以适度的社会政策。也有学者认为现在德国的体制不是真正意义上的社会市场经济，比如著名经济学家和经济史学家沃纳・阿贝尔斯豪塞就持此种观点。[2] 他认为，德国的经济体制属于一

---

[1] 这一观点来自于作者 2012 年 5 月在德国弗莱堡瓦尔特—欧肯研究所学术逗留期间与范伯格教授的访谈结果。

[2] Abelshauser, Werner.（2004）. Deutsche Wirtschaftsgeschichte seit 1945, München, Beck

种"社团主义的市场经济"（korporative Marktwirtschaft）。但是，社会市场经济是市场经济，比如，其基础是国家建立和维护了一种绩效竞争的秩序，它总体上遵循一整套核心原则，包括维护一个有运作能力的价格体系、币值稳定、私人产权、开放市场、契约自由、承担财产责任以及经济政策的前后一致性。

人们对社会市场经济的理解从一开始就并不准确。很多人把"自由市场"、"社会福利国家"与"社会市场经济"等概念相互混淆。社会市场经济究竟如何实际运作，也往往为人们所误解。[①]

社会市场经济体制的理想模式和实际经济体制的演化脉络两者之间存在着差距。理想模式本身也随不同阶段的人们对社会与经济问题的感知的不同而处在不断演化当中。实际的社会市场经济体制更容易受到现实政治的影响，因而更难保持一成不变。可以说，社会市场经济体制的理想模式与现实状况存在着协同演化（co-evolution）关系。这无疑增加了外国学者对社会市场经济的理解和借鉴的难度。

先简而言之，我们可以把社会市场模式视为财富创造优先、兼顾市场平衡的模式。本文将简单描述德国社会市场经济的由来、构想、《基本法》规定与原则、社会市场经济的一些具体经济体制和社会体制特点以及对中国的意蕴。

## 一、社会市场经济的由来

德国经济学家与文化社会学家阿尔弗雷德·米勒—阿尔马克[②]于

---

① Smith, E O. (2007). The German Economy. BocaRaton: Taylor & Francis.
② Müller-Armack, Alfred. (1990). Wirtschaftslenkung und Marktwirtschaft Verlag für Wirtschaft und Sozialpolitik, Hamburg 1947; Kastell, München.

1946 年撰写、1947 年出版的《经济调控与市场经济》一书中最早提出了"社会市场经济"的概念。他认为,"社会市场经济的意义"在于"将市场自由同社会平衡相结合"。[①]

第二次世界大战结束以后,路德维希·艾哈德（Ludwig Erhard）于 1948 年 3 月 2 日出任英美占领区经济委员会经济管理局局长。在他的主持下,德国建立了社会市场经济体制,该机制既背离了过去以自由放任为特征的曼彻斯特自由主义,又摒弃了在经营与投资方面由国家决定的统制经济体制。

根据社会市场经济的构想,国家在市场经济中负有建立和维护一个竞争秩序的职能,规定市场活动的框架条件,通过反限制竞争来调节经济过程,尽可能地放弃对价格和工资形成的直接干预,通过增进消费者机会、促进技术进步和创新、重视按绩效分配收入和利润的方式来使得市场中的各种力量自由发挥作用。

社会市场经济体制的产生,存在以下这多种因素。

一、它是德国各种利益派别利益平衡的结果。1948 年货币改革后,人们很快可以体会到一种新的稳定货币、开展竞争以及经济复苏的好处。人们对未来有了新的希望。这一发展使得 1949 年首届联邦议会选举中基督教民主联盟/基督教社会联盟（CDU/CSU）、自民党（FDP）和德意志党（DP）获得一种勉强的多数。这些党派支持了艾哈德在法兰克福经济委员会的政策,并参与制定了这一政策。而且,英美占领区第一次议会会议允许法兰克福经济委员会实施一种社会市场经济方案,由此打开了走向社会市场经济的新局面。[②]

---

① Muller-Armack, Alfred(1976). Wirtschaftsordnungund Wirtschaftspolitik Studien und Konzepte zur SozialenMarktwirtschaft und zur Europischen Integration Bern, Haupt.
② Stoltenberg, 1997.

二、它与西德地区德方领导人的个人价值取向、学识和领导力有关。艾哈德本是学者出身，他读过商人职业教育和企业经济学，1925 年获经济学博士学位。1948 年 3 月 2 日，德国自由民主党提名艾哈德为由美英法联合占领区所组成的联合经济区的经济管理局局长。在担任经济管理局局长期间，他的得力高参之一就是莱昂哈特·米克施（Leonhard Miksch），后者是弗莱堡学派的一位重要代表人物。从艾哈德与盟军占领当局的交锋以及力排众议取消价格管制可以看出，艾哈德作为战后事实上的西德地区经济事务领导人，有着非凡的政治智慧、决断力和领导能力。

三、与西占区占领当局的取向和决定有关。西占区占领当局代表美国、英国和法国的利益。这些国家都是市场经济国家。随着"二战"之后与苏联的关系日趋紧张，西占区占领当局改变原来不打算重建德国经济的决定，转而决定对德国提供援助，支持德国的重建。

四、德国的秩序自由主义（ordoliberalismus）和基督教社会伦理学说为社会市场经济奠定了思想基础。这两类思想是德国社会市场经济的最重要哲学基础。不过，社会市场经济体制的实际型塑也受到社会主义思想的影响。秩序自由主义思想主要是 20 世纪 30 年代以来德国新自由主义流派的思想，其中包括瓦尔特·欧肯和法兰茨伯姆所代表的弗莱堡学派，以及亚历山大·罗斯托（Alexander Rustow）、威廉·勒普克（Wilhelm Ropke）与米勒—阿尔马克等人的思想。[1] 这些秩序自由主义者强调需要有一个"强大的国家"来建立和维持一个

---

[1] 一些学者认为勒普克和米勒—阿尔马克过于强调结果平等而不能算作秩序自由主义者，另一些学者只把米勒—阿尔马克排除在外。两者的思想被一些人称为 "soziologischer Liberalismus"（考虑社会学因素上的自由主义）。参见 Razeen Sally（2002）. Classical Liberalism and International Economic Order. New York: Routledge。

竞争秩序，但反对国家积极干预经济过程。

五是历史上业已存在社会市场经济的一些成分，也为德国西部接受社会市场经济创造了条件。在魏玛共和国时期，甚至在纳粹统治时期，已经存在一些社会市场经济的成分。比如，魏玛共和国总体上推行自由放任的资本主义体制，而俾斯麦还通过立法建立了世界上最早的工人养老金、健康和医疗保险制度或社会保险。无论是在魏玛时期，还是在纳粹时期，企业的私人产权和契约自由基本上得到了尊重。在"第三帝国"，人们往往认为工业企业的私有财产只是名义性的。然而，研究表明，这种看法是不正确的，因为纳粹时期国家主要对犹太人实行种族灭绝的政策，并对企业实行很多配给和许可制度，但企业仍然有足够的空间决定自己的生产和投资。即使涉及与战争有关的项目，合同自由也在总体上得到尊重。政府不是动用其强制权力，而是提供若干种类备选的合同，供企业自行选择。这种政权行为背后存在着若干动机，其中包括当权者有着认为需要利用私有财产所能提供的高效率这样的信念。[①]

六是德国存在的"讲秩序"和"有组织性"的文化或国民性格，与不同的体制结合会有不同的结果，均能发挥较大的效能。德国人讲"秩序"和"有组织性"，这种文化或国民性格在普鲁士时期就比较明显。它既可以与纳粹体制结合[②]，也可以与市场经济相结合。

---

[①] Christoph Buchheim, Jonas Scherner. (2009). The role of private property in the Nazi economy: the case of industry, http://aryanism. net/downloads/books/buch-heim-scherner/the-role-of-private-property-in-the-nazi-eco-nomy. pdf, November 1.

[②] 著名诺贝尔经济学奖获得者弗里德里希·奥古斯特·冯·哈耶克（Friedrich August von Hayek）在《通往奴役之路》一书中曾经强烈批评德国人的有组织性。根据他的看法，德国人尊奉"组织"，英国人崇尚"自由"，两者代表了两种不同的思想理念。他还认为，德国人的有组织性是纳粹主义的温床。参见 Hayek, Friedrich August von (1944). The Road to Serfdom. London: G. Routledge & Sons。

## 二、社会市场经济的构想

社会市场经济的基本原理就是把市场自由同社会平衡结合起来，通过市场对经济过程进行基本协调。一旦市场过程产生不合社会愿望或不合理的结果，国家就要进行纠正性的干预。但是，这种干预不是积极的干预，需要遵循与市场相一致的原则。不过，这样一来，社会市场经济就表现为一种介于自由市场经济和集中管理经济之间的混合体制。这种所谓的混合体制，是否等于斯蒂格利茨所讲的"混合经济"？答案是否定的。斯蒂格利茨认为所有经济都是"混合经济"，而社会市场经济是市场经济。"混合经济"论是不讲原则地把市场经济与非市场经济体全部包括在内。市场经济则奉行一套原则，包括维护个人基本权利、私人产权、开放市场等原则。

德国的秩序自由主义提供了社会市场经济构想的理论基础。社会市场经济在实践中的代表同秩序自由主义的代表人物（如欧肯、伯姆、勒普克、罗斯托等），在对纳粹德国战时经济社会主义的国家调节的评价上存有很大的差距，不过他们都认为古典的经济自由主义虽然认识到了竞争的效力，但是对企业集中的趋势和社会问题考虑得太少，国家必须有意识地创造经济运行的制度框架。[1]

在联邦德国的不同历史阶段，社会市场经济的内涵也不一样。现在的学者往往把高税负、高福利当做德国社会市场经济的组成部分，但实际上在其社会市场经济的早期阶段，德国并未施行高税收、

---

[1] 哈尔德斯等（1993）：《市场经济与经济理论：针对现实问题的经济学》，北京：中国经济出版社。

高福利政策。联邦德国首任经济部部长艾哈德写了《大众的福祉》（Wohlstand für Alle）一书，又译作《共同富裕》，明确反对福利国家，主张通过竞争来实现繁荣。[1] 随着时间的进展，社会市场经济的内涵是不断变化的。尤其是经过较长时间的人均 GDP 高速发展之后，其内涵发生了较大的变化。在政党竞争环境中，每个政党都倾向于向选民做出尽量多的承诺，但兑现承诺的成本往往需要通过税收或者负债加以弥补，最终酿成福利国家负担过重的问题。目前的德国社会市场经济仍处在不断调适当中，比如推行劳动力市场的灵活化，减少社会福利负担。

不同的时期，有着不同的基本条件，社会市场经济的具体型构也不一样。因此，社会市场经济可以分为不同的阶段：

第一阶段大致为 1948—1966 年。在该时期，德国克服了初期困难，并成功实现了社会市场经济的原则和要素。[2]

第二阶段大致为 1967—1978 年，属于凯恩斯主义经济政策阶段。[3] 50 年代末以来，德国的基本条件发生了变化。米勒—阿尔马克[4]提出了"社会市场经济的第二阶段"。经济复兴的成就并未使民众感到满足，反而唤起了新的不安定和社会不满。这种新的不满是

---

① 正因为如此，其英译文题目为 "Prosperity through Competition"，即《来自竞争的繁荣》，这也是商务版中译本的书名。不过，也有一个中译本取其名为《大众的福利》，则是走向了艾哈德原意的反面。具体可参见：Erhard, Ludwig. (1958). Prosperity through Competition. New York: Frederick A. Praeger；艾哈德，路德维希（1983）：《来自竞争的繁荣》. 北京：商务印书馆；艾哈德，路德维希（1995）：《大众的福利》. 武汉：武汉大学出版社。

② 科瓦斯，弗里敦（2004）：《社会市场经济：导论》，罗尔夫·哈赛. 社会市场经济辞典. 上海：复旦大学出版社。

③ 科瓦斯，弗里敦（2004）：《社会市场经济：导论》，罗尔夫·哈赛. 社会市场经济辞典. 上海：复旦大学出版社。

④ Muller-Armack, A (1976). Wirtschaftsordnungund Wirtschaftspolitik Studien und Konzepte zur SozialenMarktwirtschaft und zur Europäischen Integration Bern, Haupt.

因为出现了新的社会问题，因而社会市场经济第二阶段的政策重点就是解决这些新问题：更高的人力投资，为独立业者创造较好的开业机会，更人道的劳动条件，更有力地促进财产形成，改善环境等。导致社会新的不满的另一个更深刻的原因，在于整个社会缺乏一致的价值标准。[1]

上述社会市场经济设想的代表人物在 1960 年大选中落选，离开了政治领导层。政府转向多党联盟和当时的经济衰退使经济政策转向了新的方向。新政府在当时的经济部长席勒的领导下，集中力量实现国家对经济的宏观调控，实施凯恩斯主义经济政策。[2] 在 1966—1967 年的反衰退中，国家的宏观调控起初成果显著。但是，在受到 1973—1974 年和 1979—1980 年两次石油危机影响的 70 年代，凯恩斯主义的国家调控未能保证充分就业和价格水平稳定这两个目标的持续实现。

第三阶段大致为 1979—1989/1990 年，是推行供给方经济学的经济政策的年代。[3] 70 年代是以所谓滞胀（即失业和通货膨胀的同时提高）为特征的。需求导向的宏观调控的失灵，又使经济政策的重点转移到供给方面，采取供给方经济学的经济政策。

第四阶段是从 1990 年起到现在，两德统一之后德国调整社会福利政策，试图重建经济自由与社会平衡之间的关系。这一过程还没有结束。

---

① 哈尔德斯等（1993）：《市场经济与经济理论：针对现实问题的经济学》，北京：中国经济出版社。
② 哈尔德斯等（1993）：《市场经济与经济理论：针对现实问题的经济学》，北京：中国经济出版社。
③ 科瓦斯，弗里敦（2004）：《社会市场经济：导论》，罗尔夫·哈赛：《社会市场经济辞典》，上海：复旦大学出版社。

社会市场经济的设想在不同时期不是不变的，但是具体的变化很难确切说清楚。虽然大多数人都赞同社会市场经济，对它的解释和理解却并不完全。根据其奠基人的说明，社会市场经济是一种经济社会的理想模式，因而社会市场经济的概念不能等同于联邦德国的具体经济秩序。联邦德国的经济制度更多的是一种把这一理想模式运用于实践的尝试。①

## 三、社会市场经济的基本原则与框架

### （一）《基本法》规定

德国《基本法》里甚至没有明确规定其经济体制是"社会市场经济"。但是，整个《基本法》为依照社会市场经济设想实现这样一种经济宪法铺平了道路。② 只是 1990 年 5 月 18 日的两德统一文件才明确规定在东德地区引入社会市场经济。

1949 年颁布的《基本法》，并未对一定的经济制度作出规定，没有明确一定要推行一种"社会市场经济"。有关《基本法》经济制度的看法有两种：其一认为《基本法》在德国选择经济制度问题上是保持中立的，其二认为《基本法》中的一些规定排除了特定的经济制度。③ 很明显，第二种看法比较合理。

① 哈尔德斯等（1993）：《市场经济与经济理论：针对现实问题的经济学》，北京：中国经济出版社。
② Horn, K. I. （2010）. Die Soziale Marktwirtschaft: alles, was Sie über den Neoliberalismus wissen sollten Frankfurt amMain, FAZ-Inst für Management-, Marktund Medieninformationen GMbH.
③ 哈尔德斯等（1993）：《市场经济与经济理论：针对现实问题的经济学》，北京：中国经济出版社。

《基本法》通过对一些基本原则的规定，框定了德国能够推行的经济体制。《基本法》的一些原则性的规定其实既排除了中央管理经济，也排除了纯粹自由放任的市场经济。[①] 许多条款实际上禁止了推行这两种经济体制。

　　比如，《基本法》规定了众多的个人自由权利，包括保障个性的自由发展，保障个人的自由结社权、自由迁徙权、职业自由权和私有权等。纯粹的中央管理经济是与这些权利水火不容的。

　　《基本法》也排除了纯粹自由放任的市场经济制度。《基本法》规定，德国是一个"社会的联邦制国家"，"社会的法治国家"。《基本法》强调财产所有者的社会义务，规定"财产应履行义务。财产权的行使应有利于社会公共利益"。从总体上，《基本法》保障个人的财产权，但要求其履行义务，承担责任。

　　因此，《基本法》所要求的是一种介于纯粹市场经济和纯粹中央管理经济之间的经济制度。社会市场经济体现了这些规定，这说明联邦德国的经济制度是同《基本法》一致的。

## （二）原则

　　《基本法》所规定的所有的基本权利和基本秩序原则，可以被看作是德意志联邦共和国经济和社会秩序的宪法基础。[②] 与此一致，德国的社会市场经济构想体现了四大基本原则，即竞争原则、社会原

---

① 哈尔德斯等（1993）：《市场经济与经济理论：针对现实问题的经济学》，北京：中国经济出版社。

② 阿尔弗雷德·席勒，汉斯—京特·克吕塞尔贝格（2006）：《秩序理论与政治经济学》，太原：山西经济出版社。

则、稳定经济的原则以及与市场一致的原则。[1]

一是竞争原则。把竞争作为社会市场经济体制的基础。竞争促进创新，创造财富，带来繁荣。[2] 为了减少对竞争的限制，国家必须创立和实施竞争的规则，对垄断、寡头和卡特尔进行监督和控制。竞争原则强调维持一个竞争秩序，其核心原则包括维护一个有运作能力的价格体系、币值稳定、开放市场、私人产权、契约自由、承担责任（经济主体为其自身的投入和行为承担责任）以及经济政策的恒定性。[3]

二是社会原则。市场竞争本身就在实现着社会的功能。比如，欧肯认为，竞争秩序本身就能解决大部分的社会不公平问题，因为大量生产要素的投入者通过市场及其竞争秩序获得回报。这种回报是符合人的尊严的，是"社会"的。又如，米勒—阿尔马克认为[4]，"面向消费者的需要，已经意味着市场经济在承担一种社会作用……在同一方向上，竞争体制保证和促进劳动生产率不断提高"。虽然有效的竞争政策可以避免由市场权力引起的收入分配的紊乱，但是国家可以发挥提供辅助性支持的作用，在社会政策的范围内，通过社会救济、保险、津贴等形式进行再分配。[5]

---

[1] 哈尔德斯等（1993）：《市场经济与经济理论：针对现实问题的经济学》，北京：中国经济出版社。

[2] Erhard, Ludwig (1958). Prosperity through Competition. New York: Frederick A. Praeger

[3] Eucken, Walter (1944). Die Grundlagen der Nationalkonomie. Vierte Auflage, Verlag von Gustav Fischer, Jena

[4] Muller-Armack, A (1976). Wirtschaftsordnungund Wirtschaftspolitik Studien und Konzepte zur SozialenMarktwirtschaft und zur Europischen Integration Bern, Haupt.

[5] 哈尔德斯等（1993）：《市场经济与经济理论：针对现实问题的经济学》，北京：中国经济出版社。

三是稳定经济的原则。有效的竞争政策被看作价格稳定的重要前提。货币的稳定有利于稳定投资者和消费者的预期，保证市场的有效运行能力，避免社会冲突。在国家预算收支大体平衡和货币政策适宜时，价格水平的稳定可以同较高的就业水平并存，主要应该依靠对应的货币政策措施来平息经济发展的波动。[1] 根据欧肯的观点，相对于财政政策，货币政策具有首要性，其着眼点在于币值稳定。[2]

四是与市场一致的原则。这一原则适用于一切国家措施。国家的措施要尽可能与市场一致，即与市场经济的框架条件和基本原则保持一致。应尽可能少地干扰市场过程，特别是价格的形成。

根据欧肯的观点，若要遵循与市场一致的原则，过程政策即国家干预政策应遵循三条原则：[3]

一是国家必须限制利益集团的权力；

二是所有的国家干预必须面向维护经济秩序，而不是面向市场过程；

三是经济与社会方面的干预政策必须是系统性的，而不能是特定性的或者选择性的。

### （三）国家建立与维护一个竞争秩序

德国社会市场经济之父们参照了欧肯有关竞争秩序的基本构想。在实际运作中，德国的竞争秩序与欧肯的程序取向的基本构想有着

---

[1] 哈尔德斯等（1993）：《市场经济与经济理论：针对现实问题的经济学》，北京：中国经济出版社。

[2] Eucken, Walter (1944). Die Grundlagen der Nationalkonomie. Vierte Auflage, Verlag von Gustav Fischer, Jena

[3] 盖瑞特（1994）：《导言：市场经济的制度基础》，经济研究杂志，21（4），3—4。

较多的偏差，增加了很多结果取向的成分。但是，德国社会市场经济的竞争秩序构架仍在总体上体现了欧肯有关竞争秩序的构想。

欧肯的竞争秩序也称"Ordo"，即"奥尔多秩序"。"Ordo"来自于中世纪基督教社会伦理的教义。"奥尔多秩序"是指一种"合乎人和事物的本质的秩序。它是一种其中存在着度和均衡的秩序"，一种"本质秩序"，或者"自然秩序"。对于欧肯而言，"奥尔多秩序"是一种竞争秩序，这种竞争秩序是一种"有运行能力的、合乎人的尊严的、持久的秩序"[①]。根据范伯格（2002）的解释，欧肯所指的"奥尔多秩序"是"绩效竞争"。只有绩效竞争才能体现消费者主权原则，具有运作效率。

欧肯的经济政策理论首先着眼于区分经济秩序同经济过程之间的差别。所谓经济秩序，是指经济活动在法律上和体制上的框架，而所谓经济过程则是指经济行为者的日常交易过程。[②] 在此基础上，欧肯区分"秩序政策"和"过程政策"。所谓秩序政策，是指国家必须确定经济主体都必须遵守的法律和社会总体条件，以便使一个有运作能力和符合人类尊严的经济体制得到发展。国家必须为竞争秩序确定一个框架，并不断保护这个框架。在保证自由进入市场和防止垄断行为的条件下，市场过程的参与者可以自主作出决策。同时，市场则把各个市场参与者的计划协调成一个国民经济的整体过程。[③] 因此，秩序政策是所有那些为经济运行过程创造和保持长期有效的

---

① Eucken, Walter. （1944）. Die Grundlagen der Nationalkonomie. Vierte Auflage, Verlag von Gustav Fischer, Jena.凡贝格，维克托尔（2002）：《秩序政策的规范基础》，何梦笔（2002），《秩序自由主义：德国秩序政策论集》，北京：中国社会科学出版社。

② 陈秀山（1997）：《现代竞争理论与竞争政策》，北京：商务印书馆。

③ 克劳斯，1995。

秩序框架、行为规则和权限的有关经济法律和措施手段的总和。[①]

所谓过程政策，是指在既定的或者很少变化的秩序框架和国民经济结构下，所有那些针对经济运行过程本身所采取的并能影响价格——数量关系变化的各种国家干预调节措施手段的总和。[②]

在自由放任制度下，国家既不确立经济秩序，也不干预经济过程，而在中央计划经济中，国家则左右经济秩序和经济过程。根据欧肯的观点，竞争秩序不同于上述两种制度。政府避免直接干预市场过程，但它必须通过政治制度确保竞争秩序的构成原则的实现。[③]竞争秩序的这些构成原则包括：[④]

- 一个有运作能力的价格体系；

- 币值稳定；

- 开放的市场（进入和退出的自由）；

- 私人产权；

- 契约自由；

- 承担责任（即个人对其承诺和行动负责）；

- 经济政策的恒定性。

这七项构成原则都在德国早期的社会市场经济中得到了体现。其中第一项原则是其他六项原则的核心，后面六项原则围绕着第一项原则，呈现出一种"众星拱月"的格局。

社会市场经济也强调政府推行欧肯所指的"过程政策"。过程政

---

① 陈秀山（1997）：《现代竞争理论与竞争政策》，北京：商务印书馆。
② 陈秀山（1997）：《现代竞争理论与竞争政策》，北京：商务印书馆。
③ 约瑟夫·莫尔斯伯格、瓦尔特·奥伊肯、伊特维尔等：《新帕尔格雷夫经济学大辞典》（第二卷）．北京：经济科学出版社，1996 年。
④ 柯武刚，史漫飞（2000）：《制度经济学——社会秩序与公共政策》，北京：商务印书馆。

策包括货币政策、财政政策、收入政策等。在这两类政策领域，秩序政策的地位要高于过程政策。过程政策是为秩序政策服务的，要奉行与市场一致的原则（principle of market conformity）。过程政策是一种最低程度的政府干预，目的在于纠正竞争扭曲，重新为竞争打通道路。

欧肯认为，竞争秩序还需要包括一套调节原则，这些调节原则是辅助性的。它们包括：[①]

- 垄断控制：涉及为了使权力分散而反对垄断；

- 社会政策：涉及收入与财产的再分配；

- 过程稳定政策：它们旨在稳定经济过程；

- 针对不正常供给的政策：比如，在萧条时期推行最低工资；

- 经济核算：指个人与社会成本的均等化，或者说社会成本的内部化。

上述各项构成原则和调节原则本身是一种运作良好和维护人的尊严的竞争秩序的必要条件。但只有将它们搭配使用、融为一体才形成一种竞争秩序的充分条件。[②]

根据欧肯的观点，在政策设计上，除了要注意秩序政策相对于过程政策的优先性之外，还要考虑"子秩序"（suborder）之间的相互依赖性。这要求不仅产品市场和要素市场应受制于相似的竞争自由，而且社会政策、经济政策和法律政策之间也应相互兼容。举例而言，如果劳动力市场中的"子秩序"与产品市场中的"子秩序"

---

① 梁小民（1996）：《弗莱堡学派》，武汉出版社，第12页；莫尔斯伯格（1996）：同上，第211页。

② 阿尔弗雷德·席勒，汉斯—京特·克吕塞尔贝格（2006）：《秩序理论与政治经济学》，太原：山西经济出版社。

不兼容，比如，产品市场处于自由竞争状态，劳动力市场则受到高度管制，这就会引发代价高昂的矛盾，如出现扭曲的相对价格。这样，受高度管制的劳动力市场可能使得生产无利可图，从而导致就业机会的减少。①

这些就是最初的社会市场经济的构想和一些理论基础。联邦德国社会市场经济的发展和直至 20 世纪 60 年代的德国经济政策，没有秩序自由主义的影响是不能想象的。

## 四、社会市场经济的一些调节机制

社会市场经济的运作需要一些调节机制，反映维护一个竞争秩序所需要的一些调节原则。这里有必要简单举例评述经济、货币、劳动力与社会领域的一些重要调节机制。

### （一）经济与货币领域的一些调节机制

在各个阶段，现实中的社会市场经济含有市场和计划的因素，进一步的调节机制在这两方面是分不开的。但其市场经济的框架是明确而稳固的。国家建立和维持一个竞争秩序，这个竞争秩序的构成性原则是确定的、制度化的，属于社会市场经济的最重要支柱。

除了竞争秩序的构成原则之外，该秩序还需要依照一定的调节原则进行调节。在经济与货币领域，最重要的调节机制包括反垄断体制、国家的宏观调控，以及中央银行体制等制度安排。

---

① 柯武刚、史漫飞：《制度经济学——社会秩序与公共政策》，北京：商务印书馆，2000年。

由于存在这些协调机制，如果不从把竞争秩序的构成性部分作为经济体制的支柱角度去看，联邦德国的经济制度在系统上就是一个混合体制。但是，如果把竞争秩序作为支柱来看，那么它就是一种市场经济。

1. 反垄断体制

垄断控制是社会市场经济中竞争秩序的首要调节原则之一。竞争制度是社会市场经济的核心。德国的秩序自由主义者看到德国二战前和战时卡特尔化比较严重，私人权力被滥用问题较大，因此，反卡特尔成为德国秩序自由主义者所关注的焦点之一。联邦德国保护竞争的法律主要是 1957 年颁布的《反限制竞争法》。20 世纪 50 年代，人们把完全竞争的理论设想看作竞争政策应实现的理想状况。在 60 年代，人们越来越对充分竞争的可行性持怀疑态度。"可行的竞争"成为指导竞争政策的理想模式。由此，多头竞争的市场被看作是最佳的市场结构。这一发展是在应用理论模型过程中适应性调整的结果。

2. 宏观调控体制

在 20 世纪 60 年代，人们普遍认为，政府还应维护经济稳定。德国在 1967 年经济衰退时期颁布了《促进稳定与增长法》（简称《稳定法》）。这一法律使得国家有义务推行凯恩斯主义的稳定政策，即著名的反周期财政政策（哈尔德斯等，1993）。《稳定法》第 1 条规定，"联邦、各州和社区在采取经济和财政措施时，要注意宏观经济平衡的要求。这些措施必须在市场经济体制的范围内，有利于保持适度的增长速度，实现价格水平的稳定、高就业与外贸平衡"。《稳定法》的逻辑是，经济稳定被视为平衡宏观经济发展的结果（哈尔德斯等，1993）。具体而言，该项法律试图通过实现以下四大经济目标来实现经济稳定：价格水平稳定、充分就业、外贸平衡和持续适度的增长率。但是，这四大目标从未同时实现过。因而，人们常把这四大目标称作"神秘的四角"，表示这四大目标之间关系复杂，且难以同时实现。[①]

在 20 世纪 70 年代，宏观调控操作导致了国家债务的迅猛增加。就是在经济发展的有利时期，国家债务的这种增加也未能停止。反周期的财政政策最终不得不停止。随着国家调控方案的停止，《稳定法》也失去了意义。在对现实经济问题的讨论中，它几乎不再起什么作用。[②] 不过，该项法律迄今仍然存在，而且因此而设立的经济鉴定专家委员会也在继续发挥作用。

3. 中央银行体制

1999 年引入欧元之前，德国联邦银行是德国的中央银行，也是德国马克的发行银行。引入欧元以后，联邦银行是欧洲中央银行体系的组成部分，欧洲中央银行成为德国的中央银行，联邦银行成为其分支。无论是在引入欧元之前还是之后，中央银行根据法律规定必须维护其独立性，必须以维护币值和物价稳定为首任。正因如此，联邦银行和欧洲中央银行的货币秩序才能符合社会市场经济的要求，确保遵循欧肯所要求的货币政策的优先性。[③]

1999 年以后，德国马克被欧元取代，欧洲中央银行成为包括德国在内的欧元区的中央银行。联邦银行成为欧洲中央银行的分行。

---

① 哈尔德斯等（1993）：《市场经济与经济理论：针对现实问题的经济学》，北京：中国经济出版社。
② 哈尔德斯等（1993）：《市场经济与经济理论：针对现实问题的经济学》，北京：中国经济出版社。
③ 雷纳·柯尼希（2004）："德意志联邦银行"，"欧洲中央银行"，罗尔夫·哈赛（2004）：《社会市场经济辞典》，上海：复旦大学出版社。

欧洲中央银行法以欧洲法即一种国际法的形式保障和维护欧洲中央银行、欧洲中央银行体系及其货币政策的独立性。根据法律规定，欧洲中央银行不接受任何欧盟机构和成员国政府的指示。欧洲中央银行的货币政策目标为单一目标，即维持欧元区内的物价稳定，所采用的物价稳定的数量指标是区内统一消费价格指数年增长率低于 2%。

欧盟的多项条约、公约及政策为维护欧元的币值稳定创造有利条件。但是在具体实施过程中，已加入欧元区成员国放松了对申请新加入欧元区国家的纪律约束，没有严格要求后者在加入欧元区之前实行经济和法律趋同。此外，欧元区国家也没有严格履行《稳定与增长公约》，没有真正实施对各国财政政策及其财政赤字规模所做出限制性的制裁规定。这些做法最终酿成了始于 2009 年的欧洲债务危机。目前欧洲债务危机还没有过去，欧元的未来还不确定，但这并不是说欧洲中央银行和欧元的制度安排以及相关制度安排有问题，而是恰恰说明了不真正实施这些制度安排的危险性。

### （二）劳动力与社会领域的一些调节机制

社会市场经济的具体劳动力与社会领域的调节性制度安排较多，其中最重要的包括劳资协定自治、雇员参与决定制、劳动力市场政策机制以及社会保障与救济机制。

#### 1. 劳资协定自治

在德国劳动力市场的工资形成中，市场力量和雇主或者雇主协会与工会之间的劳资协定自治制度两者均为影响因素。这种劳资协定自治不受政府干预的影响。

雇主或者雇主协会与工会被统称为劳资合同伙伴。在合同伙伴之间的劳资合同谈判中，必须就最低工资达成协议。实际支付的工资只能从最低工资向上偏离。[①] 劳资合同自主谈判的结果如果使得部分雇员工资提升的幅度超过了劳动生产率的提升幅度，那么在中期（尤其是在新的合同期满之后）会造成这部分雇员的失业。

劳资合同自治总体上存在以下功能[②]：首先，一方面，面对强势的雇主，它对单个的雇员提供了保护，另一方面，面对强势的工会，它对单个的雇主也提供了保护（保护功能）；其次，它为合作伙伴双方带来了和平，在较长的合同期内避免职业生活受到劳资冲突的困扰（和平功能）。但是，劳资合同自治排除了劳动者之间围绕最低工资的竞争可能性。这种竞争本身会使得工资处于一个较低的水平，有利于维持更高水平的就业和更大的经济竞争力。劳资合同自治使得劳动力市场以及劳动力工资两者刚性化。部分劳动者的失业应该与此相关。

2. 雇员参与决定制

雇员参与决定权一般被理解为雇员参与企业事务和企业决策的权力。雇员参与决定制在德国比较广泛，是一项重要的经济制度。

比如，根据《企业组织法》的规定，在雇主解除各种合同之前，企业委员会要听取有关情况，否则解约没有法律效力。

又如，对于煤钢行业中超过 1 000 名职工的股份公司，法律规定了所谓"同等数量参与制"，即持股人的代表与工人代表，按同等数量参加企业决策，由股份持有人和工人双方各 5 人和一位中立人士

---

① 哈尔德斯等（1993）：《市场经济与经济理论：针对现实问题的经济学》，北京：中国经济出版社。

② 格诺特·弗里茨（2004）："劳资协议法"，罗尔夫·哈赛（2004）：《社会市场经济辞典》，上海：复旦大学出版社。

组成企业监事会。监事会的成员由全体大会选举产生，但是工方代表要出自工方的建议选出。监事会中的中立人士在表决票数相等时要保证不出现僵局。从理论角度看，这种决策方式似乎难以确保资方的利益，对于资方的潜在风险比较大。

再如，对于职工人数超过 2 000 人，有自己的法人资格，但不属于煤钢行业参与制范围内的企业，适用 1976 年颁布的《参与决定法》。该项法律比《煤钢行业参与法》更好地保护了资方的利益。按照《参与决定法》，有关企业的监事会成员的总数，由数量相等的劳资双方代表组成，监事会成员的总人数，由企业雇用的职工人数决定。工方代表经初选或复选选出。这样组成的监事会，以 2/3 以上多数选举监事会主席和他的代表。如果两个候选人中的一个不能得到法定多数，资方监事会成员从自己一方选出监事会主席，工方代表从自己一方选出主席的代表。这种参与制与煤钢行业的参与制有重大差别：如果监事会内部表决票数相等，那么不是中立人士，而是监事会主席的第二次投票有决定性意义。所以，在劳资双方有分歧时，总是资方的意见占上风。[1] 这种安排有着重大的意义，因为这样能够确保资方的根本利益不会被劳方"劫持"，由此保障资方组织投资、生产和经营的正向激励。

总体上看，人们对雇员参与决定制度仍有较大的分歧。一种观点认为，雇员参与决定制度不利于企业的德国区位选择，限制了投资者的决策权，使得企业决策复杂化，降低企业的盈利。另一种观点认为，雇员参与决定制度加强了雇员对企业目标的认同，可以减

---

① 哈尔德斯等（1993）：《市场经济与经济理论：针对现实问题的经济学》，北京：中国经济出版社。

少或化解劳资双方的利益对立。① 一些学者仍然坚决反对雇员参与决定制度，但其结果却在总体上有利于德国的经济发展和社会和谐。

3. 劳动力市场政策机制

劳动力市场政策包括公共部门所有调节劳动力市场供求的政策措施。目前，德国劳动力市场促进政策措施的主要法律依据是《社会法典》第三卷。劳动力市场促进政策措施有助于减少劳动力市场的不完全性，但不适用于减少大量的失业。法律规定了一系列劳动力市场政策，其中既有针对现实问题的，也有预见性的：它们不仅要减少已经出现的失业，而且要尽可能地预先避免失业。②

德国政府通过联邦劳动管理局依法推行大量的劳动力市场促进措施（积极的劳动力市场政策）。根据《社会法典》第三卷，联邦劳动管理局的劳动力市场促进政策的目的在于阻止失业的产生，减少失业持续时间，并支持培训市场和劳动力市场上的供求平衡。

劳动力市场促进政策可以分为两类：一是劳动力市场政策措施旨在消除、至少是减弱限制市场机制运行能力的劳动力市场的不完全性。为了提高劳动力市场的透明度，联邦劳动管理局提供工作介绍和就业咨询。为了提高劳动者的职业和地区流动性，联邦劳动管理局可以用财政资金促进职业培训、进修、改行培训和资助企业接收工人。③ 二是劳动力市场政策措施主要服务于维持和创造就业机会。

----

① 格诺特·弗里茨（2004）：《劳资协议法》，罗尔夫·哈赛（2004）：《社会市场经济辞典》，上海：复旦大学出版社。
② 哈尔德斯等（1993）：《市场经济与经济理论：针对现实问题的经济学》，北京：中国经济出版社。
③ 哈尔德斯等（1993）：《市场经济与经济理论：针对现实问题的经济学》，北京：中国经济出版社。

德国最近最为著名的劳动力市场促进政策为"哈茨方案"（Hartz-Konzept）。它是德国政府针对失业人口实施救济、培训和促进再就业出台的社会福利改革方案。哈茨方案的要旨在于提高劳动力市场政策的效率，并使得失业者自身为自己重新整合入社会做出贡献。哈茨方案总体上有利于德国劳动力市场的灵活化，从而有利于维持和扩大就业。

4. 社会保障与救济机制

德国的社会保障由社会保险、社会救济和其他各种社会支付组成。联邦德国的社会保险系统已有近 130 年的历史。经过不断发展和多次改革，目前德国的社会保险系统对危及生活和生命的风险，如老年、伤残、疾病、失业和意外事故等，提供了多方面的保护。

对于社会保险的规模存在着不同的看法。一些人持反对看法，认为"福利国家"的规模过大，财政负担太重，并因之要求收缩社会保险的规模。另有一些人则认为较低收入阶层的生活还没有得到足够的保障，进而要求推行更大的社会平衡。

德国社会保险的基本原则是个人的风险由集体承担。这同个人承担自己风险的市场经济原则正好相反。大部分德国人都有义务进行社会保险。如果个人收入超过一定门槛，从而不在要求参加义务保险的范围，可以参加自愿的保险。社会保险的主管机构，是自治管理的公法法人，属于"准财政"机构。社会保险的费用，原则上来自投保人和其雇主缴纳的数额相等的保险费。在达到一定的收入界限以前，保险费的数量要随收入提高而增加。独立创业者必须自己负担保险费。

从逻辑上看，雇主雇用雇员，其所考虑的雇员成本已经包括了工资成本和附加工资成本，其中附加工资成本包括了投保人和其雇主缴纳的数额相等的社会保险费。雇员边际成本总体上应该不超过雇主从雇员投入工作当中所能获得的边际回报，否则雇主会在中长期通过增加资本来替代边际成本低于边际回报的那部分雇员。在短期，不排除即使在雇佣边际成本超出其边际回报情况下，雇主为了维持生产，从其利润当中转移一部分资金补贴雇员成本。在这种情况下，会表现为雇主边际利润的减少。

社会救济是社会保障体制的"最后"一项。社会救济主要包括保证基本生活需要和维持基本生存需要的救济金、疾病和培训救济金等。没有资格在社会保险系统内得到扶助的所有生活困难者，有法定权利要求得到社会救济。至于这种社会救济是否保证了社会的和文化的最低生存需要，仍然存在激烈的争论。

## 五、德国社会市场经济经验对中国的意蕴

我国正在推行"社会主义市场经济"，这一概念比"社会市场经济"只增加了两个字。虽然两者之间存在一些相同之处，但是两者的内涵和性质差别巨大。两者均强调市场效率与社会平衡的统一。这是相同之处。

但是，"社会市场经济"与"社会主义市场经济"的差别之处更多，更为根本。德国总体上把私人产权作为一项最基本的经济制度，但是我国把公有制作为最基本的经济制度。德国维持着一个市场价格体系，包括在重要基础性行业。而我国的重要基础性行业采取政府行政垄断。私人产权和市场价格体系两者的存在与否基本上能够决定一国体制是否属于市场经济。如果两者同时得到维护，那么一国就是市场经济，如果没有得到维护，就不是市场经济。很明显，

我国在这方面还有较大的差距。从这种意义上看，有必要区分"实质的市场经济"和"名义的市场经济"。德国属于实质的市场经济，而我国的市场经济仍然是个目标：我国既不是实质的市场经济，也不是名义的市场经济。

欧肯所代表的弗莱堡学派思想和其他秩序自由主义思想对德国实现"经济奇迹"做出了重要贡献，但是在德国"经济奇迹"实现之后，也就是在20世纪60年代之后，已经日渐不为多数民众所知。这并不是说这些理论已经不重要，而是说明其核心思想，比如竞争秩序观，已经基本上成为德国社会市场经济体制根基的组成成分。秩序自由主义的思想仍然是德国"社会市场经济"的重要理论基础。此外，德国的各种新自由主义流派内部虽有不同的分支，但是其主要区别在于竞争秩序"调节原则"或"过程政策"的具体"剂量"把握的不同，尤其是在社会政策问题上。但是，市场经济的"构成原则"优先于"调节原则"，秩序政策优先于过程政策，这已为这些流派所普遍接受。与此类似，在当前的德国，各大政党之间的经济政策建议也是大同小异，都类似于那些新自由主义流派的政策建议，主要差别在于社会政策上社会福利剂量上的差别。

德国秩序政策和过程政策的一些设计理念对于我国制定经济与社会政策有着重要的借鉴意义。比如，弗莱堡学派强调经济与社会方面的干预政策应该是系统性的，而不是特定性的或者选择性的。对于我国来说，这意味着我国的民营企业早就应该有与国有企业同等的"国民待遇"。德国把维护私人产权和竞争两者并重，是其经济活力和创新力的重要根基，这也很有借鉴意义。

德国民族总体上精于思辨，严肃对待正义问题，认真反思对错问题。德国对其社会福利网铺得太大、社会福利负担过重问题讨论较多，反思深刻。可以说，问题不在于不知道解决方法，而在于知道了但难以去落实。尤其是在社会福利政策方面，社会福利网一旦铺开，就难以收缩，呈现一种只进不退或者易进难退的"棘轮效应"。近年来，德国较为成功地推行了一个较以前更为灵活的劳动力市场体制，同时尽力抑制社会福利网的膨胀，由此在总体上保持经济活力。我国也要注意社会福利网不要铺得过大。

战后德国在经济与社会政策上既有成功的一面，也有失败的一面。德国目前存在的许多经济与社会问题，一部分在我国业已存在，另一部分很可能我国今后也要面对。我国的经济决策者可以从中吸取经验和教训：别人走过的弯路，我们不走；别人未走过的弯路，我们也不走；别人抄过的近路，我们照样走；别人未抄过的近路，我们要领头走。

# 第 22 章　长期经济成功与财富创造的普适模式

纵观中外经济发展历史，存在长期经济成功和财富创造的普适模式。那就是建立和维持竞争秩序，同时维持一个稳定的经济环境，尊重企业家，发挥企业家的作用。虽然存在"盎格鲁-撒克逊模式"、"北莱茵模式"、"北欧模式"、"东亚模式"、"中国模式"等等模式，但是这些特殊论背后还是有长期经济成功和财富创造的普适模式。

## 一、长期经济成功与财富创造的普适模式

存在一个能带来长期经济成功的普适模式，其核心是以某种方式、在某种程度上建立和维护一个竞争秩序，辅之以维护一个稳定的经济运行环境。目前，所有实现了长期经济成功的国家和地区莫不如此。它们包括欧美市场经济国家、日本、韩国、新加坡、中国台湾地区、中国香港地区和中国大陆在内。

德国弗莱堡学派创始人欧肯（Walter Eucken）教授的《经济政策的原则》这本书中提出了构成竞争秩序的七项原则。它们包括：

　　—— 一个有运作能力的价格体系；

　　—— 币值稳定；

　　—— 私人产权；

—— 开放市场；

—— 契约自由；

—— 承担责任；

—— 经济政策的恒定性。

这里，经济政策不是指宏观经济政策，"经济政策的恒定性"是指要推行上面这六项原则需要推行一系列的经济政策，这些经济政策要有前后一致性和连续性。

欧肯的竞争秩序理论强调，竞争秩序是可运作的、维护人的尊严和秩序，也是一种反映事物本质的自然秩序。由国家建立和维持竞争秩序，但要求国家也就是政府在法治国的框架内运行。法治体制有利于维护一个稳定的经济运行环境。欧肯的竞争秩序理论是在20世纪30—40年代在德国纳粹统治体制之下结合理论与经验视角提出来的，为当时未来德国经济秩序提出构想。

在竞争秩序下，一个国家在较高程度上维持和增进了每个人的基本经济权利；通过法治维护一个稳定的经济环境，维护企业家的经济自由权利，尊重企业家的地位，发挥企业家的作用。一个法治下的稳定经济运作环境使得企业家对其投资和生产经营的预期保持稳定。麦克洛斯基的《企业家的尊严》一书的核心观点就是，现代经济繁荣的根源在于观念与言语的改变，这种改变促进维护企业家的经济自由权利，尊重其地位，发挥其作用。这些制度安排的总体效应就是经济活力大大提升，各种创新和套利活动使得生产可能性边界不断向外部拓展延伸。

欧美的一些典型市场经济国家一般以更为普适的方式去推行上述竞争秩序，并借助推行强法治体制来提供一个稳定的经济运作环境。我们中国并不是以普适的方式去推行一个竞争秩序，而是以选择性的方式、在某种程度上遵循了构成竞争秩序的七大原则，我们主要倚重强政府控制、低法治版本来维护一个稳定的经济运行环境。1978—2008年这一时期可视为实现"中国奇迹"的时期，就可以借助上述分析框架来说明。

## 二、法治对于推动实现长期经济发展与财富创造的作用

法治是一项原则，即"法律面前人人平等"。具体而言，它要求一个国家、地区或地方内的所有人和组织都要对同一套法律负责，都要遵守同一套法律。在《通往奴役之路》中，哈耶克指出，法治是指政府在一切行动中都受制于事前规定并宣布的规则的约束，这种规则使得一个人有可能十分肯定地预见到当局在某一情况中会怎样使用它的强制权力，并根据对此的了解计划它自己的个人事务。他提出，法治的基本点是：留给执掌强制权力的执行机构的行动自由，应当减少到最低限度。

中外国家长期经济成功的背后，都是因为推行了建立和维护一个竞争秩序这种普适模式，都是或多或少推行了构成竞争秩序的七大原则；而且都需要依托某种法律体制来维护一个稳定的经济环境。

这里，可以区分两个阶段：一是中低人均收入阶段；二是高人均收入阶段。在中低人均收入阶段，可以通过强政府控制即低版本法治体制或者高版本法治体制来实现维持一个稳定的经济运行环境。在该阶段，无论推行强政府控制即低版本法治体制，还是推行高版本的法治体制，都是可以实现维持一个稳定的经济环境。在该阶段，经济体量小，各种发展障碍较多，稍加开放，清除一些发展障碍，维持一个稳定的经济运行环境，经济活力就会增进。

一国若是朝着高人均收入阶段跃进，则需要朝着高版本法治体制转轨。为什么呢？这是因为依靠政府强控制来安排哪家哪种企业做什么，哪家哪种企业是否应该得到扶持，确定哪家哪种企业应该在竞争中胜出、谁应该被淘汰，那么经济的总体活力必然不足，创新动力和企业家精神的发挥不足，生产可能性边界的向外推移就不足。其结果是人均产出增长有限。在这种情况下，一国就难以进入富国俱乐部。以普适方式遵循竞争秩序、推行法治体制，保护竞争，而非保护特定的竞争者，这种做法最有利于增进整体经济活力，提升创新动力，发挥企业家精神，最能创造财富，最能带来经济繁荣。

## 三、透过各种特殊模式论看清其背后的普适模式

各种特殊模式论，包括"中国模式"论，都强调一国经济发展模式的特殊性，可以把它们理解为决定一国长期经济发展的表现型因素，但是，表现型因素不是基因型因素。各种特殊论模式背后仍然存在上述决定长期经济成功的普适模式，没有跳出上述普适模式。这种普适模式体现决定长期经济成功的基因型因素。"英美模式"、"德国模式"、"北欧模式"、"中国模式"都一样，背后还是要在不同程度上遵循竞争秩序。越是高人均收入国家，越接近或接受决定长期经济成功的普适模式。计划经济在最初可能会比较成功，但是时间长了以后会发现它有种种问题，就失去了走向高人均收入国家的动力。还有些国家实现高人均收入，是因为严重依赖资源（即"资源诅咒"的原因），可以实现经济增长，但这不是经济发展。

这里我们比较一下德国的竞争秩序跟中国的经济秩序。中国主要是选择性地、在一定程度上遵循构成竞争秩序的那些原则，建立

和维持了一种不够彻底的、存在一定扭曲的竞争秩序。欧肯作为弗莱堡学派创始人，他提出的竞争秩序是标杆性的竞争秩序。比较标杆性的竞争秩序，中国在建立和维持的竞争秩序方面还有着较大的差距。

我国在竞争性领域总体开放价格之前，推行"价格双轨制"。而"价格双轨制"最初是以哈耶克意义上的"自发秩序"发生的。这种秩序是自发出现，应运而生的。比如，改革开放之初，我国虽然没有推动国企改革，但引入了对乡镇企业的发展。国企处于"计划轨"，享受计划调配的生产资料和国家统销计划；乡镇企业处于"市场轨"，属于国企所看不上的、不屑顾及的"缝隙经济"，不享受计划调配的生产资料和国家统销计划。国企出于自身利益驱动，把用不掉的生产资料指标按调剂价调剂给乡镇企业。改革开放后，粮食销售体制最初就是价格双轨制。1994 年，我国取消了粮食的牌价供应，实行了几十年的粮票制度退出历史舞台。在此之前，很多人把没有用完的粮票拿到自由市场换取鸡蛋或者其他小商品，收到粮票者又可以拿粮票从粮店按计划价购入粮食。这说明存在粮票和粮食黑市。著名经济学家张维迎教授在其 2019 年文章《我的双轨制价格改革的思路是如何形成的》中举了一个手表行业的例子。从 1980 年到 1983 年，政府三次降低手表的计划价格，累计降幅达到 20%多。虽然如此，手表企业生产的产量远远大于计划部门制定的计划，而商业部门的进货只是那些容易按照计划价格卖出的手表。手表企业只好让工人在大街上摆摊，按照市场价格卖手表。于是，手表的计划价格后来逐步消失了。又根据张维迎的资料，早在 1980 年，一机部下属企业的计划外直接销售就占到了总销售额的 46%，机器生产的市场销售占到了总产量的 33%。到 1983 年，虽然官方不仅没有废除计划价格，而且不断发文整顿市场秩序，要求企业执行计划价格，但是大多数机械工业产品实际上已经按照市场价格出售了。

我国在改革开放之初还推行选择性的币值稳定，以吸引外资。到 1995 年 1 月 1 日之前，我国推行外汇兑换券。一个外国投资者或者游客来华，拿着外汇进海关，外汇兑换成外汇兑换券，上面印制着人民币值，实际上是对应着固定汇率的外汇人民币值。机场兑换处会给他一张水单，记录了兑换比率和兑换金额。当他出海关的时候，还剩下多少外汇兑换券，可按照原兑换比率兑换回外汇带走。1995 年初，我们才废除外汇兑换券。而且在同一年，我国发布了《中国人民银行法》，中央银行货币发行才跟财政部预算做了隔离，规定中国人民银行不得对政府财政透支，不得直接认购、包销国债和其他政府债券。这一规定有利于人民币的币值稳定。

中国还选择性地推行私人产权。改革开放后，最初我国未对国有企业实行改革，而是引入乡镇企业，后者均为集体企业。同时，民间自发产生个私经济活动。最初的个体私人经营，容易被定性为"投机倒把罪"。后来，法律才允许个体工商户和私营企业的存在。1987 年，《城乡个体工商户管理暂行条例》第四条规定，个体工商户，可以个人经营，也可以家庭经营。个人经营的，以个人全部财产承担民事责任；家庭经营的，以家庭全部财产承担民事责任。个体工商户可以根据经营情况请一、二个帮手；有技术的个体工商户可以带三、五个学徒。1991 年 7 月 1 日起施行的《北京市个体工商户、私营企业招用工人暂行规定》还规定，个体工商户、私营企业可根据生产、工作需要确定招用工人数量，但个体工商户雇工最多不得超过 7 人（含 7 人）。1995 年，劳动部《关于贯彻执行〈中华人民共和国劳动法〉若干问题的意见》第一条规定："劳动法第二条中的'个体经济组织'是指一般雇工在七人以下的个体工商户。"2011年11月1日起施行《个体工商户条例》第二十条规定，个体工商户可以根据经营需要招用从业人员。个体工商户应当依法与招用的从业人员订立劳动合同，履行法律行政法规规定和合同约定的义务，不得侵害从业人员的合法权益。该规定对个体工商户的实际用工人数已经没有限制。1987年，温州市政府就颁发《温州市私营企业管理暂行条例》，为私营企业提供地方性的法律保护，该条例后来成为我国1988年《私营企业暂行条例》的蓝本。根据1995年全国工业普查数据，中国社会科学院经济研究所刘小玄教授做了全国制造业不同所有制企业效率比较研究。分析结果表明，国有企业效率最低，私营企业效率最高，其间差距还不小，相差几倍。迄今为止，我国的宪法对国有企业的保护程度仍然高于民营企业。宪法规定："国家保护个体经济、私营经济等非公有制经济的合法的权利和利益。国家鼓励、支持和引导非公有制经济的发展，并对非公有制经济依法实行监督和管理。"

我国还实施选择性的市场开放。推行改革开放政策后，沿海地区先对外开放，内地靠后。在很长时间里，很多经济领域中外企和公有制企业的政策待遇优于个私企业，很多经济领域不对个私经济开放，行政垄断比较普遍，这些属于选择性的市场开放。

改革开放后，我国也选择性推行契约自由。随着个私企业数量增加，契约自由程度也在提升。有些契约自由是需要受到限制的，比如，经济与行政垄断和价格卡特尔，其他领域则需要推行契约自由。我国2007年通过的《反垄断法》总体上保护竞争，反对限制竞争的行为，但是该法规定，国有经济占控制地位的关系国民经济命脉和国家安全的行业以及依法实行专营专卖的行业，国家对其经营者的合法经营活动予以保护。也就是说，国家为这些行政垄断企业提供反垄断法豁免。

我国在改革开放以来也选择性地遵循承担责任的原则。国有企业一般被要求承担更多社会责任，但在经济责任方面存在预算软约束问题，负赢不负亏现象较为明显。与之相反，民营企业必须为其行为和投入承担全部责任，既负赢也负亏。

此外，改革开放后前30年里，我国总体上选择性地遵循经济政策的一致性与连续性。在吸引外资方面，经济政策的一致性和连续性总体上得到遵循，但是对内资企业的产业政策和行业限制的变动较大，尤其是环保政策和房地产政策的变动较大。

总体上，改革开放后前30年，我国推行了一种选择性的、不够彻底的竞争秩序。整个过程中，观念和言说日渐朝着尊重和保护企业家方向转变，企业家的作用得到了发挥。经济赖以运行的环境较为稳定，主要依赖强政府控制，同时逐步引入依法治国，不过还不是法治。不过，单单做到了上述这几点，我国就实现了较长时间的、总体上较为持续高速的经济增长。

1978—2003年可以说是我国竞争秩序的塑造期，涉及市场规则和市场规则意识的形成过程。这也是企业家阶层崛起和发力的时期。在该时期，企业家阶层总体得到了尊重并发挥了作用。此外，2001年我国加入WTO，与外部体制的接轨推动了竞争秩序的改善，也促进了经济增长。2003—2008年，甚至在其后的时间，是竞争秩序的调节期。在该时期，经济增长虽然还是高速的，但是国企"做大做强"战略效果明显，并史无前例地重视民生，2007年《劳动合同法》通过，是一大标志。总体上，我国转向更注重平衡发展和高质量发展。经济增长速度不再单方面强调。实现全国人民共同富裕的中国式现代化目前成为发展目标。不过，正如联邦德国经济学家、首任经济部长和后来的联邦总理艾哈德的看法，实现共同富裕需要倚重推行竞争秩序，经济效率优先，社会平衡为辅。要做大经济产出的蛋糕，才有一定程度的社会平衡。社会平衡不能影响绩效竞争和经济效率，这一点也适合于中国和其他国家。正因为如此，艾哈德把他在战后的著作题名为《共同富裕》（Wohlstand für Alle），而该书英文版的中文直译书名被确定为《来自竞争的繁荣》（Prosperity through Competition）。

总的看来，决定一国长期经济成功的基因型因素是竞争秩序和促进经济环境稳定的因素，表现型因素虽然也有用，但不是决定性的。各种"特殊模式"论，都会强调一些不对称的优势，比如说我国存在的"巨国效应"就是一种不对称优势。我们人口基数大，内部市场大；政府可以从每个人手中拿走很小一部分钱，就可以筹集到一笔巨资，可以用来搞一些很大的工程；我国科研人员即便占据人口很小的百分比，但加起来也是总数众多，集中力量研发一些技术，也会发挥其他国家无法拥有的优势。这些因素也会促进一国取得长期经济成功，但是，一个较完善的竞争秩序更能促进整体经济发展的活力。离开这样一个竞争秩序，即使有这些不对称优势，也难以大幅度提升一国的人均收入水平。

## 四、结语

综上所述，一个较完善的竞争秩序和高版本的法治体制，尊重企业家、发挥企业家的作用，对于一国实现长期经济发展、进入"富国俱乐部"至关重要。回顾"中国奇迹"的成因，提出一些进一步的改革开放措施，这有助于推进全面深化改革开放。下一步可以推动一些什么步骤呢？就是要转向以更为普适的方式遵守竞争秩序，要转向推行一种高版本法治体制。要更加前后一致地强调经济效率优先，同时兼顾社会平衡原则。要更加善待企业家。注意形成一种正确的观念，观念、舆论和公共话语要尊重企业家、发挥企业家的作用。要强调产权和竞争并重。正如哈耶克所言，一个市场经济意味着私人产权和竞争都要占据主导地位。要积极参与共同打造和维护一个公平、公正、公开的全球贸易投资体系。在未来较长时间内，中国人均 GDP 还是会有较大幅度的增长，短期内则还会面临"中等收入陷阱"的问题。要加入高收入国家俱乐部，积极参与塑造和维护开放的全球经济贸易体系，要在更大程度上尊重企业家、发挥企业家的作用。现在经济增长的下行之"势"还没有完全扭转，要立足于"道"，正确选择"疏"术，即"疏通"的办法。现在很多政策是"堵"术，"堵塞"的办法。大禹之前治水的政策，主要是"堵"术。大禹治水的政策则改为"疏"术。中国经济需要立足于"道"，借力于"疏"术，形成一个向上发展的"势"。要更好地发挥"巨国效应"，营造竞争优势，尤其是不对称优势。既利用竞争优势，又利用比较优势。要成为遵守公认国际规则、积极参与国际规则制定的引领者，更多发挥商会、行业协会和大型民企在参与国际规则和标准制定方面的作用，让内外不得不承认我们就是正常的市场经济。

# 参考文献

［1］ 阿尔弗雷德·席勒，汉斯—京特·克吕塞尔贝格：《秩序理论与政治经济学》，太原：山西经济出版社 2006 年版。

［2］ 阿西莫格鲁，德隆和詹姆斯·A·罗宾逊：《国家为什么会失败》，长沙：湖南科学技术出版社 2015 年版。

［3］ 埃贝尔，罗伯特 F. 与埃尔伯 N. 林克（2023）：《企业家精神理论史》，南宁：广西师范大学出版社 2023 年版。

［4］ 艾哈德，路德维希：《来自竞争的繁荣》，北京：商务印书馆 1983 年版。

［5］ 艾哈德，路德维希：《大众的福利》，武汉：武汉大学出版社 1995 年版。

［6］ 爱因·兰德：《新个体主义伦理观—爱因·兰德文选》，秦裕译，上海：三联书店上海分店 1993 年版，

［7］ 安·兰德：“导言”，载安·兰德等：《自私的德性》，北京：华夏出版社 2007a 年版。

［8］ 安·兰德：《创造财富的品质》，载安·兰德等：《自私的德性》，2007b：第 19 页。

［9］ 布坎南，塔洛克：《同意的计算：立宪民主的逻辑基础》，北京：中国社会科学出版社 2000 年版。

[10] 陈秀山：《现代竞争理论与竞争政策》，北京：商务印书馆1997年版。

[11] 迪尔德丽·N. 麦克洛斯基：《企业家的尊严：为什么经济学无法解释现代世界》，沈路、陈舒扬与孙一梁译，冯兴元、沈路与陈舒扬校，北京：中国社会科学出版社2018年版。

[12] 凡贝格，维克托尔：秩序政策的规范基础，何梦笔：《秩序自由主义：德国秩序政策论集》，北京：中国社会科学出版社2002年版。

[13] 冯兴元等：《立宪的意涵：欧洲宪法研究》，北京：北京大学出版社，2005年版。

[14] 高小勇、汪丁丁主编：《专访诺贝尔经济学奖得主》，北京：朝华出版社2005年版。

[15] 格诺特·弗里茨："劳资协议法"，载罗尔夫·哈赛：《社会市场经济辞典》，上海：复旦大学出版社2004年版。

[16] 哈尔德斯等：《市场经济与经济理论：针对现实问题的经济学》，北京：中国经济出版社1993年版。

[17] 哈耶克，弗里德里希·奥古斯特·冯：《通往奴役之路》，王明毅、冯兴元等译，中国社会科学出版社1997年版。

[18] 哈耶克，弗里德里希·奥古斯特·冯：《通往奴役之路》，王明毅、冯兴元等译，北京：中国社会科学出版社2013年修订版。

[19] 哈耶克，弗里德里希·冯：《自由社会的秩序原理》，载弗里德里希·冯·哈耶克：《哈耶克文选》，冯克利译，南京：江苏人民出版社2017年版。

[20] 哈耶克，弗里德里希·冯：《自由秩序原理》，邓正来译，生

活・读书・新知三联书店 1997 年版。

[21] 哈耶克，弗雷德里希・奥古斯特：《自由宪章》，杨玉生、冯兴元、陈茅等译，北京：中国社会科学出版社 1999 年版。

[22] 哈耶克：《法、立法与自由》，邓正来、张守东、李静冰译，北京：中国大百科全书出版社 2000 年版。

[23] 哈耶克：《通向奴役的道路》，藤维藻、朱宗风译，北京：商务印书馆 1962 年版。

[24] 哈耶克，F．A．冯：《个人主义与经济秩序》，贾湛、文跃然译，北京：北京经济学院出版社 1989 年。

[25] 哈耶克，F．A．冯：《个人主义与经济秩序》，贾湛等译，北京：北京经济学院出版社 1991 年。

[26] 哈耶克，弗里德里希・奥古斯特・冯：《致命的自负》，冯克利、胡晋华等译，北京：中国社会科学出版社 2000 年版。

[27] 哈耶克，弗里德里希・冯：《哈耶克文选》，冯克利译，南京：江苏人民出版社 2017 年版。

[28] 海约克：《物价与生产》，滕维藻、朱宗风译，上海：上海人民出版社 1958 年版。

[29] 何梦笔："前言"，载席勒，阿尔弗雷德、克吕塞尔贝格、汉斯-京特编：《秩序理论与政治经济学》，太原：山西经济出版社 2006 年版。

[30] 凯恩斯，约翰・梅纳德：《就业、利息和货币通论》，高鸿业译，北京：商务印书馆 1999 年版。

[31] 坎蒂隆，R：《商业性质概论》，余永定、徐寿冠译，北京：商务印书馆 1986 年版。

[32] 科瓦斯，弗里敦："社会市场经济"，载罗尔夫・哈赛：《社会

市场经济辞典》，上海：复旦大学出版社 2004 年版。

[33] 柯武刚，史漫飞：《制度经济学—社会秩序与公共政策》，北京：商务印书馆 2000 年版。

[34] 雷纳·柯尼希："德意志联邦银行"，"欧洲中央银行"，罗尔夫·哈赛：《社会市场经济辞典》，上海：复旦大学出版社 2004 年版.

[35] 梁小民：《弗莱堡学派》，武汉出版社 1996 年版。

[36] 刘小玄："国有企业效率的决定因素：1985～1994"，《经济研究》，1998 年 1 期，第 39—48 页。

[37] 路德维希·冯·米瑟斯：《自由与繁荣的国度》，韩光明译，中国社会科学出版社 1995 年版。

[38] 洛克，约翰（1964）：《政府论》（下卷），北京：商务印书馆 1964 年版。

[39] 洛克，约翰（1986）：《政府论》（下册），北京：商务印书馆 1986 年版。

[40] 伦纳德·佩柯夫："商人为什么需要哲学"，载安·兰德等著，吕建高译：《商人为什么需要哲学》，北京：华夏出版社 2007 年版。

[41] 门格尔，卡尔：《国民经济学原理》，刘絜敖译，上海：上海人民出版社 1958 年版。

[42] 奈特，弗兰克.H：《风险、不确定性与利润》，安佳译，北京：商务印书馆 2010 年版。

[43] 米瑟［塞］斯：《自由与繁荣的国度》，韩光明等译，北京：中国社会科学出版社 1995 年版。

[44] 诺斯［或译诺思］·道格拉斯和罗伯特·托马斯：《西方世界

的兴起》，北京：华夏出版社 1989 年版。

[45] 庞巴维克：《资本与利息》，何崑曾、高德超译，商务印书馆 1959 年第 1 版。

[46] 庞巴维克：《资本实证论》，陈端译，商务印书馆 1964 年第 1 版。

[47] "瑞典、俄罗斯和智利三国养老保险方案比较"，载全景网，2004 年 5 月 13 日。

[48] 宋洁云："智利的新型养老模式"，《中国党政干部论坛》，2012 年 1 月 19 日。

[49] 托克维尔：《论美国的民主》，董果良译，北京：商务印书馆 2014 年版。

[50] 瓦尔特·欧肯：《国民经济学基础》，左大培译，北京：商务印书馆 1995 年版。

[51] 维塞尔，弗·冯：《自然价值》，陈国庆译，商务印书馆 1982 年版。

[52] 吴晓波：《激荡三十年：中国企业：1978—2008》，北京：中信出版社 2017 年版。

[53] 西登托普，拉里："自由主义的宗教渊源"，FT 中文网，2014 年 4 月 4 日，http：//www. ftchinese. com/story/001055594，

[54] 熊彼特，约瑟夫：《资本主义、社会主义与民主》，吴良健译，北京：商务印书馆 1999 年版。

[55] 熊越："译者序"，载罗伯特 F. 埃贝尔与埃尔伯 N. 林克：《企业家精神理论史》，南宁：广西师范大学出版社 2023 年版。

[56] 伊特维尔等："瓦尔特·奥伊肯"，《新帕尔格雷夫经济学大辞典（第二卷）》，北京：经济科学出版社 1996 年版。

[57] 张维迎：《重新理解企业家精神》，海南：海南出版社 2022 年版。

[58] 张维迎："我的双轨制价格改革的思路是如何形成的"，《经济观察报》，2019 年 06 月 27 日。

[59] 郑文辉："论亚里士多德形式逻辑基本规律的学说"，《中山大学学报：社会科学版》，1993 年第 3 期，第 53—60 页。

[60] 中外名人传记百部：《李约瑟传》，北京圣碟科贸有限公司制作。

[61] Abelshauser, Werner. (2004). Deutsche Wirtschaftsgeschichte seit 1945. München: Beck.

[62] Aoki, Masahiko., & Dinc, Serdar. (n. d.). "Relational Financing as an Institution and Its Viability Under Competition."Retrieved August 9, 2017, from http://www-siepr. stanford. edu/workp/swp97011. pdf.

[63] Aristotle. (350 BC). Metaphysics, Metaph IV 3 1005b.

[64] Baumol, William. J. (1968). Entrepreneurship in Economic Theory. American Economic Review, 58(2), 64 - 71.

[65] Berlin, I. (1958). Two Concepts of Liberty. In I. Berlin (1969). Four Essays on Liberty. Oxford: Oxford University Press.

[66] Boettke, Peter. (2005, September 10). Kirzner? Retrieved from http://austrianeconomists. typepad. com/weblog/ 2005/09/kirzner. html.

[67] Böhm-Bawerk, E. (1889). Positive Theory of Capital, translated by W. Smart. New York: Stechert.

[68] Butler, Judith. (1993). Bodies that Matter: On the Discursive Limits of "Sex." New York: Routledge.

[69] Butler, Judith. (1990). Gender Trouble. New York: Routledge.

[70] Cantillon, Richard. (1755). Essai sur la nature du commerce en général traduit de l'anglois. Londres: Gyles.

[71] Carlyle, Thomas. (1839). Chartism, in Pamphlet.

[72] Carlyle, Thomas. (1940). Chartism, Boston: Charles C. Little and James Brown.

[73] Christoph Buchheim, J., & Scherner, Jonas. (2009). The role of private property in the Nazi economy: the case of industry. Retrieved from http://aryanism. net/downloads/books/buch-heim-scherner/the-role-of-private-property-in-the-nazi-economy. pdf.

[74] Cultural Evolution Society (2021, October 8). What is Cultural Evolution? Retrieved from https://culturalevol-utionsociety. org/story/What is Cultural Evolution.

[75] D'Amico, Daniel. (2010). Book review of The Austrian school: Market order and entrepreneurial creativity. The Review of Austrian Economics, 23, 193 – 198.

[76] Deirdre N. McCloskey. (2010). Bourgeois Dignity: Why Economics Can't Explain the Modern World. Chicago and London: The University of Chicago Press.

[77] Elsas, Ralf. (2001). Die Bedeutung der Hausbank. Eine

ökonomische Analyse. Wiesbaden: Deutscher Universitäts-Verlag.

[78] Erhard, Ludwig. (1958). Prosperity through Competition. New York: Frederick A. Praeger.

[79] Eucken, Walter. (1940). Grundlagen der Nationalökonomie. Gustav Fischer, Jena.

[80] Eucken, Walter., & Eucken-Erdsiek, E. (1952). Grundsätze der Wirtschaftspolitik. Bern/Tuebingen: Francke Mohr.

[81] Eucken, Walter. (1952/1990). Grundsätze der Wirtschafts-politik. Tübingen: J. C. B Mohr (Paul Siebeck).

[82] Eucken, Walter. (1944). Die Grundlagen der Nationalkonomie. Vierte Auflage. Verlag von Gustav Fischer, Jena.

[83] Foss, Nicolai. J., & Klein, Peter. G. (2012). Organizing entrepreneurial judgment: a new approach to the firm. Cambridge/New York: Cambridge University Press.

[84] Frédéric Bastiat. (1995). Selected Essays on Political Economy, trans. S. Cain, ed. G. B. de Huszar, introduction by F. A. Hayek. Irvington-on-Hudson: Foundation for Economic Education.

[85] Frye, T., & Shleifer, A. (1996). The invisible hand and the grabbing hand. Working Paper 5856, National Bureau of Economic Research.

[86] Gotthelf, Allan. (2000). On Ayn Rand. Wadsworth Philosophers Series. Belmont, California: Wadsworth Publishing.

[87] Hausbank. (n. d.). In The Law Dictionary. Retrieved from

http://thelawdictionary. org/hausbank/.

[88] Hausbank. (n. d. ). In Wikipedia. Retrieved from https:// de. wikipedia. org/wiki/Hausbank.

[89] Hayek, F. A. (1937). Economics and Knowledge. Economica, 4 (13), 33 – 54.

[90] Hayek, F. A. (1944). The Road to Serfdom. London: G. Routledge & Sons.

[91] Hayek, F. A. (1944/2007). The Road to Serfdom. Chicago: The University of Chicago Press.

[92] Hayek, F. A. (1968). Capitalism, Socialism and Democracy. London: Routledge.

[93] Hayek, F. A. (1968). Der Wettbewerb als Entdeckungsver-fahren. In Hayek, F. A (1969). Freiburger Studien. Gesammelte Aufsätze, J. C. B. Mohr (Paul Siebeck) Tübingen, 249 – 265.

[94] Hayek, F. A. (1973). Law, Legislation and Liberty: Rules and Order (Vol. 1). Chicago: The University of Chicago Press.

[95] Hayek, F. A. (1973). Law, Legislation and Liberty. Chicago: The University of Chicago Press.

[96] Hayek, F. A. (1976). The Mirage of Social Justice. Law, Legislation and Liberty, Vol. 2. Routledge, London and Henley.

[97] Hayek, F. A. (1979). A Conversation with Friedrich A. von Hayek: Science and Socialism . Washington, D. C. : American Enterprise Institute.

[ 98 ]  Hayek, F. A. (1991). The Fatal Conceit: The Errors of Socialism. Chicago: The University of Chicago Press.

[ 99 ]  Hazlitt, Henry. (1954). The Great Idea, New York: Appleton-Century-Crofts, Inc.

[100]  Hébert, R. F., & Link, A. N. (2009). A History of Entrepreneurship. Routledge.

[101]  Hermann Meyer zu Selhausen. (1976). Quantitative Marketing-Modelle in der Kreditbank. S. 34.

[102]  Horn, K. I. (2010). Die Soziale Marktwirtschaft: alles, was Sie über den Neoliberalismus wissen sollten. Frankfurt am Main: FAZ-Inst für Management-, Markt- und Medieninformationen GmbH.

[103]  Hoselitz, Bert. F. (1960). In J. J. Spengler & W. R. Allen (Eds.), Economic development. Chicago: Rand McNally.

[104]  Hume, David. (1739/1886). A Treatise of Human Nature, in David Hume, Philosophical Works. Longmans, Green.

[105]  Investors Marketing. (2016). Banken der Zukunft. Privatkundenstudie.

[106]  J. Richerson, Peter, & Boyd, Robert. (2005). Not by genes alone: how culture transformed human evolution. Chicago: University of Chicago Press.

[107]  Joachim Süchting. Die Bankloyalität als Grundlage zum Verständnis der Absatzbeziehungen von Kreditinstituten. Kredit und Kapital, 3/192, 269 - 300.

[108]  Kirzner, Israel. M. (1973). Competition and Entrepreneurship.

Chicago: University of Chicago Press.

[109] Knight, Frank. H. (1921). Risk, uncertainty, and profit. Boston: Houghton Mifflin.

[110] Knight, Frank. H. (1965). Risk, uncertainty, and profit. Harper&Row, New York.

[111] Locke, John. (1689). Two Treatises of Government. Printed in London for Awnsham Churchill.

[112] Ludwig von Mises Institute: "What is Austrian Economics, http://mises.org/etexts/austrian.asp. 7474747474747474//

[113] Malthus, Thomas. Robert. (1798). An Essay on the Principle of Population, 1st ed. London: J. Johnson.

[114] Maine, H. S. (1875). Lectures on the Early History of Institutions. London: John Murray.

[115] Mayhew, Robert. (Ed.). (1996). Ayn Rand's Marginalia: Her Critical Comments on the Writings of over 20 Authors. New Milford, Conn: Second Renaissance Books.

[116] McCloskey, D. N. (2010). Bourgeois Dignity: Why Economics Can't Explain the Modern World.

[117] Meadows, Donella. H. (1972). The Limits to Growth; A Report for the Club of Rome's Project on the Predicament of Mankind.

[118] Menger, Carl. (1871). Grundsätze der Volkswirtschaftslehre. Wien: Braumüller.

[119] Mises, Ludwig. von. (1949). Human Action. New Haven, Conn.: Yale University Press.

[120] Mises, Ludwig. Von. (1963). Human action: a treatise on economics (3rd, rev. ed.). Chicago: Regnery.

[121] Mises, Ludwig. von. (1994). Bureaucracy. New Haven: Yale University Press.

[122] Muller-Armack, Alfred. (1976). Wirtschaftsordnung und Wirtschaftspolitik Studien und Konzepte zur Sozialen-Marktwirtschaft und zur Europischen Integration Bern, Haupt.

[123] Muller-Armack, Alfred. (1990). Wirtschaftslenkung und Marktwirtschaft Verlag für Wirtschaft und Sozialpolitik.

[124] Palmer, Tom. G. (2012). The Tragedy of the Welfare State. In T. G. Palmer (Ed.), After the Welfare State. Ottawa: Jameson Books, Inc.

[125] Quack, S., & Hildebrandt, S. (1995). Hausbank or Fournisseur? Bank Services for Small and Medium-Sized Enterprises in Germany and France.

[126] Rand, Ayn. (1961). The Virtue of Selfishness: A New Concept of Egoism. With Additional Articles by Nathaniel Brancen. New York: Penguin Books Ltd.

[127] Rand, Ayn., & Peikoff, Leonard. (1999). Atlas Shrugged. New York: Plume.

[128] Rawls, J. (1999). A Theory of Justice (revised ed.). Cambridge: Belknap.

[129] Razeen Sally. (2002). Classical Liberalism and International Economic Order. New York: Routledge.

[130] Samuelson, Pual. A. , & Nordhaus, W. D. (1985). Economics. McGraw-Hill, New York.

[131] Samuelson, Pual. A. , & Nordhaus, W. D. (2010). Economics (19th ed. ed. ). Boston: McGraw-Hill Irwin.

[132] Schumpeter, Joseph. A. (1942). Capitalism, Socialism and Democracy. London: Routledge.

[133] Schumpeter, Joseph. A. (1934). The Theory of Economic Development: An Inquiry into Profits, Capital, Credit, Interest, and the Business Cycle. Transaction Publishers.

[134] Schumpeter, Joseph. A. (1983). The Theory Of Economic Development. NewBrunswick, NewJersey.

[135] Schumpeter, Peter(2003). Capitalism, Socialism and Democracy. London and New York: Routledge.

[136] Smith, A. (1776). An Inquiry into the Nature and Causes of the Wealth of Nations. Oxford University Press, Oxford.

[137] Smith, A. (1759/1976). The Theory of Moral Sentiments. edited by D. D. Raphael and A. L. Macfie, Oxford: Oxford University Press

[138] Smith, E. O. (2007). The German Economy. BocaRaton: Taylor & Francis. Stoltenberg.

[139] Stracke, Guido. , & Geitner, Dirk. (1992). Finanzdienstleistungen: Handbuch über den Markt und die Anbieter 1. Fachmedien Recht und Wirtschaft in Deutscher Fachverlag GmbH, Januar.

[140] Thomas Carlyle. (1849). Occasional Discourse on the Negro Question, Fraser's Magazine.

[141] UNCTAD. (2019). Digital Economy Report 2019. Vaule Creation and Capture: Implications for Developing Countries, Genera: United Nations.

[142] Vanberg, V. (2012): Hayek in Freiburg. Freiburger Diskussionspapiere zur Ordnungsökonomik.

[143] Wittman, Christoph Moritz. (2010). Investment banking und Nachfolgeberatung der Sparkassen. S. 50f.

## 学者评荐

**张曙光，中国社会科学院经济研究所研究员**

　　本书是一部通过研究解读奥地利经济学来阐明财富创造的著作。主要内容有三：一是梳理和评价了奥地利经济学的基本概念、理论和方法以及主要代表人物及其著作；二是解读和阐释了奥地利经济学的独到理论，包括市场过程理论、竞争秩序理论、企业家和企业家精神理论、自发秩序的扩展和演化理论等；三是运用奥地利学派的理论对一些现实经济问题，诸如数字经济、平台滥用市场地位、比特币等数字货币的产生和运作，做出了自己的解释和分析。读完全书，可以对奥地利经济学的贡献和精髓及其对古典经济学的继承、扬弃和超越，以及与主流经济学的异同有一个清楚的了解。

**韦森，国家哲学社会科学一级教授、复旦大学经济学荣休教授**

　　在 20 世纪，奥地利经济学派是一个博大精深、影响深远的经济学流派，其中出现了门格尔、庞巴维克、米塞斯、熊彼特、哈耶克、柯兹纳和德索托等一大批影响世界的经济学家。德国还出现了以欧肯为代表的著名弗莱堡学派。奥地利学派的经济理论，很大一部分被当代主流经济学有选择性地吸收和接纳了，但对发展市场经济体制而言，仍有很大一部分理论有其独立的理论与现实意义。冯兴元教授多年研究奥地利经济学派各家的经济学理论，是国内研究奥地利学派经济学和弗莱堡学派思想的顶尖学者之一。他与孟冰所著的这部《创造财富的逻辑》，全面而深入地介绍和阐释了奥派经济学家们的重要经济思想，结合中国传统文化和中国现实经济运作并考虑到数字经济时代的经济发展，进一步发挥和发展了奥地利经济学派的经济理论，是一本较全面阐释奥派经济学理论的小百科全书。值得经济学界和社会各界广泛阅读。

## 黄春兴，台湾清华大学经济学系教授

以发展民营经济和开创企业家精神为宗旨的奥地利经济学派，近年来在国内已逐渐成为显学。在过去近二十年的拓展时期，大家把焦点摆在完善该学派理论体系的米塞斯和哈耶克两位大师的著作和学说，原因之一是两人的著作以英文为主，也相对容易中译。然而，以德文著书的奥派创始人门格尔及其著作，也就被忽略了。幸运地，熟悉德文和奥派理论的冯兴元教授，直接回到德文原典，为我们以门格尔的概念写出这本《创造财富的逻辑》。他和共同作者孟冰的贡献，不仅让我们能更为贴近奥派理论的原始概念和架构，同时也顺应当前数字经济时代的科技和金融。这使得本书不仅原味十足，同时也为奥派经济学开创了新领域。

## 李炜光，天津财经大学教授

门格尔是现代经济学的奠基人，其所创立的奥地利学派经济学属于经济科学中的元经济学部分。他也提出了涵义广泛、发人深省的财富概念。比起亚当·斯密的财富概念（只把一国劳动和土地的真实物质产出视为真实物质财富），门格尔的财富概念包括人类可支配的、满足人类的直接和间接需要的各种稀缺财货，包括劳动力、土地、资本品、资本服务、企业家组织生产经营的特殊服务，以及所有有形产品和无形的服务产出。与斯密认为有些贸易能够间接促进真实财富的创造不同，门格尔认为，各种商业和贸易活动，只要能促进人类的直接和间接的需要满足，与劳动力、土地等生产要素投入一样，都是生产性的，都有价值，都在创造财富。《创造财富的逻辑》从经济哲学的视角和奥地利学派元经济学的高度探讨真实世界经济发展的因果律和推动财富创造的逻辑。作者进而认为，区位、制度、文化、创新等都还不是经济繁荣的决定性因素，繁荣来自观念和言说的力量，这种力量可结合区位因素等，改造一国工商文化，推动制度变迁和技术创新，由此梳理了实现经济发展与财富创造的因果律和制度保障。作者还分析了市场伦理、市场秩序与现代文明同步扩展的进路及其重要性。本书的一个贡献，是将斯密和门格尔整合在统一的因果链条里，形成了一个新的经济学认知框架。

**朱海就，浙江工商大学教授**

本书对财富问题的讨论建立在门格尔、哈耶克与米塞斯等奥派经济学大师的思想之上，相关的论述既具有现实性又具有逻辑性，也极具启发性，特别是批判了交换或贸易不创造财富的错误观点，对于人们正确理解财富概念非常有帮助。本书还涉及企业家、竞争、货币、演化、自发秩序、经济增长等等广泛的经济学主题，当然这些主题也都与财富问题相关。本书具有极强的理论性，内容非常丰富，是爱好经济学的人士不可错过的作品。

**刘业进，首都经济贸易大学教授**

马歇尔在《经济学原理》中指出："经济学家的目标应当在经济生物学，而不是经济力学。生物学概念比力学概念更复杂。……本书始终是在研究引起发展的种种力量，它的基调是动态的，而不是静态的。"的确，经济学的麦加在经济生物学而不是经济力学。冯兴元教授和孟冰博士的新著在中文世界首次将演化经济学引入奥地利学派经济学，特别是有关文化演化和群体选择的研究，它们原本是奥地利学派经济学的重要组成部分。本书承认了奥地利学派对当今方兴未艾的行为和演化经济学的早期贡献，拓展了奥地利学派经济学研究方法和范围，丰富和发展了奥地利学派经济学理论，为财富创造的研究作出了新的贡献。

# Here 此间学人系列书目

**徐贲**

《与时俱进的启蒙》

《人文启蒙的知识传播原理》

《人类还有希望吗：人工智能时代的人文启蒙和教育》

**郑也夫**

《神似祖先》

《五代九章》

**高全喜**

《苏格兰道德哲学十讲》

《休谟的政治哲学》（增订版）

《论相互承认的法权：〈精神现象学〉研究两篇》（增订版）

**吴飞**

《浮生取义（外两种）》

《论殡葬》

**李宝臣**

《礼不远人：走近明清京师礼制文化》（深度增订版）

**陈洪**

《结缘两千年：俯瞰中国古代文学与佛教》

**朱海就**

《真正的市场：行动与规则的视角》

《文明的原理：真正的经济学》

《企业家与企业》

**刘业进**

《演化经济学原理》

《经济发展的中国经验》

**方绍伟**

《经济学的观念冲突》

《经济增长的理论突破》

**黄琪轩**

《大国权力转移与技术变迁》（深度增订版）

《政治经济学通识：历史·经典·现实》（深度增订版）

《世界政治经济中的大国技术竞争》

**朱天飚**

《争论中的政治经济学理论》

**冯兴元**

《创造财富的逻辑》（冯兴元、孟冰）

《门格尔与奥地利学派经济学入门》

**李强**

《自由主义》

《思想的魅力》

**军宁**

《保守主义》

《投资哲学》

**任剑涛**

《艰难的现代：现代中国的社会政治思想》

《博大的现代：西方近现代社会政治创制》

《嘱望的现代：巨变激荡的社会政治理念》

**Here 此间学人·经典精译系列**

亚里士多德：《尼各马可伦理学》（李涛　译注）
久米邦武编撰：《美欧回览实记》（徐静波　译注）

---

**"Here 此间学人"系列**

1. 不以某个论域为中心，而是以一个个学者为中心，突出人文社科各领域中的学术名家；
2. 不同于一般的学术论著，突出理论思想性与现代问题意识；
3. 突出中文学界的学术思想原创力，兼及研究型翻译。

如对本系列图书感兴趣，请扫描下方二维码。

**图书在版编目（CIP）数据**

创造财富的逻辑/冯兴元，孟冰著 . —上海：上

海三联书店，2024. 10. —ISBN 978 - 7 - 5426 - 8668 - 8

Ⅰ. F0

中国国家版本馆 CIP 数据核字第 2024G8N298 号

# 创造财富的逻辑

著　　者 / 冯兴元　孟　冰

责任编辑 / 徐建新
装帧设计 / 一本好书
监　　制 / 姚　军
责任校对 / 王凌霄　张　瑞　林志鸿

出版发行 / 上海三联书店

　　　　　（200041）中国上海市静安区威海路 755 号 30 楼
邮　　箱 / sdxsanlian@sina. com
联系电话 / 编辑部：021 - 22895517
　　　　　　发行部：021 - 22895559
印　　刷 / 上海展强印刷有限公司

版　　次 / 2024 年 10 月第 1 版
印　　次 / 2024 年 10 月第 1 次印刷
开　　本 / 655 mm × 960 mm　1/16
字　　数 / 290 千字
印　　张 / 25
书　　号 / ISBN 978 - 7 - 5426 - 8668 - 8/F・928
定　　价 / 95. 00 元

敬启读者，如发现本书有印装质量问题，请与印刷厂联系 021 - 66366565